高校学术文库
体育研究论著丛刊

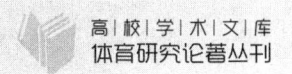

校园体育文化建设与实践探究

赵金林 著

中国书籍出版社
China Book Press

图书在版编目(CIP)数据

校园体育文化建设与实践探究 / 赵金林著. — 北京：中国书籍出版社, 2018.3
ISBN 978-7-5068-6799-3

Ⅰ.①校… Ⅱ.①赵… Ⅲ.①高等学校 – 校园文化 – 体育文化 – 研究 – 中国 Ⅳ.① G807.4

中国版本图书馆 CIP 数据核字（2018）第 059240 号

校园体育文化建设与实践探究

赵金林　著

丛书策划	谭　鹏　武　斌
责任编辑	尹　浩
责任印制	孙马飞　马　芝
封面设计	马静静
出版发行	中国书籍出版社
地　　址	北京市丰台区三路居路 97 号（邮编：100073）
电　　话	（010）52257143（总编室）（010）52257140（发行部）
电子邮箱	chinabp@vip.sina.com
经　　销	全国新华书店
印　　刷	三河市铭浩彩色印装有限公司
开　　本	710 毫米 ×1000 毫米　1/16
印　　张	19.5
字　　数	358 千字
版　　次	2018 年 5 月第 1 版　2018 年 5 月第 1 次印刷
书　　号	ISBN 978-7-5068-6799-3
定　　价	75.00 元

版权所有　翻印必究

前　言

　　校园体育文化是中国特色社会主义先进文化的重要组成部分,是在学校的特定环境下,经过全体师生的共同努力,促使体育文化和校园文化相互碰撞、整合、渗透、积淀而形成的产物。校园体育文化历史悠久、持续时间长、影响广泛,具有鲜明的时代性、教育性、实践性等特征。作为学校体育教育发展的重要内容,校园体育文化建设不仅引导着学校体育工作的发展方向,还担负着营造积极健康的校园体育文化氛围的使命。发展积极向上、健康有益的校园体育文化,一方面可以充分发挥校园体育文化在强身健体、休闲娱乐、个性发展、审美陶冶、教育育人等方面的独特价值,对学校师生的价值取向、人格塑造、道德品质和行为习惯产生深远的影响;另一方面还可以促使他们从更深层次上理解体育文化,从而树立终身体育意识。可见,研究校园体育文化具有重要的现实意义。

　　校园体育文化建设与学校体育教学实践是相辅相成的。体育教学是校园体育文化的一种呈现方式,也是构成校园体育文化的重要内容。在体育教学中有效融入体育文化,在校园体育文化建设中大力开展体育教学,加强二者的互动发展,是学校体育教学改革的内在要求,也是学校教育管理创新的必然结果。此外,二者的融合更有利于对满足社会主义现代化建设需求的全面发展的人才进行培养。鉴于此,本人特撰写《校园体育文化建设与实践探究》一书,以期为校园体育文化的顺利建设及健康发展提供理论指导。

　　本书共有十一章内容,第一章至第七章是理论部分,着重分析校园体育文化的基本知识、建设理论及校园体育多元文化的建设。具体来看,第一章与第二章分别对校园体育文化的基本理论、发展与传播进行了阐述与分析,以便为后面校园体育文化建设的研究提供现实依据。第三章是校园体育文化建设的基础指导,包括建设原则与要求、建设内容与形式、环境建设、中美校园体育文化建设比较及启示、网络时代背景下我国校园体育文化建设研究等内容,这些研究对我国校园体育文化建设具有重要的理论指导价值。第四章与第六章分别对校园体育健身文化、校园竞技体育文化及校园体育艺术文化的建设进行了深入研究。这些研究有助于丰富校园体育文化，促进校园体育文化体系的健全与完善。第七章是校园体育文化建设的延伸与拓展，主要从家庭体育、社区体育两方面来对校园体育文化建设路径的拓展进行研究。第八章至第十一章着重探究校园体育教学实践，包括校园田径运动、球类运动、民族传统体育运动及休闲体育运动等典型项目的教学，以期为校园体育教学的开展及校园体育文化的发展提供实践指导。

总体来看，本书主要依据校园体育文化建设的要求，结合当前我国特有的文化底蕴和校园体育文化发展的实际情况来研究校园体育文化建设与实践。在研究过程中，阐述了校园体育文化建设的基础理论，提出了加强校园体育多元文化建设的建议，并对建设路径的拓展进行了探索，最后针对校园常见运动项目的教学实践进行了研究，与校园体育文化建设形成了互动发展的关系，突出了本书的理论性、学术性、科学性及实用性特点。希望本书能够为校园体育文化的繁荣发展提供有价值的参考和指导。

本书在撰写过程中，参考了大量相关书籍和资料，在此向有关专家和学者表示敬意和感谢。由于水平所限，书中难免存在不足之处，欢迎广大读者批评指正。

赵金林
2017 年 12 月

目 录

第一章　校园体育文化概论 … 1
- 第一节　校园体育文化的相关概念解析 … 1
- 第二节　校园体育文化的内涵与本质 … 8
- 第三节　校园体育文化的结构与内容 … 9
- 第四节　校园体育文化的特征与功能 … 13

第二章　校园体育文化发展与传播 … 23
- 第一节　校园体育文化的产生与发展 … 23
- 第二节　校园体育文化的发展现状与趋势 … 27
- 第三节　校园体育文化的多元化传播 … 34
- 第四节　文化强国战略背景下我国校园体育文化传播的新思考 … 39
- 第五节　校园体育文化的现代化发展与创新 … 43

第三章　校园体育文化建设的基础指导 … 50
- 第一节　校园体育文化建设的原则与要求 … 50
- 第二节　校园体育文化建设的内容与形式 … 54
- 第三节　校园体育文化环境建设 … 62
- 第四节　中美校园体育文化建设比较及启示 … 66
- 第五节　网络时代背景下我国校园体育文化建设研究 … 73

第四章　校园体育健身文化建设研究 … 77
- 第一节　校园体育健身文化形成的背景及特征 … 77
- 第二节　大学校园健身文化建设现状分析 … 80
- 第三节　校园体育健身活动的科学指导与安全管理 … 82
- 第四节　阳光体育背景下校园体育文化建设路径探索 … 93

第五章　校园竞技体育文化建设研究 … 97
- 第一节　竞技体育文化概论 … 97
- 第二节　校园竞技活动与育人 … 102

第三节　我国高校体育竞技人才培养现状及模式构建……… 106
　　第四节　学校竞技体育与校园体育文化在
　　　　　　多层面上的互动发展 ………………………………… 115

第六章　校园体育艺术文化建设研究……………………………… 123
　　第一节　校园体育文化与艺术元素的融合………………………… 123
　　第二节　体育艺术教育与校园文化的互动关系及互动模式… 128
　　第三节　校园体育教学艺术及发展 ……………………………… 133
　　第四节　高校体育艺术类课程体系的构建与实施………………… 144

第七章　校园体育文化建设的延伸与拓展 ……………………… 149
　　第一节　家庭体育与社区体育概述……………………………… 149
　　第二节　校园体育与家庭体育及社区体育的相互关系……… 154
　　第三节　家庭体育文化建设与发展 ……………………………… 157
　　第四节　现代社区体育文化体系构建 …………………………… 166

第八章　校园田径运动实践教学探究 …………………………… 176
　　第一节　走跑类项目教学………………………………………… 176
　　第二节　跳跃类项目教学………………………………………… 186
　　第三节　投掷类项目教学………………………………………… 193

第九章　校园球类运动实践教学探究 …………………………… 202
　　第一节　足球教学………………………………………………… 202
　　第二节　篮球教学………………………………………………… 212
　　第三节　排球教学………………………………………………… 223
　　第四节　网球教学………………………………………………… 230
　　第五节　羽毛球教学……………………………………………… 238
　　第六节　乒乓球教学……………………………………………… 243

第十章　校园民族传统体育运动实践教学探究 ………………… 250
　　第一节　武术教学………………………………………………… 250
　　第二节　搏击教学………………………………………………… 262
　　第三节　地区民族传统体育项目教学…………………………… 271

第十一章　校园休闲体育运动实践教学探究 …………………… 278
　　第一节　健身健美休闲运动项目教学…………………………… 278
　　第二节　时尚休闲运动项目教学………………………………… 288
　　第三节　极限户外休闲运动项目教学…………………………… 297

参考文献 ……………………………………………………………… 301

第一章　校园体育文化概论

校园体育文化作为体育文化的一个重要组成部分,它的发展和完善对于校园体育的开展有着非常重要的影响。本章就校园体育文化的基本知识进行阐述,内容主要包括校园体育文化的相关概念解析、内涵与本质、结构与内容、特征与功能。

第一节　校园体育文化的相关概念解析

一、文化

文化可以分为广义的文化和狭义的文化。广义的文化包括一切物质、精神财富,是人类作用于自然界和社会成果的总和,又被称为"大文化",其着眼于人类社会与自然界的本质区别。狭义的文化指意识形态所创造的精神财富,它专注于精神创造活动及其结果,又被称作"小文化",主要包括道德情操、学术思想、宗教、信仰、各种制度、文学艺术、风俗习惯、科学技术等。值得注意的是,狭义的文化从属于广义的文化,二者是不可分割的。

二、校园文化

通常来说,可以从宏观和微观两个方面来对食物加以分析和认知,所以为了对校园文化进行准确、全面的了解,也可以从宏观和微观两个角度来进行阐释。

（一）宏观层面

就宏观角度来看,所谓校园文化是指在学校范围内多种精神或实体存在方式的综合,这主要体现在学校的物质文化、精神文化和制度文化等方面。

(二)微观层面

从微观角度来说,校园文化就是一种精神文化和文化氛围的总称,其主要内容是学校课外文化活动。

校园文化是不同于其他主流体育课程教育形式的课延文化,不管是从宏观角度还是从微观角度来说,校园文化都与课延文化在校园文化中的地位及内容构成方面等存在很大的区别。课延文化则是一种课程文化的延伸形式,是校园中一种辅助性的、课外性的课程文化。

三、体育文化

(一)体育文化相关概念辨析

为了更好地认识和理解体育文化,我们需要对体育文化的几个相关概念加以理解。

1. 体育文化丛

这是指在一定的时间和空间内得以产生并发展起来的,在功能方面能够相互整合的体育文化特质丛体,它是一个对体育文化特质进行研究的单位。例如,武术文化作为传统体育文化的一个特定内容在其历史发展中受到文化的辐射,就军事需要这一单纯的方面来说,武术文化从其所需的实用性的局限中得以脱离出来,既将攻防技击的精髓保留了下来,同时又在审美、健身等方面得以更好发展,从而构建起了一个比较完善的传统武术文化丛林。体育文化丛是各种文化特质持续发展、相互整合的结果,共同形成了文化特质交错的体系。

2. 体育文化交流

世界体育是在体育文化相互交流中得以不断演进的,在交流的过程中涉及了很多体育文化观念的相互比较、变迁和冲突,从而更好地推动了世界体育总体发展的步伐。

体育文化交流突破了本民族的一些保守性,它成为进步的表征,这也是体育文化动力精神力量使然。体育文化的交流,其基本含义主要包括以下几个方面。

(1)体育运动以交流为存在

同其他社会文化方式和形态有着很大的不同,体育运动以交流的形式存在。体育运动向着开放性的方向发展是由其竞技性所决定的。这种竞技性既能够从技艺、体能、胜负得分的竞争中得以体现出来,同时从竞赛规则、组织制度、价值观念,甚至与体育运动有关的依附于体育运动而存在的器物层面等诸多方面得以充分体现。

(2)体育文化的共享性

体育运动是在简洁明了的规则基础上建立起来的,作为一种文化符号,这种游戏规则具备了进行广泛交流的重要前提。这使不同种族、不同语言的民族运动员能够站在同一个竞技场上来进行比赛,而不存在其他障碍。

(3)体育交流具有文化载体的性质

体育文化交流从来就不是单纯的体育文化行为,政治、经济、社会文化的多重意义附加在体育文化交流中,从而形成文化载体的作用。

(4)体育文化交流能够将文化关系体现出来

这主要表现为冲突、影响、干涉、融合,并且这是双向互动的。在对以西方体育为主的奥林匹克运动进行接收和武术冲出亚洲走向世界的过程中,都能够将体育文化交流中的文化关系体现出来。

3. 体育文化冲突

随着现代社会的发展,体育文化出现了不同的类型和不同的模式,这些体育文化在价值观念方面不尽相同,甚至差异非常大而出现冲突,这便是体育文化的冲突。在体育文化交流中,体育文化冲突是一种较为常见的现象。

从体育文化冲突中能够看出,源于传统文化中的体育运动方式,在同其他具有不同行为模式、思维方式,甚至游戏规则不同的体育运动相互接触上,产生消极反应等一系列的心理不适应状态。体育文化冲突产生的原因有很多种,具体如下。

(1)文化区域上的差异

民族区域是体育运动得以产生的源头,体育文化要比体育交流出现得早一些。虽然说从体质学方面来说,身体活动方式具有共同性和一致性,但各种运动的情趣和思路中都蕴藏着民族区域的文化观念。

(2)时代特征的不可超越

在社会文化中,体育运动是其中的主体部分,与时代文化相合拍也是必然的。我们可以将奥林匹克运动恢复,但古奥林匹克运动同现代奥林匹克运动在意义方面还是存在差别的,现代奥林匹克运动经过100多年的发展,也在各个不同的时间段带给人们不同的感觉。体育文化冲突的时代性典型地反映了体育运动的社会性特征。

(二)体育文化的基本含义

就体育文化和体育来说,两者并不等同于同一个概念,体育是具有动力性的,而体育文化则是具有结构性的。体育文化同一般文化概念也不同,因为在体育文化中,结构不仅是行动的中介工具,也是行动本身。它不是制约竞争和进取,而是为竞争和进取提供了条件和保证。也就是说,体育文化并不是对人类狂野彪悍的原始生命力予以压制和束缚,而是要昂首步入相互促进的轨道之中,并不是相互破坏。

体育文化能够很好地促进进取性道德和竞争心的形成,因此它是具有价值的,也是值得发扬的,这能够很好地克服缺乏竞争能力者的乖巧、懦弱、卑劣等心态,能够很好地对个人和民族的身体素质和精神素质进行改善,促使民族的生命力得以增强。这个作用,对于社会的进步,对于当前正在进行的改革和现代化,也是一种推动。体育文化具有如下几个性质。

1. 体育文化的民族性

人类文化既具有共性,同时也具有个性,这种人类文化的差异性,便是其民族性的表现。生活在不同区域的人类,创造出的文化具有不同的类型和不同的形态,同时也塑造出了具有不同文化特征的群体。每一种形式的民族文化,对于本民族的形成、发展和延续有着非常紧密的关系,同时也与本民族的风土人情、生产水平、经济条件、地理环境、社会结构相适应。

同文化产业相同的是,每一个民族的体育文化都在一定的区域范围之内得以形成和发展起来了,逐步发展成为全民族共同的文化现象。因此,就这一层面来说,所有的体育文化都是民族的,不存在超越民族的体育文化。但需要注意的是,任何一个民族的体育文化在发展到一定程度后就会产生膨胀,必然将原有的躯壳打破向外进行扩散,与其他民族的体育文化进行接触,并被动地接受来自外部文化的影响。

体育文化的民族性,其内容核心是民族的心理、语言、性格以及在这个基础上所形成的体育文化模式。生活方式和体育文化的不同是由不同的心理、语言、性格所造成的,这些差异又内化在民族的性格和心理等因素之中,使体育文化的民族性得以固化,使之很难被动摇。

2. 体育文化的人类性

所谓人类性是指一个民族的体育文化所蕴含的具有普遍性的品格能够被各个民族所理解或吸收,其主要的动因是人类有能够超越民族限制的共同的理性和需求。在民族体育文化中,体育文化能够代表一个民族的整体精神风貌和旺盛的生命力,它具有世界性的意义和价值。如中华民族古老的养生文化具有追求生命质量的人类共性,这是人类体育文化的一部分,有着超越地域、语言、民族、国家界限的力量。

3. 体育文化的变异性

所谓变异性是指在形成和发展的过程中,体育文化在内容、结构、模式等方面发生变化的属性。历史并不是一成不变向前发展的,它需要在历史进程中对外部世界和其他体育文化的积极和先进的要素进行不断吸取,来不断调试自身,这样才能获得进一步发展。在文化发展中,传播和交流是其主要的动力之一,如果缺少了传播和交流,那么文化很难发生改变,如果文化没有产生变化那么就会成为一潭死水,走向灭亡。当然,体育文化的变异并非总是积极的,或全部是积极的。历史发展的曲折性就表现在体育文化发展的方向是进步的,但在前进过程中会有挫折。从殷商开始,中国文化便代代相互传承,虽然中间出现了很多曲折,但并没有因此而中断,中国体育文化也是同样如此。在经过几次明显的变异之后,中国体育文化先是从秦朝对"武勇"崇尚的体育文化发展成为汉代对"废力尚德"体育文化的推崇,汉代和唐代对足球文化的推崇,发展到了宋代成为单球门的游戏。以上这些变异都像体育文化的属性一样充分体现了出来。

4. 体育文化的时代性

文化也具有特定的内容、形态和性质,能够呈现出比较鲜明的时代性。各个时代,其体育价值观念也是不相同的,因此对于各个时代的体育文化不能采用同样的标准来进行衡量。要从历史的角度来对体育文化的评价进行审视,既能够从中看到其所具有的进步性,同时也要看到其时代的局限性。

体育文化的时代内容与形式使体育文化发展呈现不同的阶段。所有的体育文化都具有民族性,同时也具有时代性,这两者属于一般与特殊的关系。通常表现为各个不同民族的文化在同一时代表现出相同的时代特点,同一民族在同一时代有着相同的心理变化;特殊之处表现为各个不同民族的文化在同一时代都具有各自的民族特点,同一民族在同一时代又有不同党派、不同阶级的不同心理的两种文化。由此可见,文化的民族性就包含在时代性之中,文化的时代性就包含在民族性之中,这是同一内容的两种不同性质。

5. 体育文化的继承性

所谓继承性是指在历经各个不同时代的发展之后,体育文化依然对原有的一些特质属性进行了保留。所有的文化都是由人类亲自创造出来的。正是由于人类文化的传播特性和人类意识的历史积累性,使体育文化具备了能够通过图像、文字、语言等媒体在社会价值体系和人类的意识领域中进行传承的特性。当然,体育文化由于以身体动作为基本形式,因此身体是其主要传承形式,但依附于体育文化之上的独有的语言和文字也具有强大的传承功能。

发展至今,体育比赛在数量和频率方面越来越多,人们通过采用各类大型体育比赛的形式,来促使体育文化得以更好地传承。在体育文化传承方面,与体育相关的歌曲、谚语、邮票、电影等实物也是其不可忽视的主要形式。

四、校园体育文化

(一)不同学者对校园体育文化的解释

1. 周征对校园体育文化的解释

周征也从广义和狭义两个角度对校园体育文化的概念提出了自己的看法,分析如下。

(1)从广义的角度来看,在学校体育教学、体育活动、体育管理等实践过程中,由师生员工所创造并保存的所有内容即为校园体育文化。

(2)从狭义的角度来看,以学生为主体,教师为主导,在学校体育这个主要空间所形成的文化形态即为校园体育文化。体育道德、体育观念、体育价值、体育行为等都属于校园体育文化的内容,这些内容主要是通过体育教学、体育竞技等体育活动形式呈现出来的。

2. 魏秋珍对校园体育文化的解释

魏秋珍认为,人们在校园这一特定的环境中通过实践活动所创造的所有财富总称为校园体育文化,其既包含物质财富,也包含精神财富。

魏秋珍还从广义与狭义两个角度对校园体育文化进行了解释,阐释如下。

（1）从广义上来看，在学校体育教学、体育训练、体育竞赛以及体育设施建设等实践中形成和创造的物质与精神财富，即为校园体育文化。

（2）从狭义上来看，学生的体育思想、体育意识、体育价值观等即为校园体育文化。

3. 卢元镇对校园体育文化的解释

卢元镇对校园体育文化概念的解释主要有以下两种。

（1）从广义上而言，在体育教育、体育活动等实践过程中，学校师生依托学校现有条件所创造的物质方面与精神方面的所有内容的总和就是所谓的校园体育文化。

（2）从狭义上来讲，在学校特定的教学环境下和丰富多彩的体育活动中，师生（以学生为主体，以教师为主导）共同作用而形成的体育精神、体育价值观、体育道德、体育能力、体育行为等即为校园体育文化。

4. 严德一对校园体育文化的解释

严德一认为，以一定的社会条件（政治、经济、文化、教育等）为依托，由学校内部有形的体育物质环境和无形的体育社会环境共同构成的体育生存氛围就是所谓的校园体育文化。从这一观点来看，校园体育文化极具校园特色。

（二）校园体育文化的概念

以上几种观点有利于我们从不同的角度来认识校园体育文化。当前，关于校园体育文化概念的界定，认可度比较高的是由曲宗湖、杨文轩等学者在《课余体育新视野》一书中提出的观点，这些学者一致认为，校园体育文化是以校园为空间，以学生、教师参与为主体，以身体练习为手段，以多种多样的体育锻炼项目为主要内容，具有独特表现形式的一种群体文化。[1]

---

[1] 姜志明，樊欣. 大学校园体育文化研究[M]. 北京：中国林业出版社，2010.

第二节 校园体育文化的内涵与本质

一、校园体育文化的内涵

在校园文化中,校园体育文化是其中非常重要的组成部分,它是将校园作为空间,将师生作为参与的主体,采用身体练习的手段,将各类体育运动项目作为主要内容,有着独特表现形式的一种群体性文化。

对于校园体育文化可以从广义和狭义两个层面来进行理解。从广义的层面来说,校园体育文化就是在学校现有的环境中,学校师生在体育教育、体育活动和体育学习等过程中创造出来的精神和物质的所有内容。从狭义的层面来说,校园体育文化是在学校教学环境下,教师主导下的行为主体在各种体育活动中相互作用所创造出来的学校文化形态,是学校这一特殊社区的体育群体意识。

一些学者认为,校园体育文化具有多功能指向的特点,具体如下。

从教育视角来说,校园体育文化能够促使学生的思想品质得以提高,培养学生良好的道德品质、体育观念、审美情趣,并对学生的心理特质加以完善。

从发展的视角来说,校园体育文化能够很好地促使学生的身体素质、身体机能和智力等方面得到很好地发展。

从教养的层面来说,校园体育文化能够向学生教授一些体育基本知识和基本技能,培养学生良好的体育文化态度,促使学生养成良好的体育学习兴趣和学习动机,并养成锻炼身体的好习惯,提高学生的自我意识。

从社会学的层面来说,校园体育文化能够很好地促使学生社会情感和社会意识得到提高,促进学生个体社会化,培养学生良好的社会活动能力,增强学生的人际交往能力。

在参与校园体育文化活动的过程中,学生既能够使自身的心理、身体和人际交往等方面得到更为全面的提高,同时也能够营造出一个积极、健康、向上的校园文化氛围。

二、校园体育文化的本质

校园体育文化是校园文化的重要组成部分,其构成要素是体育物质文化和体育精神文化,它是通过体育文化氛围、体育文化环境、体育文化活动,大多数人共同遵守的法规、行为以及学校制度等文化因素,对学生实施体育教育,从而促进学生身心的全面发展。校园体育文化是学校在特定的历史条件下,为实现教育的目标,在长期的校园文化建设中,把各种有益于师生成长的文化,通过不同的方法和手段渗透于体育活动,从而达到积淀、整合、提炼的目的。它反映了学校广大师生的健身目标、健身理念以及健身行为准则。校园体育文化本质上所体现的是关于学生及教职员工的体育价值观念。因此,某种先进的校园精神一旦形成,必然会对全体师生的体育行为产生巨大的导向作用,形成一种强大的校园体育氛围,在引导师生树立"健康第一"的观念的同时规范他们应该做什么、为何而做、如何去做,从而使参与的人具有某种特有的"体育精神特质",形成该学校区别于其他学校的一个特征。任何为了要达到某种目的的活动,不仅是有价值定向的活动,而且也是价值支撑的活动,只有当人们的行为被认为具有某种合理性时,人们才会理直气壮、义无反顾地去实践。先进的校园体育精神作为校园价值体系的精华,作为学校发展的一种潜在力量,无疑是一种巨大的激励因素,推动着人们积极进取、战胜困难、开拓创新、夺取胜利,特别是在学校遇到困难或挫折时,它会给人们以信念的支撑,会成为人们追求理想、追求发展的力量源泉。校园体育文化是学校师生共同创造并认同的价值观念,具有无形的凝聚力和感召力。在校园体育精神的熏陶下,体验并认识到彼此具有共同的理想追求、价值观念、道德情操和行为规范,会使生活在同一所学校的人们彼此之间产生强烈的认同感、责任感和荣誉感。

第三节 校园体育文化的结构与内容

一、校园体育文化的结构

(一)关于校园体育文化结构较为统一的观点

关于校园体育文化的结构,学者与专家比较统一的观点是,校园体育文化可以分为三个层次,即物质文化层、精神文化层和制度文化层,这个结构层次主要是以物质文化、精神文化、制度文化三个要素为依据划分的(表1-1)。

表 1-1 校园体育文化的结构（一）

结构	内容
物质文化层	体育场馆 体育器材 体育雕塑 体育场景 体育服装 体育用品 ……
精神文化层	体育意识 体育观念 体育情感 体育道德 ……
制度文化层	体育行为 体育规则 体育技术 体育规范 ……

（二）关于校园体育文化结构的不同见解

除了上述比较统一的观点外，顾圣益提出了不同的见解，其将校园体育文化结构划分为隐性的校园体育文化、显性的校园体育文化和混合的校园体育文化三个层次（表 1-2）。

表 1-2 校园体育文化的结构（二）

结构	内容
隐性的校园体育文化	体育精神 体育意识 体育价值观 审美观 ……
显性的校园体育文化	体育运动的技术形态 体育场馆设施等直观形态
混合的校园体育文化	体育组织 政策法规 规章制度 管理体制 ……

（三）校园体育文化的四个层面

校园体育文化并非是多要素的简单集合，其具有系统性与组织性。校园体育文化的各个组成部分相互影响、相互联系，共同形成了校园体育文化这个具有开放性的系统。综合不同学者的观点，可以将校园体育文化结构划分为以下四个层面（表1-3）。

1. 体育物质层

体育物质文化在校园体育文化结构系统中居于基础地位。在校园体育文化主体参与体育实践活动的过程中，需要由体育物质层来提供基础条件，体育器材、体育场馆、体育雕塑等可感觉到的形态是校园体育物质文化的主要内容。

2. 体育制度层

作为校园体育的综合文化形态，体育制度文化层是将物质层与精神层联系起来的中介及桥梁。体育制度文化主要体现于校园体育的组织形式，其充分反映了校园体育意识及体育观念。体育教学、课外体育活动、体育科研、体育竞赛、运动队训练、体育俱乐部、体育知识讲座和体育交流等相关活动的制度、规范及政策都属于体育制度文化的范畴。

3. 体育行为层

在校园体育活动中，文化主体以约定俗成的方式形成的体育行为表现方式、体育行为规范及体育行为内容总称为体育行为文化，体育活动、体育协会、体育社团、学生体育等是体育行为文化的主要内容。

4. 体育精神层

简单地说，校园体育价值观、健康观就是校园体育精神文化。在校园体育文化系统中，精神文化居于核心地位，其对校园体育文化目标的确立与实现具有决定性的影响。校园体育精神、体育观念、体育风尚等都是体育精神层面的内容。

表1-3 校园体育文化的结构（三）

结构	内容
体育物质层	体育场馆 体育器材 体育雕塑 体育景观 体育宣传 体育图书
体育制度层	体育规范 体育制度 体育政策 体育传统
体育行为层	体育协会 体育社团 职工体育 教师体育 学生体育 体育活动
体育精神层	体育精神 体育观念 体育风尚 体育道德 体育目标 体育知识

二、校园体育文化的内容

校园体育文化是以校园为空间，以学生、教师参与为主体，以身体练习为手段，以多种多样的体育锻炼项目为主要内容，具有独特表现形式的一种群体文化。

校园体育文化是校园文化和体育文化两种体系交汇产生的，两者互相影响、融合、渗透、促进和发展，有着密不可分的联系。校园体育文化可通过多种形式来体现，其主要形式有早操、课间操、课外体育活动、运动队训练、小型运动竞赛、体育讲座、专题报告会、体育技能表演、学校体育节等，其中学校体育节是近年来发展比较快的一种校园体育文化活动，其成为目前校园文化的亮点之一，是因为它以自身独特的风格吸引着全体师生来参与体育活动，起到活跃校园文化生活的作用。

第四节　校园体育文化的特征与功能

一、校园体育文化的特征

（一）指导性特征

校园体育活动并不是随机开展的,校园体育文化不是一个虚空的事物,它有其存在的重要意义和对校园体育的重要影响,即校园体育文化具有指导性。

具体来说,可以从以下两个方面理解校园体育文化的指导性。

首先,校园文化的指导性受体育发展程度的影响。例如,同样是在近现代,由于我国体育事业发展落后,国民体质较差,我国校园体育文化的重点则更侧重于"强国护种"的政治目的,在我国近现代历史中许多教育学家都认可此观点,故有"强国之道,首重教育,教育之本,体育为先"的说法。这种理念影响了几代中国人,特别是中华人民共和国成立以后,国家虚空、百废待兴,人们体质也普遍虚弱,因此便不利于国家的建设。根据这种实际情况,党和政府决定将为国防和生产服务定为校园体育的基本目标,进而提出了"锻炼身体,保卫祖国""锻炼身体,建设祖国"的口号。而西方体育发达国家则更重视体育的强身作用。人们对校园体育文化的目的理解为要通过体育运动的方式加强学生的身体健康水平,并以体育运动为手段增强学生的心理健康度和与社会融合的适应度。除此之外,它还注重培养学生的竞争意识和自我个性的培养。我国与西方校园体育文化指导重心的差别不仅仅是东西方文化的差异,更是不同社会环境中政治赋予体育的意义不同。

其次,校园体育文化的指导性并非永恒的,它会根据时代的不同和社会主流价值观的变化而改变,在现代社会,随着社会对高素质人才的要求不断提高,学校体育对学生的培养目的也与以往不同。例如,20世纪90年代以后,随着我国社会经济不断发展,人们的观念日益开放,人们更加了解自己,也更了解国外。在这种有利契机下,东西方体育文化的交流让我国校园体育文化得到了诸多有益的经验,西方先进体育思想被引入我国,我国也对体育教育进行了大胆改革,一方面是社会大环境改变了校园体育文化;另一方面是校园体育文化的改变也可以引导在这种校园体育文化影响下成长学生的思维与观念,二者互相促进,推动了我国体育教育的良性发展和校园体育文化内容的完善。目前,"以人为本""健康第一"和"快乐体育"等体育教育思想成为在顺应素质教育大背景下我国校园体育文化发展的新型指针,为学生的健康发展奠定了基础。

（二）表现性特征

社会文化的表现与传承具有多样性,如诗歌用文字来表现,酒文化通过酒的实物来传承。许多社会文化虽然被传承下来,但人们对于它的观念已经变得模糊不清。校园体育文化的表现通过身体来实现,不同的体育运动项目由于运动方式的不同造成了不同的身体形态特点。

学校体育教学中多采用动作示范的方法进行教学,体现出身体是校园体育文化传承的主要方式。语言也是校园文化传承的重要方式,在校园体育文化的传承中也包含语言的表现功能。例如,身体运动的动作类似于语言中的语音,身体运动的技巧与方式类似于语言的词汇,身体运动的动作衔接类似于语言的语法,只有三者有机地结合起来才能实现校园体育文化的传承。

（三）民族性特征

不同的民族体育文化不同,因此,不同民族的校园体育文化也必然具有一定的差异,这就是校园体育文化的民族性特点。

校园体育文化的民族性主要表现在开展项目不同、同一项目的活动理念不同两个方面。例如,我国不同民族聚集的地区,学校体育文化表现出较大的民族性特点,这点与我国各民族传统体育受各自地域和民族习惯的影响较大,在此地域或民族群体中存在的学校,其校园体育文化必定有相应的特点。

再如,中外学校在体育活动开展项目上,美国校园体育文化会更加鼓励培养学生的个性,崇尚关键时刻能够有决定性的人物站出来主宰比赛,其体现在具体的体育活动内容上多为篮球、橄榄球和冰球等项目。而我国的民族性格主要以儒雅、谦虚为主,再加上近现代"养成"的注重团队,个人的利益服从集体的利益等理念,使开展的项目也更注重这些理念的发挥,如足球、篮球、排球等运动的开展。此外,我国各级学校还开展一些民族传统体育项目,如跳长绳以及多种民族体育游戏,在这些活动中都能看到团队协作的内容。还应该认识到,尽管中外体育活动中都包含了足球、篮球等项目,但活动本身所追求的理念并不一致,这些不一致正体现了校园体育文化的民族性特点。

校园体育文化的民族性丰富了校园体育文化内容,也推动了体育文化的传播和发展,由于体育文化的传播灵活性较大,它着重强调保持和发扬民族传统体育,如此便能从多层面、多角度来构筑传播民族传统体育文化的平台,这对于我国民族体育文化的推广和发展是十分有益的。

(四)传承性特征

校园体育文化的传承性具体是指民族体育文化的接续与传承。随着社会的变革和时代的发展,现代校园体育文化的内容和思想都充满了时代感,它与我国最初开始出现现代校园体育相比早已千差万别,但尽管如此,从不同时代的体育文化和校园体育文化中仍旧可以发现种种文化传承的痕迹,现代校园体育的活动内容以及体育精神都体现了传承性。

(五)多样性特征

体育教育的多样化要求和体育活动形式的多样性决定了校园体育文化的多样性特点。当前的体育教育以培养学生体育精神、体育意识和体育技能为校园体育文化的重要宗旨。在此宗旨的指导下可以开展种类新颖、形式各异的校园体育文化活动,多样性的活动使校园体育文化更加丰富多彩。校园体育文化的主要性质结合及其价值具体表现在以下几个方面。

1. 理论与实践的结合

理论与实践的结合,具体是指通过较多的体育运动实践来检验平时所学的有关校园体育文化的理论知识是否为真,并且将得出的感悟和想法反馈到理论中去,由此形成良性循环,不断促进校园体育文化的可持续发展。

2. 健身与文化的结合

体育运动的健身价值与文化价值决定了校园体育文化必然要体现健身与文化的结合。

3. 民族与世界的结合

民族与世界的结合是通过校园体育文化活动中的民族运动项目来达到弘扬我国民族体育文化的目的。从实践来看,校园体育文化的发展也确实能够起到弘扬民族体育文化的作用,使之得到广泛传播和发展。

二、校园体育文化的功能

（一）健康功能

1. 改善身体机能状况

校园体育活动形式各样，不同形式的体育活动对师生都有很强的吸引力，使师生加入体育锻炼的队伍中。事实上，校园体育运动之所以对师生具有吸引力，主要在于其具有突出的健身功能。师生经常参与体育锻炼，机体器官抵抗疾病的能力就会不断增强，从而更好地保持健康。

作为校园体育文化的基本功能，健身功能受到了校园广大师生的重视。校园体育文化主体参与各种体育文化活动，最主要的动机就在于提高与改善自己的体质与健康水平。学生在参与体育活动的过程中，血液循环逐渐加快，心脏功能不断提高，呼吸系统功能逐步得到改善，骨骼、肌肉也会快速发育。对于处在生长发育阶段的青少年学生而言，积极参加体育锻炼有利于终身体育锻炼习惯的养成。

促进机体的生长发育和运动能力的提高也是校园体育文化的重要功能。人们不管参加什么体育运动，都离不开肌肉的活动。因此肌肉发育的好坏对人体运动能力的强弱具有直接的影响。如果人体肌肉发达而结实，那么其劳动力和运动能力就相对较强。体育锻炼能够使学生肌肉的血液供应情况得到改善，可以促进肌肉内营养物质尤其是蛋白质含量的增加，可以使肌纤维变粗，从而提高肌肉的工作能力。学生在参与体育锻炼的过程中，会消耗很多能量，产生大量的代谢产物，新陈代谢和血液循环速度也会不断加快，身体机能水平也会不断提高。此外，校园体育有利于对学生的心理进行调节，使学生保持舒畅、愉快的心情，摆脱不良情绪和心理的困扰，从而充满朝气，活力四射。

2. 疏导心理的积郁

校园体育文化有利于促进学生良好个性品质的形成和积极心理状态的保持，这就是其心理疏导功能的主要表现。校园体育文化活动充满刺激、娱乐和欢快的元素，因此其有利于丰富学生的精神生活，能够缓解学生因学习压力大而产生的紧张心理，可以使学生保持愉快的心情、饱满的情绪以及旺盛的精力。校园体育营造了良好的精神氛围，这有利于协调校园内人与人之间的关系，有利于促进学生不良情绪、心理的缓解。校园体育活动不但能够使学生各种正当的、合理的体育活动需要得到满足，同时还能够促进学生心理的健康发展,使学生形成良好的个性心理品质和行为规范,保持积极健康的心理状态。

3. 培养健康生活方式

很多因素都会对个体的生活习惯和生活方式产生影响,如生活环境、成长历程、经济条件、受教育程度等。校园体育文化为学生提供了良好的体育生活环境,在这一环境中,青少年学生能保持充沛的精力,充满求知欲,并能够快速接受新鲜事物。校园体育还有利于促进学生业余生活的丰富,使学生养成积极健康的生活习惯。

经济的发展与社会的进步使人们的需求不断增加,单纯的物质生活已经难以使人们的多元需求得到满足。在接触体育活动后,人们渴求健康,希望通过体育来完善自我,获得健康的身体和优美的体形。另外,体育活动不仅能够使人保持基本的健康,还能够促进人的生命活力,使生命的意义得到进一步拓展。除此之外,校园体育文化还有利于促进学生身心的健全。体育活动充满竞争与趣味,其鼓励人们积极进取,倡导人们在竞争的同时体验活动的乐趣,这对于培养人的拼搏精神和缓解人的心理压力具有重要的意义。同时,学生的心理素质还不够完善,很容易因为一些因素的影响而产生不良心理,体育活动对于缓解学生的不良情绪与心理具有积极的作用。

(二)教育功能

1. 育人功能

校园体育文化对人的影响是悄无声息的、是潜移默化的,这也是校园体育文化与其他校园文化的一个不同之处。校园体育文化的育人功能从两个方面反映出来:第一,学校通过开设体育课程来将体育知识、技能传授给学生,促进学生知识的丰富与技能的提高;第二,学校组织开展多种形式的课余体育活动,以此来对学生的知识结构进行改善,促进学生个性的发展、物质与精神生活的丰富、社交需要的满足,并对学生的交际能力与合作精神进行培养。由此可以看出,校园体育文化在培养人才方面具有全面性的作用,只有充分发挥校园体育文化的育人功能,才能更好地对适应社会发展的全面型人才进行培养。

作为社会文化系统的重要组成部分,校园体育文化具有鲜明的校园文化特色。学校这个文化环境相对而言是比较独立的,因而校园文化这一文化体系也具有相对独立性,在学校这个环境中,校园文化以无形的力量推动全校所有人员的进步与发展,向每一个人施加教育方面的影响,这是校园文化的重要价值取向。校园体育文化是校园文化群中的一个重要成分,校园文化的特征在校园体育文化中也有突出的体现,因此二者的价值取向是相通的。校园体育是师生共同参与的体育活动,校园体育文化对师生,特别是对学生的教育就是在文化主体参与校园体育活动的过程中完成的。校园体育文化教育功能的发挥有助于对师生的智能结构进行改善,有助于学校人类理性精神和人文精神的发扬,有助于对师生的潜能进行开发,同时有助于学校教育目标的顺利实现和对素质教育的进一步贯彻。总之,在师生思想品质和身心素质培养方面,校园体育文化具有得天独厚的优势。

2. 激励功能

校园体育文化具有一定的激励功能,其能够使校园内每个成员的学习与工作动机得到强化,能够对校园人学习与工作的积极性、主动性和创造性进行调动与激发。一些人以"运动机器"来称呼运动员或校园体育积极分子,而且在校园竞技运动中以"运动成绩论英雄",这些都是不应该提倡的。校园体育文化能够使学生的事业心和责任感不断增强,能够使学生以饱满的精神和积极的心态参与学习,所以,我们应该引导全校人员对共同的体育目标、体育价值观、体育理想、体育信念进行树立,从而进一步促进校园体育文化的繁荣发展,并为我国体育事业的迅速发展培养优秀的人才,使校园体育文化和体育事业紧密结合,共同进步,共创辉煌。

事实上,校园体育文化的激励问题是一个使主体需要不断得到满足的问题。校园体育文化为校园人创造了和谐的体育氛围及人际关系环境,校园人在这一环境与氛围中能够获得精神方面的满足。同时,校园体育文化也为校园人提供了良好的体育文化享受空间及创造空间,校园人在这一特定的空间内,可以利用现有的体育场馆设施、体育器材等获得参与体育活动需要的满足。此外,校园人在参与活动的过程中,其体育人生观与信念会不断强化与升华,这也是校园体育文化激励功能的重要反映。

3. 智力促进功能

人体集中精力以稳定的情绪从事艰难、复杂、敏捷和创造性活动的能力就是所谓的智力。青少年时期是智力发展的高峰阶段,校园体育文化活动有助于促进学生智力的发展。研究证实,经常参与体育活动,可以保证大脑能源物质与氧气供应的充足性,因而可以使大脑神经细胞得到充分的发育。另外,不同的运动动作具有不同的性质,不同性质的运动动作对大脑神经系统造成的刺激也是不同的,各种运动动作能够不同程度地

第一章 校园体育文化概论

促进运动参与者大脑皮层细胞活动的强度、灵活性、均衡性的提高,从而可以使整个大脑神经系统的结构、功能得到改善。学生参与各种形式的校园体育活动,能够使大脑疲劳快速消除,头脑逐渐清醒,精神更加充沛,这对于学习效率的提高具有积极的意义。体育活动还能够促进学生感知力、思维力、想象力、注意力、记忆力等的提高与增强。

4. 凝聚功能

目前,人们非常关注校园体育文化的凝聚力问题。校园体育文化是连接校园人和体育的重要纽带,其发展的目的在于将个体目标整合为学校体育的总目标。

作为一种群体文化,校园体育文化的构建必须借助群体的力量,由群体共建的校园体育文化反过来又影响着每个个体,使个体将学校体育行为风尚内化为自我要求。人们在不同的阶段所参与的体育活动是不同的,因而所了解的体育文化也是有差异的。随着时间的推移,人们掌握了越来越多的体育知识,对体育的认识越来越深入。不同时期的体育活动对人们产生的影响也是不同的。学生在不同教育阶段所参与的校园体育活动都对其社会化发展起到了积极的影响,如校园体育对学生的社会认同感、团队意识进行了培养,使学生树立了平等、公正和竞争的体育理念,并学会遵守规则。因此,客观上来说,校园体育文化规范了学生的行为方式,有利于学生养成良好的体育锻炼行为习惯。

在学校体育中,各种类型的体育活动大都是以集体的形式组织的,如体育课、早操、课间操、课余运动训练、体育竞赛等基本上都是以集体(班、组、队)为单位来组织的,每一个参与者的体育行为都会对集体的得失与荣誉造成影响。集体性的校园体育活动对学生具有重要的教育意义,对于学生群体意识和集体主义观念的树立具有积极的推动作用,学生在参与集体活动的过程中,会逐渐树立热爱与关心集体、服从与维护集体的意识,这也是校园体育文化凝聚功能的一个重要体现。

集体性体育活动需要多名学生共同参与才能顺利进行,这就要求参与者具有高度的协作意识与配合能力,任何一名参与者的失误都会对最终的运动成绩造成影响。而参与者只有通过长时间的练习才能够形成默契的配合。在长期的练习过程中,学生之间相互帮助,互相理解,友谊不断加深。此外,学生在练习的同时也树立了以集体利益为主的大局观,并会在训练与体育竞赛等实践活动中为一个共同的目标而努力拼搏,为集体的荣誉而奉献自己的力量。学校对丰富多样的校园体育活动进行开展,对校园体育文化氛围进行营造,有利于进一步加强校园体育对广大师生的吸引力,从而使师生积极参与到各种体育活动中。师生在参与活动的过程中,彼此间的感情逐渐加深,集体意识也逐渐得到强化,这对于校园团体内聚力的提升具有积极的意义。

校园体育文化之所以具有强大的凝聚力,主要是因为每一位校园人都普遍认同校园体育,理解校园体育。体育活动为团体成员之间相互沟通和相互理解提供了良好的机会,团体成员在活动过程中彼此信任,共同为团体荣誉而奋斗,共同维护他们之间的友谊。校内体育竞赛能够增强班级、团队的凝聚力,校际体育比赛可以使一个学校的凝聚力得到提升,同时能够使全校师生员工的责任感、荣誉感以及归属感不断强化。

(三)情感功能

1. 娱乐功能

体育是一种积极健康的文化娱乐方式,也是一种非常重要的精神文化活动,已经成为校园人现代生活中不可缺少的一部分。校园体育文化能够调节学校成员的生活方式和精神状态,使学校成员终身体育需要和情感愿望得到满足,能够促进校园人身心的健康与愉悦,使校园人保持积极饱满的精神状态。

体育是一种要求参与者身体直接参与的活动形式,学校师生在参与校园体育活动的过程中,与身体最为密切的人格要素(如健康、力量、素质、审美、智慧、性格等)都会得到不同程度的锤炼,并会感到有一股力量在激励自己不断奋进,可见,校园体育文化有利于对生机、协调、美好的校园生活氛围进行营造。师生在这样一种校园文化氛围中生活,自然会受到感染,这样,其个性品质、能力都会得到不断完善,精神境界也会得到一定的升华。

2. 审美功能

校园体育文化的审美功能是无形的,我们可以从学生的情感体验中看到校园体育在审美方面的价值与功能。"更快、更高、更强"是体育运动不懈追求的价值目标,校园体育文化同样将此作为追求目标,"更快、更高、更强"集中体现了体育的"美"的特质。具体来看,校园体育文化的审美功能主要体现在以下几个方面。

(1)体态美

校园体育文化有利于启发与提高学生的审美意识,促进学生的体态不断向着"美"的方向发展。这主要表现在以下三个方面。

第一,学生通过参与体育锻炼,可以更好地展现自己身体的协调性、灵巧性与表现力,充分彰显自己的青春魅力。体育活动能够促进学生自信心的进一步增强和创造美的能力不断提高。

第二,体育运动富含美的元素,强劲有力的动作、风驰电掣的速度、结实健美的躯体、娴熟的技巧无不展现着运动之美。

第三,体育运动有助于对学生正确的审美观念进行培养,人们在参与体育运动的过程中,会逐渐以健美作为自己的生活标准,从而改善自己的服饰搭配,提升自己的仪表风度。校园体育在美化学生形态和心灵方面具有积极的影响,能够使学生高层次的美的需求得到满足。

(2)鉴赏美

高雅的校园体育文化活动还能够创造各种美,如语言美、心灵美、行为美等,这些美的元素又有利于促进学生对美的感受能力、鉴赏能力、表现能力以及创造能力的提高。同时,校园体育文化的美育功能还能够帮助学生对低级的、腐朽的审美情趣进行抵制,从而引导学生对正确的审美观念进行树立。

(3)运动美

校园体育教育有机融合了体育与美育,将体育的运动美充分展现了出来。例如,体操、健美操、体育舞蹈、花样游泳等,这些体育运动项目本身就具有高度的艺术性,体育运动的竞技美、技术美和动作美在这些项目的技术动作中得到了充分的反映。

3.陶冶情操功能

校园体育文化具有陶冶情操的功能,这主要体现在以下两个方面。

(1)陶冶情感品质

校园体育文化有利于培养学生良好的情感品质,这主要是通过情绪的自我调节和情感的自我优化而实现的。校园体育有利于对学生顽强的意志品质进行培养,使学生遇事更果断、遇到困难更坚毅、遇到不良诱惑更具自制力。各种校园体育活动的举办有利于创建团结活跃、朝气蓬勃、积极向上的文化氛围,有利于素质教育在体育领域的进一步落实。

(2)陶冶思想修养

校园体育文化活动对广大学生的影响与教育是通过文化氛围、激励机制、实践活动等因素实现的,校园体育文化对学生具有很强的感染力,使学生积极主动地投入到这一体育锻炼的环境中。学生在这一环境与氛围中既学到了体育方面的知识,又锻炼了身体;既丰富了自己的生活,又锻炼了自己的运动能力和组织能力,而且还形成了良好的竞争与合作精神。例如,体育竞赛活动能够使学生懂得自尊、自爱、自强,可以促进学生竞争与合作意识的强化；体育讲座能够使学生树立积极健康的健身观念；体育实践活动能够促进学生意志力的增强和良好个性的形成。由此可以得出，学校可以针对不同学生的不同需求来对体育活动进行组织，从而有针对性地促进学生思想修养的提升。

第二章　校园体育文化发展与传播

校园体育文化是我国体育文化的重要组成部分,同时也是校园文化的重要内容之一。在新时期,校园体育文化要善于抓住机遇不断实现自我壮大,从而获得更好的发展与更广泛的传播。因此要加强这方面的研究,为促进校园体育文化的繁荣发展提供参考。本章主要就校园体育文化的发展与传播进行研究,主要内容包括校园体育文化的产生与发展、发展现状与趋势、多元化传播及在文化强国战略背景下的传播以及现代化发展与创新。

第一节　校园体育文化的产生与发展

一、校园体育文化的产生

体育在人类发展历程中表现出了不稳定、起伏波动大的特征。校园体育文化作为体育文化中的一类,也会因为社会的变革和发展而不断发生起伏变化。尽管国外校园体育文化和我国校园体育文化之间在民族性和时代性方面存在着鲜明的差异,但二者的出现都是以私有制的产生为根本原因的。在私有制出现之后,包括体育在内的教育开始不断脱离人类的各种社会活动,校园体育文化主要是为了满足军事需要而产生的。

二、校园体育文化的发展历史

下面主要分三个时期来阐述校园体育文化的发展史。

（一）古代校园体育文化的发展

在商朝时期,学校被称作是"序"和"庠",《孟子·滕文公上》中有对这一方面的相关记载,"庠"是一种乡学,是练武讲礼的学校,其他有关体育的内容也会包含在内。"序"重点指的是学射的学校。然而,严格来讲,古代的学校体育在规模上还有一定的欠缺,所以古代校园体育还不具备文化形态。

(二)近代校园体育文化的发展

1. 近代校园体育文化的开端

我国近代校园体育文化的历史起点发生在鸦片战争之后。在西学东渐的影响下,我国军事学堂开始逐渐引进西方的体育。最初,"军国民体育思想"在我国校园体育的目标和内容中能够明显地显露出来。这一时期体育之所以被引入我国学校,主要是因为清政府想尽快实现"强兵"的目的,而体育就是达到这一目的的主要手段。在引入西方体育之初,刺棍、木棒等军事体操与技能是我国校园体育的主要内容;这时体育活动在一些教会学校和基督教青年会也逐渐得到了开展,主要开展的体育项目有田径项目和球类运动项目,大都是竞技性的体育项目,而且不同类型的体育比赛也会不定时地举行。在基督教青年会中,会对专业的体育人员进行组织,使其到当地学校对与体育相关的理论和实践知识进行讲授,这促进了我国校园体育的萌发。

"维新运动"促进了我国近代体育思想的形成。在维新运动中,一些著名的体育思想极大地推动了我国校园体育的形成与发展,其中具有代表性的思想主要有"德智体三育并重,体育为学校的教育内容"(康有为)、"通过体育强健身体"(严复)。

1903年,我国建立近代新的教育制度,主要标志是《奏定学堂章程》(由清政府颁布),该制度大大提升了校园体育的地位。

1905年,我国各级学堂在科举制度废除后对体操课进行了积极的开设,日本兵式体操和瑞典、德国体操是主要教学内容。校际、省和全国性学生体育竞赛也开展起来,体育师资培养体系逐步得到确立。这一时期,我国才有了真正意义上的"校园体育",这为我国校园体育的发展奠定了良好的基础。

2. 北洋政府时期的校园体育文化

1912年10月,我国最早的校园体育法规文件由"各级学校令"颁布,其中有关于对体操课的规定。清末的体操课在这一时期依旧是重要的校园体育内容,学校教育的宗旨确定为军国民体育。

第二章　校园体育文化发展与传播

"五四运动"爆发后,学校教育进行了全面的改革。1919年,改进校园体育的方案由民国教育部提出,校园体育要对学生的身心协调发展加以重视的观念在这一方案中首次被提出,校园体育的具体实施办法及改革校园体育内容的意见等也在该方案中提出。

1923年,"体操课"更名为"体育课",虽然只是名称发生了改变,但这是我国校园体育历史上的一个重大的转变,"军国民体育思想"从此之后开始走向衰落。这一时期,校园体育思想的发展与体育教师的培养取得了一定的成果。

我国许多政治家和教育家从不同的方面深入探讨了体育及体育思想,校园体育的本质、价值、目标、功能、方法以及其与德育、智育、健康的关系也是主要探讨的内容。对这些内容的全面深入讨论促进了近代校园体育乃至现代校园体育的发展。

辛亥革命影响了校园体育的发展。"自然体育思想"取代了"军国民体育思想",在这一背景下,校园体育目标、内容、形式以及方法等各要素也相应地发生了改变。实质上,校园体育价值观也发生了变化。

3. 国民党政府时期的校园体育文化

20世纪30年代,"教育部体育委员会"由国民党政府在教育部设立,"体育督学"机构在各省市的教育厅(局)设立,而且对相应的管理人员进行了安排,主要目的是加强管理校园体育。这一时期相继颁布了多部法律文件,主要目的是加强对校园体育的改革,促进校园体育的发展与完善。

此外,近代以来校园体育史上的第一次比较大的学术争论也在这一时期出现,即"土体育"与"洋体育"之争"体育教育文化"与"体育军事化"之争,这次争论使体育思想多元化的发展格局初步形成。

(三)现代校园体育文化的发展

中华人民共和国成立后,我国校园体育文化的发展经历了以下几个时期。

1. 初创阶段(1949—1957年)

在校园体育文化发展的初创阶段,建立了校园体育的管理体制,并制定了相应的管理规定。此外,这一时期也建立了体育人才培养体制。我国先后建立体育学校(11所)和体育学院(8所),并在38所高等师范院校设立体育系、科,而且体育师资也得到了培养。这一时期我国校园体育表现出一定的政治与军事目的,即为政治与国防服务。这为校园体育的进一步发展打下了坚实的基础。

2. 过渡阶段（1958—1965年）

20世纪50年代，我国校园体育的发展受到了制约。直到"调整、巩固、充实、提高"八字方针提出之后，校园体育才进入正常发展轨道。校园体育在这一时期的发展主要体现在课程建设、师资队伍建设等方面。

3. 畸形发展阶段（1966—1976年）

1966—1976年，我国校园体育的整体发展遭到了破坏。但同时与学校教育的其他方面相比，国家开始重视学校体育课和课余体育运动。

4. 转型发展阶段（1977—1992年）

从1977开始，校园体育文化的发展进入了新的阶段。尤其是进入20世纪80年代后，我国校园体育文化的发展呈现出科学化与制度化的鲜明特征。《中华人民共和国体育法》在这一时期颁布，学校体育的地位由此得到法律意义上的确定，校园体育发展进入了新的纪元。

5. 新发展阶段（1993年至今）

1993年之后，我国加强校园体制改革，这主要是受建设社会主义市场经济的方针以及"科教兴国"战略的影响。1999年，《中共中央、国务院关于深化教育改革全面推进素质教育的决定》（以下简称《决定》）发布，该决定指出，高等教育的发展需要通过多种形式来实现，要促进高等人才综合素质的全面提高，要对有利于社会主义市场经济建设的全面型人才进行积极的培养。政府不断增加在校园建设中的投入，高校不断扩大招生规模，这些都不断促进了校园建设的社会化发展。在这种背景下，近年来我国校园体育文化的发展呈现出如下特征。

（1）人物矛盾不断凸显。近年来，随着高校招生规模的不断扩大，高校的体育场所明显不足，难以满足学生对参与体育运动的要求。此外，大量增加的学生需要配置足够的教师才能顺利开展体育教学，但是对专业教师的培养需要经过很长一段时间，学校出现难以及时补充师资的情况。高校体育器材本来就不足，在学生大量涌入后，这一问题将会更加严重。

（2）建设校园体育文化的指导思想比较杂，不同地区校园体育文化的发展差异十分明显。尤其是近些年，不同地区的经济与社会发展呈现出不平衡的现象，在经济的影响下，校园体育文化的建设也极为不平衡。

（3）校园体育文化缺乏有效的组织与运行模式，这使大学生体育动机难以得到充分的激发与调动，从而导致难以实现素质教育的目标。

第二章 校园体育文化发展与传播

进入 21 世纪,校园体育文化快速发展,尤其是"北京奥运会"的成功举办和"全国亿万青少年学生阳光体育运动"的全面启动将新的动力与活力带入校园体育文化的发展中。校园体育文化的建设与发展几乎得到了全社会的关注与重视,校园体育文化也将继续发挥自己强身健体、娱乐休闲、促进身心健康、改变不良行为、提高运动积极性、培养竞争意识、改善人际关系、培养良好品质等方面的价值与作用。

第二节 校园体育文化的发展现状与趋势

一、校园体育物质文化的发展现状

物质文化是校园体育文化发展的基础保障,缺少这一物质基础,体育活动无法正常运行。校园体育物质文化内容丰富,具有代表性的有体育建筑、运动设施、运动器材、体育雕塑、体育吉祥物、体育标语、体育图书、体育音像资料等,这些内容凝聚和展示着校园全体师生员工的知识与智慧。这些客观的外在实物在潜移默化中深入学生的内心。这些体育物质实物都是具有实际作用的,如体育建筑、设施、场地和器材等都是师生参与体育教学活动和课余体育活动的重要场所和载体,是改善和提高学生物质文化生活的基础设施,其建设状况、设计水平和文化内涵反映了学校校园体育文化的发展水平。

(一)校园体育场地设施现状

体育场馆、器材等设施是体育教学活动开展的基本载体,因此,其质量状况直接影响校园体育文化的发展。

高校是学术和技能的最高水平的代表,因此,宝贵有限的教育资源大都集中在高校。体育资源作为稀缺教育资源,在高校中也得到了充分的补充和建设,因此,在分析校园体育物质文化发展的现状时,特选择了高校作为代表。

通过对部分高校进行实践考察和调查统计后发现,多数高校的体育场馆、器材不仅不能达到教育部规定的相关标准,而且也无法达到满足体育教学、课外体育甚至运动训练和竞赛需要的要求。这势必会阻碍校园体育文化的整体发展。

正是由于优质的体育物质资源有限,所以这些资源主要都用于学校官方的体育教学和运动训练,这就必然导致了课余体育锻炼中场馆器材的紧张和不足,这样的校园体育物质条件根本无法有效培养学生的体育健身意识和习惯。

本人经过走访与调查了解到,造成当前我国大学体育场馆、器材不足的原因主要有以下几个方面。

(1)我国幅员辽阔,因此在经济发展的过程中难免会出现地区不平衡的情况。在此情况下,各地各级领导对大学体育的任务、目的、地位的认识有诸多偏差,甚至毫不重视高校体育文化的开展,放任自流,这种态度使高校不注重体育方面的投入,因此体育场馆、器材难以使学生的体育需求得到满足。

(2)高校为追求短期利益和荣誉,提高知名度,往往重眼前、略长久,以牺牲大部分学生的长远发展换取学校在高等教育市场中的有利位置。另外,盲目扩招也使高校体育优质资源变得紧张。

(3)许多高校的体育场馆、器材比较齐全,但是在运行过程中由于对设施的维护保养费用支出表现出过度恐惧的一面,因此便以减少向学生开放的次数,甚至不在重要时刻根本不开放的方式应对,这也是高校体育场馆、器材不能满足学生锻炼所需的一个重要原因。

(二)校园体育物质环境现状

校园体育物质环境直接影响学生的体育兴趣和体育参与动机。学生体育价值观念的可塑性很强,他们对体育价值的认识还处在表层、初始阶段,充满活力的校园体育氛围和良好的体育环境本身就具有一定的教育功能,这些有利因素可以培养学生正确的体育观念,提高学生的体育文化素养。因此营造良好的体育教育环境,尤其是具有感官最佳刺激效果的校园体育物质环境,能够潜移默化地促进学生体育文化素养的提高。

调查发现,大部分高校还未形成良好的体育物质文化环境,还未形成体育物质文化环境的创造意识。在现代信息化社会环境下,学生主要通过体育图书资料和网络资源来了解和接触体育相关信息,但是只有少数高校会将学校的体育信息主动放到校园网和学生论坛中。

在调查的部分高校中,只有少数几所有体育雕塑,在校广播和宣传栏中宣传相关体育信息的高校以及在校园官方网站上登载体育新闻的高校寥寥无几。可以说,当前大部分高校都缺乏体育物质文化环境的主动创新意识,体育宣传途径少,宣传方式单一,宣传意识和力度差,可以想象,这样的环境很难促进校园体育教育目标的实现,因此校园体育文化建设的目标也就更难实现了。为了改变这种不利现状,在当前环境下,体育部门领导和教师主动与团委、宣传部、学生处、基建处等职能部门协调,加强校园体育物质环境建设是最可行、最直接的方法。

二、校园体育精神文化的发展现状

实践证明,如果拥有良好的校园体育文化氛围,则可以使校园变为一个在一定区域内集成的具有普遍自觉性的体育文化小群体。每一个身处在这个小群体中的人都普遍具有相似的体育观念和体育行为。而更多加入到这个群体的人均会被这种氛围所感染,受其影响小群体的新人也会接受这些良好的体育观念和体育行为,进而会有很多人被吸引到这个群体之中,最终充分发挥与实现体育的教育等功能。由此可见,校园体育精神文化是校园体育文化的核心。

下面主要从体育观念、体育道德以及体育精神等方面来探讨校园体育精神文化的发展现状。

(一)体育观念现状

体育观念指的是体育教师与学生对体育在健身、娱乐、心理素质提高、智力培养等方面价值的认定。如果体育观念正确,则可以指导体育教师和学生在校园中采取恰当的体育行为。也就是说,体育教师和学生对体育在健身、娱乐以及在心理健康促进、智力培养等方面所体现出来的价值认识程度如何,直接反映了其体育观念。

调查发现,大多数学生可以比较正确地认识体育的价值,但详细访谈后发现,广大体育教师和学生对体育观念的认识大多停留在传统上和表面上,对于体育对人的深层次影响,很多人还是表达不清,无法完全领会。

此外,很多学生甚至是体育教师都无法清楚阐明体育观念的具体内容,只有少数师生可以将持有的体育观念付诸行动。调查中还发现,很多离退休职工在晚年生活当中,由于认识到了体育对于身心健康的重要性,反而能够对体育在人的生理、心理健康中的作用、方法等有一个较为清晰的掌握,并且长期坚持体育健身的离退休职工占有相当高的比例。离退休职工采取的健身方式主要为晨走、散步、秧歌舞、跑步、健身体操、太极剑、太极拳、太极健身球等。

总而言之,学生的体育观念较为正确,但是缺乏内涵、基础不扎实。令人欣慰的是,学生的可塑性很强,只要稍加引导,并对相关内容加以辅导和学习,就可以使其理解体育乃至体育文化中更深层次的内容。而在当前社会竞争日益激烈、校园体育与社会体育日益接轨的环境下,学生的体育观念如果仍停留在原有基础上,就很有可能会失去对体育运动的兴趣,更严重的是,如此一来校园体育精神文化环境的建设与发展也只能停留在表面,无法取得深远发展。

(二)体育道德现状

在现代社会中,道德危机带来了比新技术和新知识更严重、更紧迫的挑战。随着现代社会财富的急剧增加,贫富差距的急剧加大,人们的心理状态发生了较大的转变,如心理失衡、道德沦丧,因而在现代社会中,道德培养对于学生而言极为重要。实践证明,校园体育文化对提高学生体育道德具有独特的作用。学生的道德水平在体育运动中可以有所体现,因此便有"要想打好球,先要做好人"的语言。体育道德能够反映学生整体人文素质状况的一部分,学生在体育运动参与过程中体现出的道德水平非常真实和客观,是学生对体育内在意识、观念及价值等的具体表现形式。尤其是在团队性体育运动中更是展现得淋漓尽致,如在足球比赛中可以通过学生的责任感、公平意识、规则遵守情况等观察学生的体育道德情况。

访谈发现,我国大学生体育道德基础较好,道德水准较高。主要表现在体育运动中基本没有功利主义色彩,能够按照公平竞争、团结友爱、遵守规则、重在参与的原则参与比赛,并且表现出强烈的集体荣誉感和爱国主义精神。学生普遍表示在体育竞赛中他们最希望能够实现的是体育公平竞争、重在参与、裁判公正、团结一致,在体育活动和锻炼中他们最希望实现的是机会均等、互礼互让、积极参与、遵守纪律、表现自我、实现自我。

学生参与体育活动,重在锻炼、学习,提高素质,他们较为单纯,没有社会上世俗的功利心态,在这种环境中能够有效培养和提高学生的体育道德素养。但是,我们也应该认识到,在开放的校园环境中,学生会因为受到家庭、学校、社会等各种复杂因素的影响,而在体育道德方面表现出一些不足,如学生在体育运动表现出来的自私自利、缺乏责任感、缺乏团结合作精神、以自我为中心、不尊重裁判等。因此,我们要根据当代学生所处的成长环境,切实深入了解他们的成长经历,了解他们的心理需求,对其进行科学合理的体育道德法制教育,充分利用体育文化氛围来感染和影响他们,从而促进其体育道德水平的提高。

(三)体育精神现状

体育精神包括竞争、拼搏、意志品质、团结协作、奉献、遵纪守法和创新等精神。这些精神对学生的终身发展十分有益。在校园体育文化建设中,奥林匹克文化是非常有必要提及的一个内容,向学生弘扬奥林匹克精神,促使他们也将"更快、更高、更强"理想作为人生的追求。此外,学校对学生公平竞争、拼搏奉献等精神的培养,也都无一例外地体现了校园体育文化对学生体育精神涵养的要求。

校园体育精神的培养直接受学校体育传统、地域、民族以及学生性别等因素的影响。其中学校体育传统和学生性别的影响最大。比如,在校园中,男生在体育运动中的拼搏精神和认真程度通常高于女生,当然这与男性争强好胜的天性有关。而女生则在体育运动过程中体现出更强的意志品质,这也与女性天性中的隐忍与韧性强度较高有关。再者,体育传统较好的学校能够积极培育学生的体育精神,相反,在尚未形成体育传统的学校,学生感受不到体育精神的渗透,感受不到校园体育给他们学习与生活带来的影响。

另外,在体育运动中大多数学生可以做到遵守规则、服从裁判和尊重对手的要求,但另一方面他们在体育运动中的创新能力较弱,使他们的体育活动看起来就是规规矩矩的活动,这显然不利于他们创新思维的发展。因此,在今后的校园中应当营造强烈的体育创新文化氛围,要求学生在运动过程中积极思考,发挥自己的聪明才智与想象力。

三、校园体育制度文化的发展现状

校园体育制度文化是校园体育组织形式和体育意识的集中体现,其内容丰富,可以说,几乎所有与体育教学活动有关的事物都有体育制度的存在,它的作用主要是制约和指导正确的体育活动行为。

校园体育活动的有序开展需要有相应的管理制度作保障,因此,一个完善的校园体育管理体制和健全规范的体育规章制度无疑会成为校园体育文化建立和发展的保障,同时这也是校园体育文化管理和文化活动的准则。在活动中,它成为约束与规范学生体育行为的基本原则,也正是由于受到这些体育制度的约束,学生才能在这种"局限"下慢慢养成依规行动的意识和习惯。现代社会本来就是各种规矩林立的社会,在社会中,法律就是制度,因此校园体育制度文化有利于培养学生的社会适应能力和遵守公共道德的素质。为了更加全面地了解校园体育制度文化对校园文化发展的影响,下面主要分析校园体育传统和校园体育制度的发展现状。

(一)体育制度现状

为了保障各类体育文化活动的顺利进行,需严格制定和实施校园体育规章制度,因此要协调安排各部门、各层面校园主体的工作,最大限度地发挥相关人力、物力和财力的作用。

调查发现,高校基本具备国家下发的成文制度,大多数高校能够根据本校的体育教学、校内体育竞赛、运动队训练和竞赛、体育教师管理、场地器材设施管理等方面的需要建立相应的体育制度,但很多高校的体育制度文件内容基本相同,没有以自身现状为依据建立更加具有针对性的制度,已制定的制度也无法充分落实,这就难以保障体育工作的顺利进行。

调查中还发现,少数学校因为不重视体育工作,并没有按照国家学生体质健康标准的相关要求进行体质测试,测试成绩也并未纳入学生评优和毕业要求中,存在严重的造假现象。总体而言,虽然高校基本具备国家下发的相关体育政策文件和维持学校体育工作的体育制度,但随着校园体育工作现代化、信息化、社会化发展趋势的加强,高校的体育制度已远不能满足当前需求,因此需进一步宣传与强化依法治校的观念。

(二)体育传统现状

体育传统是指学校在体育方面形成的一种带有普遍性、重复性和相对稳定性的体育行为风尚。

校园体育传统活动的主要内容主要包括校级运动会、校内学生体育联赛等。大部分学校重视课余体育训练,针对高水平运动队和普通学生运动队的不同特点,安排相应的运动训练并组织学校运动队参加校外体育竞赛。但是,调查发现,大部分学校并不关注体育节等活动的开展,这反映出校园体育活动组织者还没有形成这方面的意识,而实际上这种体育传统对校园体育文化的建设与发展具有极为重要的作用,值得关注。另外,大部分学校缺乏体育理论选修课的设置,过于注重实践选修课的安排,认为这样才不违背体育课程关于"运动"的本质。而且鉴于实力有限,或者是精力有限,安排的体育专题讲座、体育知识竞赛等活动也是非常少的。

四、校园体育文化的发展趋势探讨

（一）多元化趋势

校园体育文化作为文化的一种具体形式，要适应时代发展，与时俱进，只有这样，才能满足学校发展需要和学生运动锻炼的需求，才能够保证校园体育文化的可持续发展。

学生之间存在明显的个体差异，因此在体育方面的需求也有所不同，原先单一的校园体育文化已无法满足学生的需求，这就要求校园体育文化朝着多元化的方向发展，突破单一型发展模式。

（二）大众化趋势

20 世纪 90 年代末之前，教育的形式主要是推行"精英教育"，随着社会经济的不断发展和进步，这种教育形式已与社会发展的需求不相符，因此，"大众化教育"逐渐取代了"精英教育"，成为当前教育的主流形式。

随着我国经济的发展，体育社会化趋势越来越明显，我国校园体育文化大众化的发展趋势也越来越显著。如此一来，高等教育为更多的人所接受，在此契机下，校园体育文化得到更加广泛的发展。

（三）社会化趋势

社会文化环境包含众多要素，对于校园体育文化来说，往往存在学校以自我为中心，片面强调体育在学校自身发展中的地位和作用，过分关注自我价值的问题，简言之，就是严重的自我性问题。

而从当前的形势来看，学校要获得理想的发展，不仅要承担社会责任，同时还要服务于社会，使社会需要得到较好地满足。从相关实践中可以发现，在社会主义市场经济体制从建立到逐步完善的过程中，校园体育文化社会化的速度和趋势越来越显著。尤其是近几年，我国竞技体育实力越来越强，社会体育的推广和普及进一步推动了校园体育文化的社会化趋势。

（四）开放性趋势

随着社会经济的不断发展，全球化发展越来越快，我国已经与国际有了较好的联系和交流,因此,在校园体育文化的发展方面,也开始逐渐借鉴国外的一些先进经验。另外,当前包括体育文化在内的各种文化之间频繁交流,文化的碰撞越来越激烈。这就使校园体育环境的开放程度越来越高,因此,校园体育文化的建设和发展也要博采众长,这是一种必然。

第三节　校园体育文化的多元化传播

一、校园体育课的文化传播

(一)传播价值

1. 对校园体育文化起主导作用

校园体育文化建设的基础是教师与学生共同参与。教师与学生是学校一切体育活动的组织和参与主体,因此校园体育文化就一定要围绕他们来展开,否则这种文化就毫无意义,没有存在的必要。现在的学生参与某种体育活动,首先能确定的是他对这种体育运动是感兴趣的;其次他还具有一定的参与该项运动的技能,这种技能不是天生的,而是后天经过练习获得的,由此也就证明了体育文化传播的重要性和意义。而体育课作为校园体育文化传播的重要途径,是学生从小学到大学的必修课程,不管是出于愿意还是不愿意,每个学生都必须把其当成一种学习任务来完成。学生经过长期的累积,自然就能掌握某种体育锻炼技能,而这种运动技能恰恰就是今后他们参与课外体育活动的主要内容。这点是显而易见的,学生参与到体育运动中来,不管其目的是为了通过体能测试,还是真正喜爱某种运动,想掌握运动技能,体育课堂以及课外体育活动所教会他们的东西都会在一段时间内成为校园体育文化的重要内容。因此,体育课程的文化传播的确给校园体育文化的构成内容带来了不可忽视的重大影响,甚至主导了文化的内容。

2. 增进学生身体健康意识和心理健康水平

当前,随着素质教育理念及"健康第一"观念逐渐深入人心,体育课被赋予了丰富的内容,成为对学生身体、心理、社会适应能力以及卫生保健等全方位培养的有效措施。另外,通过体育课的学习,学生将在和谐、平等、友爱的运动环境中感受到集体的温暖和情感的愉悦;在经历挫折和克服困难的过程中,提高抗挫折能力和情绪调节能力,培养坚强的意志品质;在不断体验进步或成功的过程中,增强自尊心和自信心,并且在人格养成方面形成积极向上、乐观开朗的生活态度。这些可以使他们终身受益。

3. 促进师生交往,有效传递文化

体育课程中的主体包括体育教师和学生。鉴于体育课程由这两大主体构成,因此,体育课程的传播过程基本也就能被看作是一种教师与学生之间相互沟通的过程,而体育知识与技能就是他们沟通的主要问题,而体育课堂就是他们沟通的场合。体育课堂与其他学科教学不同的地方在于,体育教师不仅需要运用语言法作为主要教学方法,还要突出"身教",以此做到能够更加直观地向学生展示技术动作的目的。

另外,学生作为一种拥有自主权的受众群体,他们本身也参与了校园体育文化的创造与传播,因此,在体育课中,环境对学生的文化传递是双向的,校园环境既创造了一种文化,学生作为环境中的一部分,也在受到感染后将文化价值向外传播。同时,师生间以体育课当作纽带,通过长期接触和交流,感情更加亲密,交往也更加和谐。

(二)传播途径

1. 显性传播

体育课程的显性传播方式较多,体育教师、教学场地与器材等都是其显性传播的主要方式,其中学校的体育硬件最为典型。硬件设施的完备使体育课程不再受到场地限制,好的场地也更能让学生享受体育课带来的精神感受,同时体育教师在良好的场地和器材保障下,也更利于提高自身的课堂组织力和掌控力。此外,随着体育教师专业知识的逐步完善,体育知识传播的质量也得到了提高。器材是学生体育学习的重要辅助工具之一,它是学生完成学习和练习的重要物质基础。适合的器材能较好地促进学生的学习和提高学生的练习兴趣,不当的体育器材会削弱学生的学习和练习兴趣。在体育教学过程中,体育教师的角色较多,他们不仅仅是体育知识和技能的传授者,而且还是体育的"代言人",是一个能够让学生爱上体育的关键角色,学生通过这一"窗口"可以直接学到很多体育运动技能和体育知识,特别是当前的教学模式发生转变以后,教师不再被当成一种课程实施的"工具",也不再是课程的"使用者",而是更加符合学生体育需要,解决学生问题的角色,这对于体育课程的显性传播也非常关键。

2.隐性传播

(1)通过学生个性传播

目前,体育课程开始实行新课标。新课标中的内容越发注重对学生在学习体育知识与技能方面的需要,不仅如此,还增加了与生活密切联系的教学内容,这使学生的体育学习更加有意义了。如此可促进学生的主动学习和积极思考,有利于展现他们的个性及兴趣,这对巩固他们的主体地位也有很大的帮助。这说明在新课程标准下的体育课的文化传播方式已经不仅仅是教师个人的主观意愿体现,也不是由教学大纲来详细安排,学生的个性及兴趣方向在很大程度上已经决定了体育文化内容的传播,兴趣是最好的导师,只有让学生产生兴趣,才能促使他们乐于和享受参与到体育教学中来,这样的学习才不会感觉到枯燥和无趣。所以,尽管体育课程的内容看似由体育教学管理部门决定,但实际上这些部门在进行相关决定时也会考虑如何激发学生的兴趣和培养学生的个性。

(2)通过优秀体育文化渲染

以乒乓球为例来说明,正是由于乒乓球运动在国际赛场上的优异表现,使其在我国拥有"国球"的地位,这为乒乓球拥有绝佳的知晓率带来了巨大帮助。因此,即便是在经济发展缓慢甚至困难的地区,仍旧可见一些简易的乒乓球台,人们对参与这项运动也是非常热衷。这主要说明了之所以某项运动能够获得广泛认可,还是在于它背后的文化已经深入人心。同理,在一个学校也有它的传统体育项目,在校的学生同样会对其传统的体育项目感到自豪。而在这种深厚的传统体育项目的环境下,学生会很自然地对其产生浓厚的兴趣,至此他们就在潜移默化中受到这种影响,以参与某项运动为荣。如此一来,这样的过程便不再需要某些强制性的规定来约束,取而代之的是完全成为学生受到隐性体育文化渲染的行为,由此便会获得更好的文化传播效果,且这样的传播影响更为深远。

二、校园体育活动的传播

(一)传播价值

1.丰富校园体育文化

现代学校体育教学活动的功能不再局限于提高学生的身体素质,多项功能的结合使校园体育活动更趋向于成为一种文化的基础。

第二章 校园体育文化发展与传播

从文化要素的角度对校园体育文化进行划分,可将其分为意识、行为和物质三类文化。在学校中开展的多种多样的体育活动实际上就是在传播校园体育文化,这是学校体育的基本意义。在此过程中将上述三种文化融入活动中去,就可以对学生进行潜移默化地教育,因此将比强行灌输教育取得更好的效果。

2. 树立终身体育意识

学生时代正是人身体素质的重要成长阶段,在这一阶段抓好体育教育工作,就可以为学生打好身体素质基础,以便使其在未来几十年的社会工作中都能有好的身体与精神状态。这对我国现代化建设非常关键。

(二)传播途径

1. 日常体育活动

日常开展的体育活动具有随意性、普遍性和可选择性。因此这种体育活动方式是学生参与最多的体育活动形式。尽管日常体育活动带有明显的可选择性与随意性,但总的活动宗旨还是要符合体育健身的基本规律,无论如何也不能脱离其"健康思想"的基础,依然在巩固课堂教学内容的同时,通过组织丰富多彩的活动来丰富学生的生活,促进学生体格体能的完善和发展,培养学生的体育兴趣、坚强的意志和良好的社会情感,形成良好的人际关系。

2. 体育文化节

体育文化节是展现校园体育文化的一个重要窗口。体育文化节的活动灵活多样,不仅拥有体育竞赛的内容,同时也举办一些形式较为灵活,更加富有娱乐性特征的体育嘉年华活动。在校师生通过体育文化节不仅享受到了节日的快乐,而且身心得到了良好的锻炼。没有体育特长的学生也能在体育文化节活动中找到适合自己的活动。

组织出色的体育文化节活动,主要通过以下三个步骤进行。

(1)进行体育文化节活动预热。通过预热宣传,使全校成员了解活动内容和组织方式,激发学生的参与热情。

(2)尽量在活动中安排一些师生互动的活动,让教师也成为活动的参与者。除此之外,一些体育骨干学生要积极参与活动的组织策划,聆听学生的意见与建议,使活动更加符合学生的需求。

(3)在活动结束后举办颁奖仪式,评选优胜团体或个人,并进行表彰。在全体师生中开展"我在学校体育文化节中"征文活动,及时交流感受。

三、校园体育文化的网络传播

（一）传播价值

1. 使传统传播模式发生了巨变

互联网的优势人尽皆知，因此其发展速度在不断加快。在信息时代，我国民众使用互联网的数量不断攀升，特别是对学生来说，互联网更是成为生活中不可或缺的组成部分。一时间，学生获取体育信息的方式逐渐脱离了报刊、广播、电视，取而代之的是互联网垄断。据中国互联网络信息的统计报告，绝大多数用户在网上最想获得的是新闻方面的信息，而体育信息占了相当大的比例。鉴于网络传播的优势，报纸、广播、电视等传统传播方式受到严重的冲击。因此，为了顺应时代的潮流和发展需要，传统传媒方也在建立网络传输平台，开拓网络辅助传统媒介的新模式，从而巩固自己的传播地位。

2. 满足人们对体育信息的需求

要想了解体育，首先要获得体育方面相关的信息。网络可以利用其容量大、互动性强的特点，多角度、多侧面、全方位地为受众服务，满足人们对体育信息的需求。互联网可以全方位、多角度、动静结合地对体育赛事进行立体式报道。网民可以通过互联网找到有关比赛项目的详细介绍，包括历史、规则等与之相关的体育信息。这点在校园学生群体中更是如此，他们对体育信息的需求量更大，获取及时信息的要求更高，这些需求都能够通过互联网得到满足。

（二）传播途径

1. 建立体育论坛

体育论坛在现代网络中是非常常见且成熟的用户交流平台。体育运动多种多样，学生可以根据自己的爱好在不同"社区"参与问题讨论。在校园体育文化发展中，体育论坛也可以作为师生沟通平台为师生提供服务，甚至可以成为继续教学的平台，如教师可以在论坛里发布学生自我训练计划等。通过讨论，学生会把自己的想法呈现给体育老师和同学们，体育老师会对学生的观点做评述并提出合理的建议。这样能使师生之间加深了解，增加他们的感情。同时，在体育论坛中，学生提出的一些问题教师应该得到重视,并将此作为建设优秀校园体育文化的信息反馈,学校再以此对校园体育文化进行针对性的建设和完善。如此更能够使校园体育文化符合学生需求,从而促进校园体育文化的健康发展。

2. 建立专题性体育网页

体育教学课堂是校园体育文化的重要组成部分。除一些体育专科院校外,其余大部分学校体育教学的主要目的在于普及体育知识,指导学生掌握基本的体育运动方法和卫生急救常识,教学内容更加趋向大众化。当然,这种教学的程度对于那些对体育有一定深度知识的学生来说显得较为简单。为了弥补这方面的体育教育缺失,更好地丰富校园体育文化,学校就可以在网上建立专题性体育网页。这样可以凭借网络传播速度快、信息量大的特点为学生的体育学习提供服务。建立专题性网页最主要的是突出它的内容专题性。因此,必须对体育信息进行系统分类,便于不同学生查询,如制作体育新闻网页、体育学习网页、体育宣传专题网页等。

第四节　文化强国战略背景下我国校园体育文化传播的新思考

一、文化强国战略背景下,我国校园体育文化传播的要素

(一)校园体育文化的共享性

人类文化发展历史是文化创造的历史,同时也是不同社群、民族、国家文化共享的历史,文化共享的历史与人类发展的历史共短长,共享性是文化发展繁荣的重要因素,文化共享的目的和宗旨是促进文化的发展和繁荣。校园体育文化的共享性是在校学生、教师对体育文化的认同和理解,这是文化传播的基础,只有在这一前提下,校园文化才能传播,这种共享文化存在的形式各种各样,可以是文字、语言、颜色、动作等。例如,红色对中国人来说是表示喜庆,白色表示丧葬,而美国则不一样,红色表示恐怖,白色表示洁净。在校园团体赛项目比赛前,运动员们会围在一起手掌向下叠加在一起,表示团结加油,比赛时运动员会不断用手掌拳头在胸前击打表示自我加油,当运动员向上伸出食指和中指形成"V"时表示胜利;在运动场周围看到像红旗形的"LN"字母的图案是李宁公司的标志,

"大钩"是耐克公司的标志等,如果不了解这些共享文化,就不会明白,就无法顺利交流和传播。同时学生文化层次较高,向往新事物,且能更好理解和接受文化的共享性,因而校园体育文化共享性是校园文化传播的基础。

(二)校园体育文化的传播关系

校园体育文化的传播关系是指校园体育文化传播中发生的联系,这是校园体育文化传播的前提。即使有了共享文化,如果没有这种传播关系,校园体育文化也不会发生传播,而且这种传播关系不可能发生在单个人身上。校园中有体育课、体育比赛、体育社团等,形成一个个关系网交织在一起,当许许多多教师和学生发生联系,组成各种关联的传播关系,才能发生校园体育文化的传播。这种传播关系体现在以下两个方面。

第一,外界与校园间的体育文化关系,方向是双向的,可以是外界信息传向高校校园,也可以是校园向外界传递信息。

第二,校园内部自身的传播关系,是信息在校园内部的自我传递过程。

(三)校园体育文化的传播媒介

校园体育文化的传播媒介是校园体育文化传播的中介、载体和渠道,是校园体育文化传播的工具和手段。一般可以将校园体育文化传播媒介分为人和物两类。

人是校园体育文化的传播者和接受者,同时也是最为活跃的传播媒介,校园中的"人"主要是教师和学生,其主要传播形式是开展体育课、训练课、比赛交流、体育社团等活动。其传播可以是教师本人通过语言或身体动作等向学生传播的过程,同时也可是学生间的传播或学生向老师传播,这种传播是多方面的,可以是单对单或单对多等,传播的媒介是人。

另一种传播媒介是物,这种媒介较多,在校园的体育文化中主要有文字、音像和网络三种。文字是语言的物化,是最常见也是最普遍的传播媒介,也是校园体育文化积累和传承的重要手段。音像是学习体育技术和理论知识的视觉化的直接产物。现在网络媒介资源丰富,大量体育网站和地方网站的链接为我们检索体育类信息提供了高效的方法,同时也为校园体育文化的传播与交流提供了一个良好的平台。

第二章　校园体育文化发展与传播

(四)校园体育文化的传播方式

校园体育文化传播方式是传播者与接受者相互沟通的方法,是校园体育文化的桥梁。校园体育文化的传播方式很多,不同的过程表现也有所不同。通常有人际传播、群体传播、组织传播、大众传播四种传播方式。

1. 人际传播

人际传播指人与人之间的信息传播,通常是面对面的、不公开的场所的传播,这是最简单的传播方式,这种传播方式在武术、健身操、街舞、瑜伽等项目中常存在,采用"师傅"通过言传身教、手把手指导"徒弟"这种链式的传播形式。这种传播方式的特点是传播缓慢,在信息交流迅速的高校,这种传播方式明显已经不能满足师生对体育文化的需求了。

2. 群体传播

群体传播指信息在群体间进行交流的过程,这种传播的主要特点是传播人群广、传播速度快,校园体育比赛、体育文化节、体育社团活动等均是群体传播体育文化的表现。

3. 组织传播

组织传播指通过有组织、有计划传播信息的活动,如校园体育协会(篮球协会、排球协会、足球协会、网球协会、游泳协会等),这种传播方式具有很强的目的性。

4. 大众传播

大众传播指借助各种现代先进的大众媒介进行传播,如杂志、报纸、广播、图书、广告、电视、电影、手机、网络等媒介,这种传播方式具有信息传播单向流动、信息同时公开、信息传递快捷广泛等特点。

二、文化强国战略背景下,我国校园体育文化传播价值的思考

(一)自我增值价值

校园体育文化的传播必然存在文化增值的价值。学校是学习和传播知识的重要场所,外来的体育文化常常先在高校进行传播,经过高校包装使其更具吸引力,从而使其文化价值进一步强化,这样容易被民众接受。校园文化增值是经过传播者、接受者、传播媒介、群体参与四方面的因素

作用而产生增值效应的。任何文化的传播都是传播者以自身的文化价值观念为准绳,在事实的基础上进行文化加工和自己的理解,掺进自己的价值观。

师生是校园体育文化的主要传播者,师生文化水平较高、理解能力较强,如果校园体育文化经过师生对其进行"包装""加工",其社会的增值价值马上能立竿见影。文化的增值也存在于文化信息的接受者整个反应过程中,当人们接受一种文化价值信息时,总是根据自己的经验重新理解和界定这种文化信息的价值和意义,传播学中的"使用与满足""选择接受"理论都是以接受者为出发点来研究传播效果。

校园体育文化传播经师生接受后,就会根据自己经验和价值观的理解衍生出多种意义,而达到文化的增值。传播媒介对校园体育文化的增值起到事半功倍的作用。媒体的不断发展,传统媒体的不断更新,赋予了信息更多的意义,这点在校园文化传播方面的作用非常明显。群体参与是校园体育文化增值的重要因素。校园体育文化是人们活动的产物,因而校园体育文化的传播与增值更是离不开群体参与,集体价值观正是在群体参与的基础上形成的。

(二)教育价值

校园体育文化的教育价值主要表现在它的潜移默化,暗示性和渗透性,这种暗示性不同于以教师教授、学生学的单向灌输为主的课堂教育,而是在具体的体育活动中,通过统一的规则、规范的行为、严密的组织和约定俗成的规定,使参加者和观赏者自觉或不自觉地接受体育文化的教育,从而培养良好的意志品质,能提高人们感受美、鉴赏美、创造美的能力。

教育是校园体育文化的主要传播方法之一,校园体育文化对于学校体育教育目标的实现和改变学生的生活方式、学习方式以及习惯的养成都起到重要的作用。校园体育文化传播的价值已不再局限于课堂教育,而是不断通过各种体育活动、体育竞赛、体育文化产品、体育精神等活动潜移默化地使学生受到体育教育的熏陶和渗透,不自觉地接受社会主导的价值观念和人生观,摒弃不正确的思想和行为,养成良好的道德品质、生活习惯,从而提升其体育文化素质。

(三)体育文化保护与传承价值

体育文化的传播过程本身就是保护与传承体育文化的过程,体育文化作为一种文化现象,不论对传播者或者接受者,只有成为人们的需要时才能进行传播,人们的意识、心理和价值观制约着体育文化的传播。学校是培养人才的主要场所,校园体育文化虽然是社会体育文化的缩影,但体育文化能够在学校传播是得到政府等有关部门认可的,凡能在学校进行传播的体育文化都是代表当前社会和民族文化的精华,同时体育文化在学校被师生接受后,经过他们对体育文化的理解,掺进自己的是非价值观,形成的体育文化更具有较大的社会认可性,这更容易推动体育文化的传播,无形中也保护了体育文化。

(四)社会调控价值

校园体育文化的社会调控价值是指通过校园体育文化对社会进行调适和控制的价值。这主要体现在两个层面:一是调适;二是控制。现实社会中,各种文化传播影响了人们的价值观和人生观,这些价值观和人生观不一定都是阳光健康的,特别是高校学生大都刚离开父母独立生活,在受到社会各种文化传播的影响,同时在处理人际关系方面存在各种不协调后,很多同学可能会产生悲伤或轻生的想法。校园体育文化通过各种各样的体育文化活动,拓展了校园内人与人交往的空间,增加了校园情感沟通的渠道,可以很好地改善这种现象,使校园文化进一步健康发展。

社会要健康、稳定发展,必须实行自我控制。在学校可以通过各种体育比赛、体育法规、体育精神、体育道德等体育文化活动的教育,使师生行为、活动稳定在一定的规范之内,保持校园的稳定,同时也可以借此机会培养师生遵纪守法的习惯,使学生以后走向社会能更好地控制自己的行为,促进社会文明发展和进步。

第五节 校园体育文化的现代化发展与创新

一、校园体育文化现代化发展新模式的塑造

(一)平衡校园体育文化中主体需要与社会需要的关系

1. 主体需要与社会需要的区别

校园体育文化主体需要与社会需要之间存在很多的共性,但也有一些明显的不同,具体表现在以下几个方面。

（1）起始目标不同

社会需要的起始目标为国家和民族的发展进步，它的着眼点更大、更宏观。而校园体育文化主体的需要更加细致和具体，就是从校园中师生群体的意识诉求的微观角度出发的。

（2）形成机制不同

社会需要是在遵循社会价值取向的基础上总结总体的共性而形成的。反观校园体育文化主体的需要是将自身作为对象，遵循学生的价值取向，受个人非理性因素的影响。

（3）表现形式不同

社会需要主要表现在宏观层面，这就带有了明显的概括性和综合性。而校园体育文化主体的需要则主要表现在微观层面，带有明显的针对性与具体性。

妥善处理主体需要与社会需要的关系以及明确它们之间的地位关系非常重要。只有这样才能让两者需要相互促进，相互借鉴，共同发展。但实际上，我国更加注重社会需要，忽视校园体育文化主体的需要，这直接导致体育教学在学校中的地位偏低，教学质量较差，不能充分调动主体的积极性，体育教育作为素质教育中的重要组成部分沦为一种形式。

2. 妥善处理主体需要与社会需要的关系

校园体育文化主体对于文化发展的自身需要是促使文化长期、健康与稳固发展的重要保证，一旦这种重视程度降低，校园体育的文化发展就会成为一种形式化的活动与文化，这是一种没有灵魂的实际文化，这就一定会使校园体育文化难以形成一个有序、健康发展的文化系统。

虽然社会需要与校园体育文化主体需要具有一定的一致性，但是如果忽视主体在各个侧面不同层次的需要，也会在一定程度上影响社会需要的满足。校园体育文化主体的需要如果没有获得满足，则很可能就会在心理层面上对这种文化教育产生反感情绪，长久如此的话就会影响社会需要的实现。

校园体育文化主体需要是校园文化发展的重要推动力，而社会需要则是重要的外在影响因素。学生在发展过程中，可了解社会需要的发展动向，并将其内化为自身需要，实现体育文化的发展。

在开展相应的校园体育文化建设过程中，应积极对校园主体文化需要进行分析，了解其生理和心理特点，加强对其的沟通和理解，将满足主体需要作为各项体育工作的重要目的。在开展工作过程中，应将社会需要视为关键的基础，给予充分重视，将其作为评定校园体育文化发展水平的标准，引导其向正确的方向发展。学校应通过各种方式，将社会需要与主题需要融合起来。

(二) 协调外部性干预与主体主观能动作用的关系

1. 坚持开放性原则

要想建设优秀的校园文化,首先要关注建设主体的问题。校园文化建设的主体对文化的需要会产生相应的内在动力,促进其主观能动性的发挥,从而提高工作的效率。然而可以看到的是非校园体育文化建设主体的外部干预性的确可以在加快文化建设速度方面取得一些捷径,但要明确这并不是说如此一来的效率就更高。出现这种问题的主要原因是校园体育文化主体自身进行校园文化建设,能够更好地发展能动性,建设的文化体系更加统一,这样学生就更能适应这种文化系统。鉴于此,就需要建设者始终保持开放的态度,积极借鉴外部优秀的文化,将其融入校园体育文化建设中。此外,还要注重对文化主体的整合,实现文化主体素质的发展。

2. 发挥市场调节机制的作用

我国目前正处在社会主义初级阶段,各方面事业都在有条不紊地发展之中。因此,国家也在对教育体制进行改革,不断探索更加合理的教育之道。特别是在人才培养中越发关注市场的作用,即培养人才的依据成为社会的需要,这就是一种典型的市场调节教育的行为。例如,某个行业缺乏相关人才,则学校加强对相关专业学生的培养。政府在其中发挥一定的宏观调控职能。

政府的行政干预会在一定程度上干扰市场的调节机制,从而不利于市场调节机制的发挥。政府应积极履行新的职能,维持市场对人才需求的导向作用,构建新的人才培养模式。

(三) 排除主导性制约因素的影响

校园体育文化发展的主导性制约因素主要包括人生价值取向、社会交往模式、价值本位类型、价值思维方式。消除这些制约因素是发展校园体育文化的关键。

文化本身具有两面性,其本身具有好的一面,也有一些文化本身并不符合现代社会的价值观。而要想实现校园体育文化发展的全新模式,就需要坚决抵制这些文化中的糟粕,防止它破坏校园体育文化的健康发展。

二、校园体育文化的传承与创新

(一)文化传承创新与体育教学

1. 体育文化探源

体育运动的产生与人类的生产生活有着紧密的关系,随着时代的发展和文明进程的加快,体育运动与当时当地的政治、经济、文化、军事、教育等因素不断产生交集。这也为体育运动最终成为一种文化起到了必要的促进作用。

体育文化与其他文化形式有相同之处,它们都可以以物质和精神的两种形态进行划分。这里主要说明体育精神文化,它的意义在于既包括体育发展中所特有的精神内涵,又包括历史发展中体育的相关制度文化和行为文化。体育文化源自体育运动实践本身,而当体育文化最终得以形成后其又可以对体育实践做出指导。在体育运动的发展进程中出现的且被留存住的多种特征,如竞技性、娱乐性和教育性等都是体育精神文化的核心体现。

2. 校园文化与体育文化

校园文化以学校教师与学生为主体,校园文化建设不仅要求学生参与,同时也要求教师的组织与参与,从而最终构建出一个以校园精神为主要特征的群体性文化。可见,校园文化的产生与发展始终是与师生关联的,而学校师生不仅是校园文化的主体,同时也是校园体育文化建设的主体。校园文化是一所学校历史底蕴、文化内涵的生动体现,是学校办学综合水平的体现,是重要的软实力象征,甚至校园文化已经成为学生择校关注的标准。由此看来校园文化在很大程度上被认为是扮演着先进文化传播的角色而存在。如果学校没有形成具有本校特色的校园文化,说明它还不具备学校发展的灵魂,这样学校也很难培养学生的人文素养。

体育教学事业孕育了学校体育文化,是学校体育文化的根基。学校的体育教学事业是一个宽泛的词汇,它不仅包括学生必修的体育课堂教学,还包括一切与体育有关的课外活动、业余运动训练等,这些内容共同构成了体育文化的实践基础。现代教育更加注重对学生的全面素质的培养,力求培养出德、智、体、美、劳全面发展的高素质人才。而体育运动作为其中"体"的表现形式,就使体育文化与校园文化结合的落脚点出现在广大师生身上。

第二章　校园体育文化发展与传播

校园体育文化是校园文化的一个组成部分,两者的发展轨迹相似,也会在发展中遇到类似的问题。其中尤其是传承与创新中国文化的职责一直围绕在它们的发展之中。校园体育文化会影响该校教师与学生乃至一所学校长期发展的价值观和体育精神,在这种影响下,作为学校活动主体的教师与学生的体育行为也被不断地规范着。体育文化的基本属性明确要求它的作用发挥需要落实到体育精神中来,如此可以将以往更加功利的竞争、对抗等精神转变为更适合学校体育文化推广的更高、更快、更强的体育精神,也能给学生带来更加积极的影响。

3. 学校体育教学现状

当前我国正在大力进行教学改革,其中也包括对体育学科的改革。教育改革的目的是培养全面发展的、综合素质高的、更能够适合现代社会发展需要的高水平人才。在新一轮的体育教学改革中,改革的重点在于培养学生的终身体育意识。这种改革的思路使过往追求运动技能传授的体育课程向着更加全面、更加综合、更加实用的方向转变,以求培养学生的终身体育意识和掌握能够实现这一意识的运动技能。

当前在体育教学改革中,对体育教学目标进行了调整,更加关注学生的心理发展与社会适应力的提高。不过,这种转变在实践中显然没有取得立竿见影的效果。由于长期受传统体育教学思想的影响,新教学目标的实现任重道远。这主要是由于目前我国的学校体育教学存在着两种难以解决的矛盾,一个是教学理念与教学实践的矛盾,另一个则是教学目标与教学硬件的矛盾。因此,体育教学改革要想获得成功和效果,必须要提出切实有效的方法解决两大矛盾。具体来说,学校体育教学改革对"健康第一""终身体育"的教学理念做出了明确要求,然而在实际当中这与过去一直执行的传统的"三基"体育教学模式产生了矛盾。要想使新体育教学理念得到落实,要改变的就不仅仅是体育课程中的某一个环节,而是全部的环节。但鉴于我国学校体育教学时间短、内容少、教法单一的禁锢,自然就很难在落实新体教改革理念时迅速转变完成。就体育课时短的问题来说,首先就无法满足教学所需,为了压缩教学学时,许多内容只能草草而过,如此必会影响教学质量。另外,新一轮的教学改革提出的理念和要求需要更多体育硬件设施的保障。但对于原本就匮乏的体育资源来说,学校体育的可用资源更是少之又少。没有硬件设施作为保障,体育教学的改革与发展就失去了基础,无法顺利进行。

(二)文化传承创新背景下体育教学的改革

体育教学改革要以体育教学现状及其他相关体育活动为基础,此外还应与校园文化建设相结合。这一切都是为了使体育教学改革顺应体育运动的发展规律。文化的传承与创新本身就是两个互相矛盾的事物,传承是将已有的文化完整地传递下来,而创新则是改变已有的文化,或是改变已有文化中的某个方面。然而,辩证来看,文化的传承是文化创新的基础,文化创新又是促进文化继续传承的根本驱动力。只有在这种相互作用下,传统文化才能在新时代继续闪耀辉煌,焕发出新的活力。而且只有这样,体育教学改革才能够获得不竭的精神动力和智力支撑,并为体育教学改革提供灵活的方法和可靠的平台。

1. 加强校园体育文化建设与体育教学改革的结合

注重对校园文化以及校园体育文化的双重建设可以为体育教学改革带来动力,这也是一所学校增强自身软实力的必然需求。在学校体教改革进行之中,也要随时关注一些人文关怀方面的事物,全面贯彻落实"教育以学生为本"的理念。另外,体育教学改革还要注重对校园体育的多重文化的改革,如校园体育物质与精神文化建设、校园体育制度文化建设和校园体育行为文化建设等。只针对某一元素进行的改革总是会显露出片面性与单一性,最终的改革结果也不会持久。还有一点需要注意的是,对于校园体育文化的建设还不能忽视学校所在地区的民族风俗、地区特色以及学校综合实践活动情况。力求以提升在校学生的身心素质、民族精神为目标,落实切实可行的学校体育教学改革方案。

2. 以文化传承创新推动体育教学改革

要想使学校体育教学改革获得源源不断的动力,就需要文化的传承与创新能够跟上时代的变迁。如此产生的推动作用的原因主要是因为文化的传承与创新可以对体育教学改革中出现的许多问题进行指导和解决。具体来看,文化的传承与创新的首要表现就是能够完善体育教学改革的理念。理念的转变并非易事,只有当社会发展到一定水平或忽然出现某种对体育教学产生重大影响的事件后,才有可能出现理念上的转变,而文化的传承与创新能够为这一问题提供更加符合时代发展需要的答案。另外,文化的传承与创新为体育课程改革的理论方向提供了理论基础。体育教学改革要求将"以人为本""健康第一"的理念与教学内容充分融合,要求突出发挥学生的主体地位,并为学生提供更加舒适的体育学习环境。

3.通过体育教学改革促进文化传承创新

体育教学改革对于促进文化的传承与创新具有积极的作用。这种反作用力在体育教学改革中主要体现在对我国传统文化在体育事业中的文化内涵与特性、给人带来的综合发展变化以及整合校园文化与体育文化等的发掘方面。

（1）通过体育课程改革可以发掘我国传统文化的特性。体育教学改革是改变现行体育教学多方面因素与问题的行为，同时这也是一种对趋于完美的体育教学活动的改变尝试。这一改革过程能够体现我国传统文化的特性，因此被视为对传统文化进行传承与创新的一种间接的手段。

（2）体育教学改革可促进学生综合素养的提升。学生是我国未来社会主义建设的主力军，也是我国传统文化的继承人和开拓者。为了让学生能够成功胜任这些角色，需要从学校阶段对其进行全面综合的教育，特别要注重文化素质教育，而体育教学改革能够为培养更加优秀的社会主义接班人打好基础。

第三章　校园体育文化建设的基础指导

校园体育文化建设同其他文化建设一样,需要有一定的理论来提供相应的科学指导。只有这样才能更好地促进校园体育文化的建设,并形成一个完整的体系。本章就校园体育文化建设的基础指导进行研究。

第一节　校园体育文化建设的原则与要求

一、校园体育文化建设的原则

(一)主体性原则

校园体育文化建设要遵循主体性原则,也就是要遵循"以人为本"的原则。学生是校园体育文化的创造者和受益者。因此,校园体育文化建设理应围绕着学生这个主体来进行。现代教育理念已经从过往的单一向学生教授某项技能或知识向全面的素质型教育转移,新型的素质教育更加注重对学生全面性和社会适应力方面的培养,即培养出德、智、体全面发展的综合型人才。校园体育文化的建设应该继续秉承这一理念,使学生能够在这种有利的氛围下,通过丰富多彩的体育运动得到充分锻炼,对体育观念、体育精神、体育价值、体育道德有一个正确的认识,并把公平、公正、公开的体育原则,更高、更快、更强的体育精神融入平时的生活和学习当中。同时,学生在享受参与体育活动体验时,还应该注重能够亲自组织某些体育活动,了解其中的组织方法和运行规律,这是另一种能力的培养。在这些要求下,校园体育文化的建设要确定学生是校园体育文化的主体,学校组织的体育活动要以学生为核心,去了解学生需要什么,想要得到什么样的体育文化氛围,将这些看作是校园体育文化建设的首要原则。一旦脱离了学生作为校园体育文化的主体,一切的行为都是游离于

第三章 校园体育文化建设的基础指导

形式,没有实质性作用的文化形态是没有生存价值的。

(二)与时俱进原则

事物都是处在不断发展变化中的。由于人的思想变化,从而带来了新鲜事物,新鲜事物的频繁出现必定会影响整个社会的变革,因此,文化也就在这种变化中逐渐改变。尽管文化是时代的产物,每种文化都有其固定性的一面,但总体上看,几乎所有文化在面对社会变革的时候也会发生或多或少的改变。校园体育文化也是如此,如 20 世纪 80 年代排球热,到 20 世纪 90 年代变成了足球热。随着这些运动的蓬勃发展,校园体育文化也做出了相应地调整,一时间,排球、足球运动成为校园体育文化的主流。

到了 21 世纪,人们生活观念开始转变,物质上的富裕并不算真正的富裕,必须在身体和心理都健康的条件下才能算得上真正的富裕。在这种时代背景下,作为社会亚文化的校园体育文化,仍旧要随着社会需要而转移建设方向,与社会同步发展,才能更好地服务社会。

(三)统筹协调原则

校园体育文化包含的内容较多,因此它的建设是一个系统工程,要做到多方面统筹兼顾、相互协调。只有做到这些才能将校园体育文化建设得合理,才能使建设过程有序、顺利,才能够得到文化主体的赞许。在建设校园体育文化的过程中遵循统筹协调原则主要通过以下几个方面体现。

1. 软件与硬件协调

"软硬"结合主要是指与校园体育文化有关的软件和硬件之间的匹配与协调。这其中,硬件建设包括承载各种体育活动的体育场地、体育器材、体育师资队伍和体育社团等;软件建设则包括了校园师生的体育精神、体育制度和体育观念等。

通过多年实践发现,校园体育文化的建设不应过分偏重于某一方面的建设,而是应该尽量做到"两手抓,两手都要硬","软硬兼施",两者协同发展,只有这样才能确保校园体育文化的发展始终保持在一种平衡的状态下,达到事半功倍的效果。在建设的过程中如果学校的硬件设施完善,但软件设施建设与现存的校园体育文化格格不入,体育活动组织内容单一,没有把学校具有的硬件设施充分利用起来,那么学校的硬件设施就成了一种摆设,优良的硬件设施只能作为展示实力的摆设。相反,如果学校的组织内容多样、制度完善,但硬件设施始终跟不上组织活动的要求,那么,所谓的组织计划、规章制度都只是一种空谈,因为它缺乏必要的承载物质。由此可见,"硬"是"软"的基础,"软"是"硬"的条件,只有两者协调地发展,才能使校园体育文化建设更加快速地前进。

2. 课堂教育与课外活动的协调

在现代校园中,体育教育的形式主要有课堂教育和课外活动两种形式。因此,校园体育文化的建设就要建立在这两种形式的基础上。

在我国,体育课已经成为各级各类学校的必修课,体育教学大纲规定了学生每周的最少体育活动时间。体育课又分为室内课和室外课。其中,室内课主要讲授一些体育理论性知识,或者是体育相关的运动医学、疲劳的恢复与营养等内容。它是由体育教师根据教育部颁布的体育教学大纲按照班级授课制的方式进行的。从总体上来看,体育理论课所占的比重较少。室外体育课则以实践为主,主要传授学生某项体育运动的技战术方法、体育游戏的开展方法,以提高学生的运动技能为主要内容。它采取有计划的、循序渐进的教学方法,对成套的运动套路分阶段地进行解析。实践课所占的课时比例远远高于体育理论课。

课外活动也是校园体育的重要组成部分,尽管它并不是国家规定的活动内容,但它的丰富程度在很大程度上决定了校园体育文化的开展水平。相比于传统的课堂体育教学,课外体育活动拥有更强的生命力。其缘由就在于时间充足,形式多样,是一种对课堂体育教学的补充与完善。

另外,由于课外活动不受教学大纲限制,它体现出比体育课更为灵活、内容更为丰富的特点,能够充分地满足学生的个性需求。但需要注意的是,课外体育活动并不是简单的、无目的的"疯玩",它也需要理论知识和运动技能做基础,因此,需要把课堂上的理论知识赋予课外活动实践,用实践的经验来补充理论知识,两者相互完善。

二、校园体育文化建设的要求

(一)物质文化建设要安全、实用

1. 安全性

健康体育有许多理念,其中安全是最基本的理念。在学校体育活动中,有时会发生安全事故,这与安全这一基本的理念是相违背的,所以在进行校园体育物质文化建设时要对安全性进行特别强调,要经常检查体育场地与器材等,年久的器材与不符合标准的器材要及时更换,确保学生的安全。

2. 实用性

许多学校的体育场地与器材都是比较短缺的,所以在对体育场地进行修建、对体育器材进行购买时,要注意器材与场地的实用性,要坚持的主要准则就是最大限度地使学生的体育需求得到满足。一些学校设计体育场地时,仅仅是为了好看与时尚,却将其实用性忽略了,这样不但浪费资金,而且没有实用性,不能满足学生的需要,难以发挥其价值。

(二)组织形式要多样化

建设校园体育文化需要与时代发展的要求相适应。现在,学校中开展的校园体育活动主要就是运动会、体育课、课间操等,这些已经不能与时代发展的要求相适应了,也不能使学生的体育需求得到充分的满足。校园体育文化发展必然要求学校要组织丰富多样的体育活动,要确保其具有健康的体育内容,还要确保体育活动具有娱乐性特点。所以,多元化发展道路是校园体育文化建设的主要方向,多元化的发展主要通过多样化的组织形式体现出来。多样化的组织能够使学生有更多的空间做出选择。同时,多元化的组织形式才能满足学生的体育需求,才能使学生更加积极参加体育锻炼活动。

此外,校园体育文化的健康性与娱乐性也要通过多样化的组织形式得以体现。倘若学校只有单一的体育组织形式,就会降低学生参与的积极性,也就难以实现校园体育文化的健康性与娱乐性。

(三)内容要具有娱乐性和健康性

1. 娱乐性

学生的学习负担很重,压力也很大,因此精神上就会受到影响,如果经常处于紧张状态,学生就无法拥有健康的身体。而校园体育文化的娱乐性能够使学生消除紧张心理,放松身心。学生需要参加丰富多彩的娱乐项目,这样才能获得精神上的愉悦和享受,才能处于积极乐观的状态,在轻松愉悦的氛围下生活才能有利于学生的成长,才能提高学生学习效率。

2. 健康性

建设校园体育文化要以"健康第一"为主题。一方面,学生正处于身体发育的关键与最佳时期,参加体育锻炼能够促进发育进程的加快,使学生拥有一个健康的身体。校园体育文化的建设要为学生营造一个健康的体育锻炼环境,这主要体现在以下几点。

(1)有良好的体育物质文化。

(2)有精英体育教师作指导。

(3)有健全的校园体育健身模式。

(4)有浓厚的校园体育文化氛围。

另一方面,学生的思想稳定性较差,校园体育文化建设要求教师经常向学生宣传体育意识,使学生树立正确的体育观、人生观,使学生能够将体育精神深入到自己的生活中,影响自己的行为习惯,从而提高抗外界诱惑的能力,免受身心损害。

(四)要持之以恒

学生要掌握体育技能、提高体育意识、树立正确的体育观需要持之以恒地接受体育教育,参加体育锻炼才能实现,短时间是不可能全部实现的,或者并不能达到一定的水平。因此,校园体育文化需要长期对学生进行坚持不懈地潜移默化地指导和宣传。

另外,校园体育文化建设的过程中总会持续不断地出现问题,旧的问题解决了,又会出现新的问题,而且这一过程中出现的问题通常带有时代的因素,所以,只有长期坚持校园体育文化建设,用时代的眼光进行建设,才能防患于未然,才能对不断出现的问题进行有效地解决,才能更好地使校园体育文化服务于学生。

第二节 校园体育文化建设的内容与形式

校园体育文化的建设包含多方面内容,并表现为多种形式,有体育课、课外体育活动、课余体育训练、体育竞赛、体育文化节,等等。本节主要就以上几种常见的校园体育文化建设的内容与形式进行论述。

第三章 校园体育文化建设的基础指导

一、体育课

(一)理论课建设

对校园体育的理论课进行建设的基本思路是,向学生讲授相关体育文化知识、体育卫生保健知识。通过向学生传授体育基础原理和知识,学生能够对体育对人类社会、国家、自己未来生活和工作产生的重要影响有更加深刻地理解,能够积极地参与到体育的学习中。通过向学生传授保健与卫生知识,使学生对健康的重要性和身体健康所需要的环境有一个准确的认识,从而对一些基础的保健手段与方法进行掌握,并且更自觉地爱护环境、保持健康。此类理论内容要力争与学生现实生活中可能遇到的实际问题保持密切联系。不仅如此,在理论课建设中,对这类内容的选择要切忌支离破碎、简单无逻辑地罗列知识,而是要注意紧跟当前社会重点发展潮流,精选针对学生有重要意义的体育、保健原理来组织教学内容,并注意考虑结合运动实践部分的内容来组织建设。

(二)实践课建设

1. 田径

田径运动与人的走、跑、跳、投等基本活动能力有内在关系,所以被誉为"运动之母"。通过此项教学内容能够使学生了解田径运动,理解田径运动在锻炼身体中的意义,使学生明白跑、跳、投等的基本原理和特征,对一些基础性、实用性较强的田径运动技能进行掌握,学会用田径运动来了解增强体能的方法和注意事项,掌握一些基础的田径判罚和组织比赛的技能。田径教学内容既与田径运动技能有直接联系,同时还与人克服障碍、进行竞争的心理要求有内在联系。因此,应从文化、竞技、运动、心理体验以及发展体能作用等多方面去全面地理解、分析教学内容,并组织教学。

2. 体操

体操运动包括技巧、支撑跳跃、单杠和双杠等。它是发展人的力量性、协调性、灵活性、平衡性等能力最有效的运动。体操的历史较为悠久,自人类进入文明时代后,体操就一直伴随着人类的发展,它还与人克服各种外界物体的心理欲求有联系。通过此项实践教学内容,应使学生了解体操运动文化的概貌,了解体操运动对人体锻炼的价值和作用,明白基本的体操原理和特征,掌握一些典型的、实用性较强的体操技能并学会用体操的动作来进行身体锻炼和娱乐、竞赛的方法及注意事项,能运用保护与帮助的手法去安全地从事体操运动。

对体操实践内容进行选择时要主要考虑它的竞技、心理、生理等方面,力求将这些方面全面地进行。在教学过程中要注意循序渐进的原则,逐步逐量地加大动作难度、幅度以及改变动作连接等方式提高教学难度,使学生的技能得到切实提高。

3. 球类

球类运动包括足球、篮球、排球、乒乓球、羽毛球、橄榄球、网球等。通过此项教学内容的传授,学生能够对球类运动的概貌和球类比赛的共性特征进行理解,能够对球类运动的基本技术和战术技能进行有效掌握,从而具备一定的知识与技能来参与比赛。此类教学内容中的技战术通常较为复杂,每种技战术或技战术之间的组合相互依存、相互制约。因此,若要筛选出适合教学的内容显得比较困难,有一种不知该如何考虑的感觉。如果只是对单一技术进行教学,那么就失去了球类运动的本质,不能进行顺畅的比赛和应用,也会导致学生对球类运动失去兴趣,最终也不能使单个技术得到运用和提高。而若想整体详细讲解和介绍又需要一个较长的时间,有些球类运动若想达到一定的教学目标,至少需要一学年的时间甚至更长。因此,如果计划开展此类项目,则应通盘考虑,注意把技术教学、战术教学与教学比赛结合起来。

4. 民族传统体育

民族传统体育的内容有武术、导引、气功及各民族的传统体育内容。通过此项教学内容使学生对中国优秀的、丰富的民族传统体育情况有所了解,并懂得用其来健身、自卫的方法。还要使学生在学习技能的同时理解中国的"武德"精神,讲究武术中的礼貌举止,并与爱国精神、民族自尊心的培养结合起来,教会学生基本功和一些主要动作。

民族传统体育教学需要较长的教学时间,同时还要兼顾教学的实效性。对于普通学生而言,鉴于民族传统体育往往需要较强的基本功,这种基本功不是一朝一夕能够习成的。因而,这种教学内容的教学重点不应只是放在一定要学生在学习过后能够完美地练一套套路。传授这部分教学内容应根据学生的心理特点强调教学内容的文化性、实用性、范例性以及其文化背景和意义。

5. 韵律运动

韵律运动包括健美运动、民间舞蹈、健美操、体育舞蹈、韵律操、艺术体操等内容。韵律运动在组织教学内容时,应从审美观培养、舞蹈音乐理论介绍、感情表达能力培养和健身效果等多方面来考虑。以往此类教学内容过多地考虑了动作练习的教学以及重视练习中的不断上量等,而对于向学生传授一些基本原则并让学生尝试自编的要求较弱,应予以考虑加强。

二、课外体育活动

(一)教师的课外体育活动

教师作为校园体育文化的主体之一,开展针对教师的课外体育活动是十分必要的,这不仅是对校园体育文化氛围进行积极营造的要求,而且也是全面健身活动发展的要求。

针对教师的课外体育活动主要包括以下两个方面。

1. 组织有利于缓解压力的体育活动

登山运动、春游等都能够使教师缓解压力,远离工作上的问题,不仅能够锻炼身体,还可以消除心理疲劳,形成良好的精神面貌。

另外,也可以对一些体育比赛进行举办,如教师田径赛、教师排球联赛、健美操比赛等。教师自觉参与体育锻炼,能够促进自身技术水平的提高,同时能够拥有健康的身体。

2. 组织师生之间的体育比赛

教师在日常上课时比较严肃,学生自然就会对教师有一种害怕心理,距离感由此产生,而通过参加师生之间的比赛,师生就共同处于一个层面,他们可以自由地发挥自己的个性,秉承着公平竞争的原则发挥自己的体育技能,并在比赛结束后可以针对体育或共同感兴趣的话题展开讨论,这样就能够增加师生之间的了解,使师生之间不再感到陌生,学生不再害怕教师,双方的距离自然就拉近了。

有一些教师年龄比较大,不能参加登山之类的户外运动,也不能进行大强度的体育比赛,因此可以选择参与一些强度小的活动,如武术、太极拳等。

(二)学生的课外体育活动

学生的课外体育活动有以下几种形式。

1. 全校活动形式

全校活动具有庞大的规模、恢宏的气势和巨大的影响力,而且可以进行统一领导与指挥,操作起来比较方便,也为组织与管理者的督促、检查与评价工作提供了便利。全校活动形式的主要作用表现在以下几点。

首先,可以促进班级、年级之间相互学习、共同进步。

其次,有利于对学生进行爱国主义与集体主义教育。

最后,有利于提高学生遵守纪律的意识和培养学生的集体荣誉感。

全校活动的开展也会受到一系列因素的限制,如场地、组织措施、学生个体差异等因素,全校活动比较适合早操与课间操等的组织。

2. 班级活动形式

生动活泼、便于组织管理、选择余地较大、限制因素较少以及锻炼效果良好是班级活动形式的主要优势。班级活动以教学班为单位,由班级体育委员负责组织,团支部、学生会等组织的其他班干部的主要职责是协助配合体育委员。班主任与体育教师主要负责指导和辅导班级活动的开展。

3. 小组活动形式

小组活动可以根据学生班级、学生性别、学生兴趣等因素自然分组。例如,根据学生体质与兴趣爱好成立足球组、体操组等。各组由体育积极分子或项目擅长者担任组长,小组在组长的带领下开展活动。可以根据季节与场地器材等条件的不同来灵活选择小组的具体活动内容。

4. 团体活动形式

团体主要是由体育兴趣爱好和特长相同或相似的学生自发组成的。共同的目的、兴趣爱好和特长使学生自发组织起来,共同开展体育活动,互相学习与交流,共同提高与进步,增进友谊,并通过团体体育活动体验成功和快乐。团体开展的体育活动形式多样。

团体的组织比较松散、自由,成员多少视具体情况而确定,且团体内的成员相对不固定。团体的成员没有局限在一个班级或一个年级中,他们可以是本班与本年级的学生,也可以是其他班与年级的学生。团体活动不需要进行专门特别的管理,主要是因为团体组织相对比较随意,没有固定的活动时间和地点。

在学生的课外体育活动中,团体的体育活动具有其他组织形式无法企及的积极影响,它有利于形成和发展学生的体育兴趣与爱好,促使学生养成良好的体育锻炼习惯,积极促进学生终身体育意识的形成与发展。

学生可以通过团体活动获得身体、心理和社交等方面的全面发展。

5. 个人活动形式

个人活动指的是学生根据自己的体育兴趣爱好与需要，根据体育锻炼的方法与要求，自觉自愿选择体育锻炼项目，在体育课外活动中进行单独锻炼的活动方式。个人活动是一项非常重要的体育实践活动，它反映了学生体育意识的觉醒，有利于促进学生体育兴趣的形成和发展，也有利于学生养成并巩固良好的体育锻炼习惯，帮助学生实现体育学习的终极目标。

通常情况下，学生大都是因为对体育有较浓厚的兴趣才会自觉进行体育锻炼，经常参加体育锻炼的学生在体育知识、身体素质、运动技术技能等方面具有良好的基础，是班上的体育积极分子。因此，教师要积极做好这类学生的引导工作，使他们的特长充分发挥出来，达到以点带面、整体提高的目标。

个人活动可选择的内容十分广泛，学生大多选择与自身兴趣爱好与需求相统一的体育项目进行锻炼。个人活动与全校、班级、团体等集体活动并不矛盾，绝对的排他性是不存在的。恰恰相反，个人活动与集体活动在一定程度上可以相互促进与转化。

6. 俱乐部活动形式

近些年，在学校尤其是高校中，体育俱乐部活动的课外体育活动组织形式相继出现。俱乐部主要分为两类：单项俱乐部和综合俱乐部。学校主要根据本校的场地设备、体育传统优势与师资力量等因素创办俱乐部。筹建俱乐部的经费主要来源于学校下拨的经费、学生缴纳的会费与社会赞助。学生按照自身的兴趣与爱好自愿加入俱乐部，在俱乐部内进行自己感兴趣的体育锻炼活动。学生参加俱乐部的目的各有不同，一些学生为了提高技术技能水平，一些学生只是参加课余体育训练，还有一些学生只是为了娱乐。俱乐部活动的主要特点是有专门的组织管理和专业的指导教练，俱乐部活动的效果良好，深受广大学生的推崇与喜爱。

三、课余体育训练

课余体育训练是指为了发展部分在体育方面有一定天赋或有某项运动特长的学生的体能和身心素质，提高他们某项运动的技术水平，利用课余时间，以运动队、代表队、俱乐部等形式对他们进行较为系统的训练，它是为竞技体育培养后备人才的一种体育教育过程。课余体育训练是我国学校体育的组成部分,我国颁布的《学校体育工作条例》中明确规定了要开展多种形式的课余体育训练。

课余体育训练要通过对具有运动特长的学生的训练,来提高学生对体育的认识,使其掌握一些专项与非专项技战术和知识,加强身体、技术、战术方面的全面训练,促进身体的正常发育,提高各系统器官的功能,发展体能,培养良好的体育道德作风和顽强的意志品质,为进一步的专项运动训练打下身体、心理、技术、战术和思想品质的良好基础,为提高运动技术水平输送优秀体育后备人才和群众性体育骨干服务。这便是学校课余体育训练的目的,其具体可以从以下三个方面进行阐述。

(1)学校课余体育训练要促进学生体能发展与运动能力的提高。学生身心发展处于发育关键时期,这时期进行训练,不仅能保证学生的正常生长发育,还能使其生理功能大大提高,从而提高运动素质和运动能力。

(2)学校课余体育训练应该是学校培养高素质人才的补充措施。通过课余体育训练,能帮助学生掌握体育的基本知识和技能,促进体能和综合素质的提高,为运动队或群众体育提供人才。

(3)学校课余体育训练应该完善学生道德品质和提高其精神意志力。学校课余体育训练,要力求使学生得到爱国主义、集体主义和社会主义教育,提高学生对体育的兴趣,使其竞争意识、合作精神和拼搏意志得到培养。

四、体育竞赛

校园中开展的体育竞赛主要有以下两种。

(一)校内体育竞赛

校内体育竞赛能够促进学生个性的发展,对学生的能力进行培养,促进学生情操的陶冶,并能够对学校的体育氛围进行良好的创造,这些作用都是其他活动所无法替代的。学校应该对多元的体育竞赛进行开展,主要开展原则就是面向学生、服务学生,在开展中需要采用大众化的组织形式、比赛方法。

以组织的等级为依据,可以将校内体育竞赛分为校级体育竞赛、院级或年级体育竞赛、班级体育竞赛。竞赛的项目主要有田径、篮球、羽毛球等。此外,也要对一些小型的比赛进行组织,如接力赛、拔河比赛,这些比赛的参与者众多,能够使更多的学生参与进来。与校际的体育竞赛相比,

第三章 校园体育文化建设的基础指导

班级之间的体育比赛灵活性更强,而且也特别普遍,对不同的体育爱好者都是比较适宜的。校内体育竞赛的开展为校园体育文化营造出一股强大的凝聚力。

(二)校际体育竞赛

校内开展体育竞赛的主要目的是对体育精神进行传播,使学生参与到体育锻炼中,而校际间开展的体育竞赛主要目的是促进校际交流的加强,促进学校文明形象的提高,同时加强学校与社会的交流。世界大学生运动会和世界中学生运动会是校际间开展的比赛中级别最高的,此时的校际比赛已引申成为国际比赛,通过比赛学生可以将自己的活力与实践技能展示给全世界。

五、体育文化节

学校价值观念的传播方式之一就是校园体育文化节,文化节的举办能够将学生参与体育锻炼的兴趣有效地激发出来。体育文化节的主要载体是体育活动,宗旨是公平竞争、团结协作、拼搏进取,主要目标是"健康、快乐、文明",同时也注重对师生体育道德素养的培养。现在校园体育文化的传播离不开文化节这一重要的形式,体育文化节主要是集中一周的课外活动时间,对各种活动进行开展,面向全校所有学生,为学生提供良好的机会来对体育运动的乐趣加以感受。学生可以利用这一平台将自己的才华展示出来,充分发挥自己的个性与技能。

体育文化节也可以在节日里举行,比如在"劳动节""国庆节""元旦节"举办学校篮球、足球、羽毛球等联赛,分教职工、学生两组进行循环淘汰赛,这样不但能够使师生的节假日生活得到充实,又可以促进师生的集体荣誉感、竞争意识。

第三节 校园体育文化环境建设

一、校园体育物质文化环境

（一）校园体育物质文化的形态体现

校园体育物质文化的形态表现如下。

1. 运动场

运动场包括田径场、篮球场、足球场、排球场、网球场、羽毛球场等。它属于露天建设，方便向学生开放，因此成为学生参加体育活动最主要的场所，学生的体育课、课外体育活动、体育文化节、体育竞赛等都依靠体育运动场进行。因为各个地区的经济发展程度不同，学校体育运动场的质量存在着很大的差距。在经济发达地区，运动场规模较大，造价较高。如塑胶田径场、篮球场、网球场及绿茵足球场等，而且外延设施比较齐全，比如设有看台、风雨棚等。而在经济贫困地区，大多是一些煤渣跑道，或是不太正规的跑道，篮球场、排球场大多是水泥地。相对而言，贫困地区的运动场质量以及规模比较落后。

2. 运动馆

运动馆包括综合性体育馆、篮球馆、排球馆、乒乓球馆（房）、艺术体操房、游泳馆、肋木区、单杠双杠区、攀爬角、健身角等。相比运动场它的造价较高，而且开放时间有限，因此不能成为大学生参加课余体育活动的首选。但运动馆不受天气影响，场地质量较高，安全系数比室外运动场高，通常一些重要的比赛都在运动馆里进行。

3. 运动器材

按照不同运动项目所需的器材分类，学校的运动器材可分为体操类器材、球类器材、田径类器材、民俗类器材、健身类器材等。通常学校的运动器材是与学校开设的课程以及运动场馆相匹配的，有运动场就必须有相应的运动器材，这样才能进行体育活动；反之亦然。随着人们对体育活动要求的提高，学校运动器材的配置必须完善，如以前"一班一球"的器材分配方式显然已经不能满足学生练习的要求，因此种类齐全、数量充

第三章　校园体育文化建设的基础指导

裕的体育运动器材是每个学生在课堂有限的几十分钟内得到充分练习的基础。

4. 其他体育物质形态

学校其他体育物质形态包括体育雕塑、体育壁画、体育传播设施等。看起来它对学生参加体育活动并没有实质性的作用,但是它对营造校园体育文化氛围以及培养学生浓厚的体育兴趣具有重大的意义。如学校的体育雕塑、体育壁画以最直接的方式传达给学生浓厚的体育寓意,学生在看到体育雕塑的时候自然会联想到一段体育历史故事,从而开始对体育产生浓厚的兴趣;又如学生通过观看一段高水平的体育录像,会激发出参加体育活动的热情。因此,不能忽视学校其他体育物质文化形态在学校体育文化环境中的作用。

(二)校园体育物质文化环境的优化

1. 扩大体育物资设备

优化校园体育物质文化环境,数量种类多是优化的前提,只有"多"才能进行"优"。因为"优化"在很大程度上就是一个如何选择的问题。如果连最起码的体育设施都不齐全,没有任何选择的空间,优化只能是"纸上谈兵"。而校园体育不同于商业体育,不能到处拉赞助,因此扩大体育物质设施的资金最主要的来源就是学校的直接投入。当然这种资金投入并不是盲目的。首先,要从实际出发。因为各学校的经济承受能力是不一样的,在经济落后地区,体育设施的要求就不能与经济发达地区的学校相比。其次,要重视扩大体育设施的方向。每个学校的体育文化氛围倾向是不一样的,而这种氛围的倾向性决定了学生参加体育活动的方向,也就是说,在不同的运动项目中,参加的学生人数以及热衷程度是不一样的。因此,在扩大体育设施的时候必须对本校体育氛围倾向有一个充分的了解,然后再针对运动人群多而体育设施少的体育项目来扩充设备,从而达到资金合理分配以及资源合理利用的效果。

2. 优化现有的体育物质文化环境

优化现有的体育物质文化环境其实就是对现有的体育物质资源进行合理规划,营造出良好的体育物质文化氛围。

首先,校园体育物质文化环境本身是一种文化现象,井然有序的体育场馆和体育运动器材会给人一种舒适的感觉,因此对学校体育物资设备的规划就显得格外重要。如把篮球场集中修建在同一个地方,当学生走近篮球场时就会被浓厚的篮球运动氛围所吸引,那里便成为篮球运动的一片沃土,方便了篮球爱好者之间的交流。

其次,体育场馆整洁干净也是非常重要的。干净整洁的体育场馆能给人一种舒适感,进而使学生更加亲近体育运动。相反,四处都是果皮纸屑、铁锈横生的体育场馆会让人产生厌恶感。

因此,保持学校体育场馆的洁净非常重要,每天都必须安排人对体育场馆进行打扫,以保持场馆的干净整洁,营造出良好的体育物质文化氛围,从而吸引更多的学生参加体育运动。

二、校园体育教学环境

(一)校园体育教学环境的构成

1. 体育教学物质环境

体育课是一个实践性很强的课程,在学校体育教学环境中,体育物资设备起到了载体作用,教师通过体育器材来实施教学目的,学生则通过体育器材、场馆进行体育活动。通常体育教学物质环境包括自然环境和体育设施环境。自然环境指的是学校的花草树木、空气、噪声、光线等,这些客观事物在一定程度上影响了学生的学习和训练。体育设施环境指的是由后天改造而来的体育设施,如体育场馆、体育器材、教学设备(秒表、录像带、光盘等)。体育设施的好坏直接影响到教学质量的好坏。此外,由于物质环境是客观事物的载体,因而合理的场地规划、整洁的场地能使学生产生良好的体育兴趣,本身具有教育作用。

2. 体育教学教师环境

学校体育教师是教学环境的灵魂。他们作为学校体育文化的指导者,对学校体育发展方向具有绝对的主导权,学校体育要弘扬什么样的精神、发展什么样的体育传统、提倡什么样的品质和培养什么样的能力等都是由体育教师在思想、行为上的体现和认识决定的。通常体育教师传授什么样的体育传统、精神、品质等,学生就能收获什么样的体育传统、精神、品质等。因此,在学生形成正确的审美观、体育观、人生观以及体育意识上,学校体育教学教师环境对其影响是巨大的。

3. 体育教学网络环境

网络已成为当今社会生活中的一个普及工具。在体育教学中,网络教学越来越广泛,体育教师利用网络给学生讲授最新的体育知识、实施远程教育等,大大提高了教学的效率。在网络教学环境中,体育教师通常具有自己的一个网站或一个邮箱,学生从指定的网站或邮箱上获取最新的学习任务。另外,在上体育课的时候,体育教师利用课件把平时很难用语言描述的技术动作通过网络以图片或视频的方式展现出来,更能让学生接受。在今后网络逐渐普及的形式下,网络教学的重要性将在体育教学中逐渐凸现。

4. 体育教学人际环境

学校体育教学是施教和受教的实施过程,这个过程中最重要的就是师生之间、学生之间、老师之间的交流。因此,体育教学的人际环境是不可缺少的一部分,良好的人际环境体现为师生间的一种默契,老师的一个眼神或一个手势,学生就能体会其中的意图,师生互相尊重,老师以高尚的人格品质去感染学生。还有就是体育教师间的融洽,没有教学界限,互相交流教学经验,互取所长,这对完善学校体育教学非常有帮助。

(二)营造体育教学环境应注意的几个问题

1. 体育教师的知识修养和综合能力

学校体育教师只有具备丰富的专业知识、文化知识以及体育经验,见多识广,才能让学生信服。体育是一门多学科性课程,而且在运动过程中具有一定的规律性,同时它又是一个发散式的体育活动,如果教师没有一定的专业知识和体育经验,很难对学生当前提出的问题进行解答。此外,作为实践性很强的学科,仅有丰富的理论基础还不够,体育教师还必须具备多方面的能力,如组织管理能力、动作操作能力、人际关系处理能力等。同时,体育教师作为一位传播者,他们的一言一行都备受学生的关注,因此在体育教学的过程中,体育教师应注意言行举止,以身作则。

2. 体育教学环境的普及范围

目前,在体育教学环境普及范围上存在着很大的误区,如有相当一部分教师认为,学校余暇体育活动不属于教学范围,如课外体育活动、节假日体育活动等。显然这种认识是不对的,因为学生参加余暇体育的时间远比课堂的时间多,而且很多的体育技能包括体育课内容的后学习都是在余暇体育中形成的。如果让余暇体育自由地发展,那么学生的体育运动技能就会出现很多的错误。因此,这种观念必须得到纠正,应把余暇体育作为教学任务的一部分,充分利用余暇体育来传播体育知识。还有一个误区,那就是认为体育教学就是以教师为主导,以学生为主体,以教学为内容,以培养学生的健康体魄和终身体育能力为主要目的的一种体育教学。这种认识过于片面,因为培养学生的健康体魄和终身体育能力只是教学目的的一部分,在具有浓厚体育文化内涵的体育教学中,引导学生养成正确的人生观、体育观以及培养他们的合作能力、竞争意识、拼搏精神,同样是体育教学的目的。

3. 体育教学环境的硬件设施

学校体育教学环境的营造需要软件与硬件协调发展才能取得好的效果。目前,硬件跟不上软件已成为一种普遍现象,许多体育教师有教书育人的抱负,却因为缺少硬件设施,最终只能使抱负变成空想。而造成这种现象的原因是多方面的,比如学校的财政紧缺或学校对体育教学环境的认识不够等。但硬件设施是教学的基础、保障等已成为不争的事实,硬件设施的短缺必然会给体育教学的质量带来影响,不仅教师无法施教,学生参加体育活动同样会受到制约。因此,学校必须高度重视这一问题,加大经费投入,尽可能地满足体育教学的要求。

第四节 中美校园体育文化建设比较及启示

一、中美大学校园体育文化建设比较分析

(一)教育传统影响下的大学体育观

中国与美国大学校园体育文化的差异首先源自教育传统。虽然中国大学起源于西方,但由于中美大学校园体育文化的形成有更多的民族、历史、传统的惯性,因而反映在教育传统文化氛围方面,差异较明显。

中美教育传统和大学体育观各自反映了不同民族的文化心理和价值观念。由于历史的原因,西方体育文化长期占据着大学的主要阵地,民族传统体育却被排斥和忽略。这种大学校园体育文化形态由于忽略了参与主体的民族文化心理和价值观念,从而使大学校园体育文化的有效性受到质疑。中国教育传统文化有保守性但也有强大的融合性,因此中国大学应积极吸收西方教育传统文化和大学体育文化的精华,有机融合二者的文化结构和价值结构,建构新的大学体育观,以满足现代中国大学校园

第三章 校园体育文化建设的基础指导

体育文化发展需求。

(二)大学校园体育物质文化的比较

中美大学校园体育物质文化层面的比较主要从体育标识、体育人物、体育建筑设计三个方面来进行,这里我们不对中美大学体育场馆设施的数量、面积和规模进行比较,因为中国大学由于经济基础、教育发展历程的局限在体育场馆设施方面与美国大学具有很大的差距,如果勉强作对比,就缺乏实践指导意义。

首先,大学的体育标识代表着一所大学体育运动的整体形象,既包括视觉上的旗帜、徽章、标准色、吉祥物等,也包括听觉上的昵称等。

根据相关调查资料表明,美国大学的体育标识与学校标识形成了统一的整体,美国三所大学的体育标准色和学校的标准色是一致的,并且在运动比赛设施、运动场馆、运动宣传图册和体育网站等处,标准色均得到了普遍使用。同时,美国的耶鲁大学和哥伦比亚大学均有体现各校运动理念的体育昵称和吉祥物,体育昵称和吉祥物是统一的,有利于大学体育运动的宣传、组织,有利于大学生对大学体育运动形成共识,引起感情上的共鸣。而我国清华大学和北京大学均没有体育昵称和吉祥物,只有清华大学有自己的体育标准色。清华大学注重体育标准色与学校标准色的统一,但清华大学仅在部分运动服装和体育竞赛所用的校旗颜色达到与学校标准色的统一。通过比较可以看出,我国两所大学尚未明确提出和使用自己的体育标准色,对于体育标准色、体育昵称、体育吉祥物在校园体育文化中强大的隐性宣传和感染力未引起重视。

其次,杰出体育人物也是大学校园体育文化的重要组成部分,具有很强的渲染力。通过调查显示,美国的哈佛大学、耶鲁大学、哥伦比亚大学都认为体育杰出人物是优秀的运动员和教练员群体,他们非常重视对优秀运动员和教练员的宣传,在这些大学的官方网站上可以很容易地查到优秀运动员和教练员的个人档案,因为杰出体育人物有利于大学优秀体育运动传统的传承,对大学具有无形的精神感染力量,是大学文化发扬光大的重要载体。相对而言,中国大学在此方面仍未引起重视并付诸实践。清华、北大较少在全校范围内凭借官方媒体宣传优秀的运动员和教练员。北大没有特别突出的榜样人物,清华的马约翰先生则在该校甚至全国体育界具有无与伦比的地位。马约翰被称为"中国体育界的一面旗帜",以"马约翰杯"命名的体育运动赛事贯穿全年,成为清华大学校园体育文化活动的重要组成部分,清华老体育馆旁边的马约翰塑像也体现了标志性体育人物的无形力量。

最后，体育建筑设计对于提升校园体育物质文化内涵具有很重要的影响。虽然目前中国大学仍然需要加大体育场馆设施的投入和建设，以满足中国大学不断上升的大学校园体育的刚性需求，但是更为重要的是，中国大学在进行体育场馆的建设时应吸取和借鉴美国大学体育场馆的设计理念。美国大学的体育场馆较多，设备和功能齐全，基本可以满足美国大学师生员工以及周围社区人群的体育需求。美国众多大学体育场馆不论规模和面积大小，他们在建设时较为注重体育场馆的外形特点、内部构造和功能用途上的专业化设计。他们秉承的设计理念为外形特点符合大学整体建筑风格和大学文化内涵，内部构造本着最大限度地实现空间体积和场地面积比例的合理化、训练和比赛效果的最优化，功能用途上尽可能考虑周全，使建设的体育场馆既能做到尽可能地容纳较多体育运动项目的训练和比赛，同时还要能够满足大学生的休闲体育、体育教育、体育俱乐部以及校内外体育竞赛的各方面需求。相比之下，中国大学体育场馆在进行建筑设计时缺乏上述设计理念，缺乏长远发展目标。在调查中发现，中国很多大学的体育场馆的设计首先是考虑为了哪些运动项目的教学和训练需要，然后实现哪些功能，比如贵宾席、运动员休息室、力量训练室、康复医疗室、设备储藏室等，最后根据这些要求委托专业建筑设计公司进行设计。从上可以看出，中国大学在设计时缺乏考虑学校的文化内涵和整体建筑风格的协调，缺乏考虑场馆设计上的长期发展需求，所以中国大学很多体育场馆功能简单，只能满足一两个运动项目的教学、训练需要，甚至都无法满足大型比赛的需求，同时碍于设计上的缺陷，现在又无法进行改造。耗费了资金，占用了场地，却不能发挥最大效益，这是很多大学体育部门面临的难题。

（三）大学校园体育课程体系的比较

通过对中美两国大学体育课程内容的比较可以看出，美国大学体育课程内容与我国相比具有很强的健身性、文化性、选择性、民族性和世界性。美国大学提供给学生的课程内容丰富多彩，学生可根据自己的实际情况来进行选择，体育课程的上课时间和上课内容，均具有很强的可选择空间和实用价值；而我国大部分大学的体育必修课程上课时间仍限定在大学一二年级，选修课程时间限定在大学三四年级，上课内容以当前的教师资源为主开设课程，而不是以大学生的实际健身需求开设项目，进而进行师资培训。在课程内容的分类上，由于课程目标的差异，美国大学体育课程内容以个人项目、健身休闲娱乐项目为主，而我国体育课程以竞技运动项目、集体项目为主，对于与现代生活息息相关的一些健身、休闲运

第三章 校园体育文化建设的基础指导

动项目以及国内外民族传统体育项目、利用自然进行身体和情感体验的项目如野外生存训练、户外运动等却很少开设。总之,美国大学体育课程内容强调对学生进行生活教育、情感教育和保健教育,突出终身体育的内容;十分强调学生的个性发展,重视学生对体育运动项目的真实需求,体现了大学生自主、独立的特点,从而满足不同群体、不同技能水平的需要;美国大学尤其注重体育课程内容的世界性和跨文化性,很多不同民族、国家的传统体育项目在美国大学体育课程内容中均有体现,例如东方传统体育项目中的瑜伽、气功、武术、太极拳、推手、合气道、空手道、柔道等。相比之下,我国体育课程内容较为注重大学生体育技能和终身体育意识的培养,教育性过强,缺乏健身性和休闲娱乐性;由于学生人数过多以及体育师资和上课时间的限制,我国体育课程很难注重学生的个性发展,满足大学生的体育健身真实需求;我国大学体育课程内容的世界性和跨文化性较差,除了跆拳道、瑜伽,很难在我国大学体育课程中看到其他国家的民族传统体育项目。

中美两国大学体育课程在基础理论知识与运动技能方面的要求也有所区别。美国大学体育课程的基础理论知识主要包括运动项目知识、体适能和运动处方的指导,这些内容通常是贯穿在体育实践课中进行讲授,除此之外,学校还定期举办体育专题讲座对学生进行基础理论教育;运动技能的学习和提高更多地体现在课程的4级分类中,美国很多大学的体育课程按课程的水平分成4级(Ⅰ、Ⅱ、Ⅲ、Ⅳ),水平Ⅰ的重点是该项目的基本技能和健康锻炼的基本常识,水平Ⅱ的重点是该项目专业知识的掌握,包括技能的分析、活动的策略、技能学习的过程,水平Ⅲ~Ⅳ重点培养学生在进一步掌握运动技能的基础上,提高对该项目理论上的深入理解和欣赏能力,部分项目与技术等级证书相联系。而我国大学体育课程以健康知识和专项知识为主,对运动处方和体适能相关知识指导不够,除个别大学外,大部分大学从来不开展体育理论知识专题讲座;体育实践课以单独开课为主,运动技能的学习和提高方面区别不明显,虽然有些学校也实行了体育课程的水平分级,但主要区别只是在体育运动项目技术的掌握上,缺乏对学生的综合能力要求,形式主义现象严重,课程实质内容并没有多大的区别。

(四)大学校园课余体育的比较

大学校园课余体育包括校内体育竞赛、体育俱乐部(体育社团)、集体训练和个体健身活动。

美国的大学校内体育竞赛和体育俱乐部活动是大学校园课余体育的

主要内容。校内体育竞赛和体育俱乐部活动主要的管理机构是大学体育部和体育俱乐部（或相关体育协会），体育部是体育俱乐部的直接管理机构，负责制订体育俱乐部管理规章制度、进行体育俱乐部的年度绩效考核。体育部制定年度校内体育竞赛计划，由体育俱乐部或者相关体育协会负责校内体育竞赛的具体组织、运作、裁判、宣传等工作。体育俱乐部内部管理也是一项较为复杂的工作，首先建立俱乐部组织管理机构，明确组织机构的人员配备与聘任，制定体育俱乐部内部管理规章制度，最后确立俱乐部工作方向和发展目标并根据目标制定相应的策略，比如将参加各种竞赛作为俱乐部一项重要目标，就要努力保证昂贵的旅行和比赛费用。除了总目标外，俱乐部还有自己的年度目标、阶段目标和特殊目标等，此外还要选择以怎样的活动方式来完成这些目标。体育俱乐部还要组织大量的俱乐部会员的运动训练和休闲娱乐健身活动。美国各大学体育俱乐部数量较多，一般为30～45个，每个大学生将参加体育俱乐部作为一种荣誉，所以在美国，基本上每位大学生都有自己所属的体育俱乐部。集体训练和个体健身活动主要是美国大学的各大健身中心为大学师生员工、校友以及与学校关系密切的校外人群提供的健身管理、指导和服务，这种服务是有偿的，需要缴纳会员费。

总而言之，美国大学校园课余体育的目标就是为每个学生提供参加他们所感兴趣的活动和比赛的机会，探索一些全新的、未曾尝试过的体育活动形式和内容；为每个学生，不管他们处于何种水平与能力，提供积极参与体育活动的机会；在体育活动中，参与者被鼓励去尝试和参与，让他们从中发现体育的价值和魅力，进而促使他们养成体育健身意识和运动兴趣；另外，还提倡和鼓励学生广泛参与大型体育竞赛活动、户外运动等，培养运动精神、领导决策、社会适应、野外生存等方面的能力。

中国的大学校内体育竞赛是大学校园课余体育的主要内容。校内体育竞赛大部分由学校体育部门制订竞赛计划，由体育教师和体育社团共同组织运作体育竞赛，裁判工作由学生和教师共同承担。中国大学校园体育文化活动以体育社团（协会）为主要组织机构进行，体育社团一般由学校团委负责管理，体育部门负责技术指导和场地器材支持。中国大学体育社团数量较少，一般为10～15个，只有少数规模较大的知名大学体育社团数量会达到30多个。中国大学体育社团管理缺乏规范性，缺乏激励约束机制，因此社团组织的体育文化活动较少，在大学校园体育文化建设中还远未发挥其应有的功能。只有个别大学积极监督、组织学校体育社团的各方面工作，比如清华大学的"马约翰杯"校内系列体育竞赛、北京大学的体育文化节、上海交通大学学生体育总会活动等，这三所大学将

第三章 校园体育文化建设的基础指导

各自学校的体育社团充分动员起来,每个社团委派一位体育教师进行专业指导,由他们负责大学校园大型体育文化活动的组织管理工作。大学校园集体训练和个体健身活动均为自发的、无组织性的体育活动,大学为大学生提供的集体训练和个体健身的资源、机构还不健全。总而言之,中国大学校园体育文化活动内容较少、形式单一、趣味性较差,在体育竞赛活动中,组织运作的行政氛围较重,大学生缺乏独立自主性,达不到大学校园课余体育所应给予大学生的素质锻炼和能力培养的效果。

二、美国大学校园体育文化对我们的启示

(一)大学校园体育文化在大学发展中具有重要作用

当前中国大学文化社会世俗化和功利化氛围严重,在中国大学文化进行重构、回归本质的进程中,大学校园体育文化起到重要作用。在美国等发达国家的大学里,大学校园的体育文化建设已经成为其大学文化建设的核心内容之一。但是相比在中国大学中,由于教育传统、教育体制、社会经济发展需求,科技文化、组织文化、专业教育文化集体构成了大学校园的强势文化,而艺术文化、体育文化、社科文化被挤压为弱势文化。这种文化结构最终造成大学生人文素质教育的落后。这与清华大学梅贻琦主张的"通识为本,专识为末"思想、北京大学许智宏主张的"科技与人文相融,育心与育体并重"思想相悖。纵观国内、国外一流大学均可以发现,优秀的大学文化背后均有着优良的体育运动传统,均有着彰显大学精神的完善的大学校园体育文化体系。

(二)管理者要更新观念,文化治校

当前国内大学均受到中国教育传统文化和教育行政化影响,教育功利倾向严重,忽视大学生人文素质教育,不重视大学校园体育文化建设。因此,教育管理者观念的更新是大学校园体育文化建设的前提,教育管理者要秉承"只有大师,不是优秀的大学,有了优秀的大学文化,才是优秀的大学"的理念从大学的可持续发展视角重视大学文化建设。大学生也要改变狭隘的体育观,重视良好的体育生活方式和浓厚的学校体育文化底蕴对大学生人文素质提高的积极影响。

(三)大学校园体育文化建设要建立制度保障体系

校园制度文化的健全是保证校园体育文化健康有序发展的基础。中国大学校园体育文化建设办公室、教师辅导制度以及校园体育文化建设评价体系的构建将为大学校园体育文化建设系统化、科学化提供有力的保证。只有这样,才能保障学生体育社团的规范性、多样化、有效性,进而从学生层面推动校园体育文化的繁荣;只有这样,我们才能将大学团委等职能部门和体育部门联合起来优化资源配置,合力提升校园体育文化建设水平。

(四)立足大学校情,构建特色校园体育文化

中国每所大学都有各自的校训、校史、体育运动传统,它们蕴含着大学深厚的办学理念,体现了学校所追求的共同价值,是学校的灵魂所在,渗透于校园文化的方方面面。也就是说,中国每所大学都有自己的特色与传统,在大学校园体育文化建设中,我们要学习美国大学立足传统,发挥特色优势,构建特色校园体育文化,从而避免出现千篇一律的校园体育文化模式。当前中国大学就存在校园体育文化趋同化严重的问题,这不利于各大学实现通过校园体育文化进行人才培养、提高大学声望的目的。特色构建主要体现在塑造特色体育物质文化形态、建设优势项目高水平运动队、建立特色的校内体育竞赛体系、进行体育课程改革的创新与发展、发掘和传承大学体育运动历史与文化、推动校园体育文化宣传渠道多元化和制度化六个方面。

(五)大学要发挥出应有的社会服务功能

大学作为一种文化实体和学术组织,其实质是围绕高深知识的继承、传播、发展、转化和利用等环节开展各种活动的物质载体。大学在完成自身发展的过程中,潜在地具有满足社会多种需求的能力,社会服务逐渐成为大学的重要职能之一。近年来,伴随着我国竞技体育的崛起,群众体育的兴起,全民健身计划纲要的推广,社会大众健身意识的提高和健身需求的增加,社会渴望大学能够尽快完善社会体育服务体系,为新时代和新社会环境下的社会大众提供良好的健身场馆设施、专业的健身服务、优雅轻松的健身环境与氛围。美国大学在此方面为我们提供了很多经验。虽然我国大学当前受教育管理体制、体育资源短缺等限制,无法完全移植很多美国大学的经验,但是我们还是要在力所能及的范围内,改变观念,锐意

创新,真正创造出一条适合我国大学构建社会体育服务体系的道路,发挥大学体育应有的服务功能。

(六)重视大学校园体育文化宣传体系的建立

大学体育是大学对外宣传最有效的窗口之一。美国大学体育的宣传形式、手段、理念是我们应积极学习借鉴的重要内容。大学体育具有强大的培养审美意识,锻造理性精神,彰显个性自信,关注生命自由的功能,它所具有的促进大学生全面素质提高,传承大学文化传统的潜在效能已经被美国大学发挥得淋漓尽致。因此如何结合我国大学具体情况,设计、组织、管理大学校园体育文化的宣传体系,发挥大学校园体育文化应有的育人功能是我们进一步研究的热点问题,只有这样才能使中国大学校园体育文化有效促进大学文化的回归与发展。

(七)加强比较研究,借鉴国外发达国家成功经验

通过中美大学校园体育文化的比较研究,我们能够看出中国与美国大学在校园体育文化建设各层面存在的差距,并总结出经验和不足,为中国大学提供借鉴和指导。但是其他发达国家如英国、德国、日本等大学有着与美国大学不同的教育体制、教育传统文化、民族组成、社会政治经济发展环境等,其大学校园体育文化建设模式更是有所不同,加强与这些发达国家大学校园体育文化的比较研究,找寻最适合我国大学的经验,是我们进一步研究的重心。只有这样,我们才能借鉴发达国家著名大学校园体育文化建设成功经验的同时,吸取它们失败的教训,规避它们出现的问题,使中国大学校园体育文化建设少走弯路。

第五节 网络时代背景下我国校园体育文化建设研究

一、我国校园体育文化建设中存在的问题

(一)学生缺少足够的参与意识

中国人注重文化学习,当前的考试制度和教育资源的不均衡也让家长把主要的精力放在了孩子文化课的学习与艺术特长的培养上。由于独

生子女较为普遍,许多家长认为对子女的教育只能成功,不能失败。为了使孩子能够考一个好一点的初中、高中、大学,孩子从小就被迫上各类辅导班,从一个学习地点向另一个学习地点疲于奔命。运动安全问题让每一个学校与家长谈虎色变,一些运动项目被迫取消,供学生们自我锻炼、自我玩耍的学校体育器材和设施几乎都被去除,有限的器材也被束之高阁,学生即便有意识、有动机去锻炼,也没有必备的设施和器材。全员性运动会的推广和体育节的创新也进展缓慢,仅有少数校内校外的各种体育竞赛也成为少数学生的专利,离广大的学生很远。"当前学生的课外体育锻炼面临着应试教育、特长功利、运动空间、网络电游、运动安全、运动伙伴、运动技能、枯燥锻炼"等多重压迫。由于中小学阶段没有养成体育锻炼的习惯,也没在思想上形成对体育锻炼的正确认识,中学应试教育对体育造成的负面影响延伸到了大学阶段,造成了大学阶段学生积极参与课外体育锻炼的热情不高,甚至相当一部分人认为体育就是休闲玩耍、娱乐消遣,不认为体育也是一种文化。现阶段,我国高校校园文化建设注重于物质建设,许多学校斥巨资搞体育场馆设施,努力为学生打造一个良好的外在学习环境,却对学生体育参与的积极性缺乏正确引导,没有着力培养学生的主动参与意识。

(二)重视物质建设,轻视人文精神建设

校园体育文化设施建设一直是国外发达国家彰显学校魅力,培育良好校园文化氛围、凸显学校文化精神的载体,因此国内外著名学校在体育物质文化景观和场所的规划、设计与建设上均要从学校发展的高度进行严谨的论证分析,给予强大的支持和关注。随着我国经济的发展,教育资金的投入,我国的校园建设经历了一个重要发展期,体育场馆建设也如雨后春笋。这些体育场地与体育设施为体育的发展提供了物质保障,也在一定程度上反映了高校体育文化的发展水平。体育场馆的建筑风格、良好的体育设施能够让学生受到体育环境的熏陶,对体育运动产生向往。但是许多体育场馆的建设缺少人文精神,缺少文化底蕴,同时对体育宣传及图书资料等相关配套设施的建设方面投入相对较少,体育图书资料老旧,校园体育宣传设施建设无法跟上潮流。

(三)重视活动形式,轻视育人功能

体育作为学校教育不可缺少的一部分,在这个特定领域内对人的全面发展起到重要作用。在具体的活动中,通过统一的规则、规范的行为、

第三章 校园体育文化建设的基础指导

严密的组织及约定俗成的规定,使参加者和观赏者能够自觉或不自觉地接受到体育文化的教育、熏陶,从而培养出团结友爱、吃苦耐劳、勇敢顽强、坚持不懈等优良作风,同时也可以培养集体主义、爱国主义的精神,机智灵活、沉着冷静、坚决果断、谦虚谨慎等意志品质,使他们能够亲身参与到体育活动中来,缓解工作与学习的压力,享受体育运动所带来的愉悦和自由,这是网络所不能替代的。但是,在校园体育文化建设中,群体性活动、体育竞赛、校级体育文化活动、体育社团建设滞后,其中学校的体育竞赛项目主要集中在球类上,多数以院系为单位组队参加比赛,这就使参赛人员受到限制,普通学生很难在这些比赛中一展身手。而以班级为单位的系列赛却得到了学生的喜爱,因为这样的比赛能够满足普通学生的参与需求。校级体育文化活动主要包括校运动会和体育文化节,活动本身缺乏创新,活动内容缺乏普及性,校领导和普通学生对其关注度和参与度呈现下降的趋势,形式主义较为严重。体育社团的建设处在一种自发的组织管理活动状态,由于缺乏学校相应管理部门的关注、支持和考核,很多社团没有发挥应发挥的功能,无法满足大学生的体育文化需求,所以校园体育文化建设呈现出这样一种状况:一方面,体育文化活动日益丰富、多元,给师生们提供了展示自我的舞台;另一方面,由于缺少科学的规划、有效的管理,造成了表面热闹与实施者的盲从,出现了组织者疲于应付而参与者意兴阑珊的现象。

二、网络时代背景下校园体育文化建设措施

(一)增强大学生的体育参与意识

学生是校园体育文化建设的活动主体。学生体育参与积极性不高,究其原因是由当前的应试教育造成的。短时间内改变中国的高考现状是不可能的,能改变的只能是进入大学后学生的体育参与意识。

第一,要加强宣传力度,通过校园网络、广播站等现代化手段,宣传体育运动与健康的关系,使学生树立终身体育思想。

第二,不断推进体育教学改革,提高学生的体育兴趣。加强课堂教学常规教育,严禁学生在课堂上过度使用手机。

第三,加强校园体育文化建设,渲染体育氛围,并充分利用网络的影响,发展学校体育文化,提高学生参与意识。

第四,真正重视体育社团活动,学校有关部门应有意识地对其进行引导与支持。

（二）注重校园体育文化的硬环境与软环境建设

体育场馆建设要能体现该校的文化底蕴，与整个校园的文化氛围相融合，彰显校园文化的魅力，以体育场馆建设传播校园体育文化。无论是气势恢宏的体育馆，还是造型优美的体育雕塑、个性鲜明的体育标识，要能够撞击学生的心灵，激发他们向往体育、参与体育、热爱体育的激情。在做好大型体育场馆建设的同时，也要注意体育景观小品，要有层次、有深度、以一定的文化底蕴体现其中所包含的体育精神，使每一处建筑、每一处景观都能传递体育思想，表达体育文化。即"在关注'硬件建设'的同时，更需要考虑'软件'的融合，增添人文元素，丰富文化内涵，通过人与物的沟通与感悟，传承、创新体育文化，提升校园体育文化品位，实现以'物'化人。在体育宣传与图书资料方面应加大力度，通过现代化手段加大宣传力度，充分利用校园网络，建立校园体育网页，开设学校体育网站，利用校园广播站和投影机来播报体育新闻和播放体育比赛等方式，来构建一个大的校园体育文化整体环境，为学生创造一个良好的体育文化氛围，给学生搭建了解体育信息的平台，为校园体育文化建设提供服务支持，让网络为我所用，通过网络让学生感受到体育的精神与魅力，接受体育文化的熏陶与洗礼，真正地爱上体育，参与体育运动，把课余时间更多地用于体育运动，从而树立终身体育观念。

（三）重视体育文化活动的形式与内涵

校园体育文化对学生的人生观、价值观具有潜移默化的深远影响，其育人功能不容忽视。目前，我国校园体育文化的建设是以自主学习为主，缺乏系统的指导，知识掌握得不牢固与可靠，且缺乏实践机会，学生获得的只是一些科普类的预防知识，对运动损伤的处理和治疗方面的知识严重缺乏。

第四章　校园体育健身文化建设研究

随着全民健身运动的推广、开展,人们的体育健身意识得到不断增强,而校园体育作为全民健身运动得以顺利开展的重要途径和保障,对在校园中建设体育健身文化有着非常重要的作用和价值。本章就校园体育健身文化建设进行研究。

第一节　校园体育健身文化形成的背景及特征

一、校园体育健身文化形成的背景

(一)西方体育健身文化给我国带来的重要影响

远古的欧洲文化之城雅典崇尚有健美体魄的力士体格形象,并在皇室贵族成员和上流社会盛行一时。从国际健美运动的创始人尤金·山道到现代国际健美之父乔·韦德及本·韦德兄弟,以及21世纪的阿诺得·施瓦辛格等著名健美运动员的宣传、推广、影视传媒的合力作用,逐渐形成和导向了美国人的现代健身文化。健美健身造就了美国的肌肉健身文化,造就了美国千亿元的朝阳健身产业,解决了大量的就业问题,提升了百姓的生活品质,拉动了美国经济的高速发展。

近20年来,美国还倚仗雄厚的经济实力、先进的科学技术、"文化帝国主义"的渗透逻辑,把自己的大众文化产品向全球倾销。牛仔服、可口可乐、NBA电视转播、好莱坞大片,等等,美国大众文化的身影出现在世界上的每个角落。1973年在密歇根的底特律建立的Powerhouse(宝力豪)健身房,迄今为止,总共有300多家Powerhouse健身房分布在全球。在美国举办的一年一届的"奥林匹亚健美大赛"受到了全世界健美爱好者的关注。

美国是一个崇尚肌肉的国家,肌肉文化充斥于影视、动漫、杂志、书籍和音乐。这些文化信息通过各种渠道传入中国。

(二)人们审美能力和健身观念的提高和转变

在市场经济的作用下,各种规劝人们健身和美体的广告铺天盖地。拥有健美的身体成为一种时尚,因此而形成的健身文化成为大众文化的一员和表现形式。在生产企业、广告商和各种传媒的狂轰滥炸下,健身文化中的审美价值观和标准,变得更为世俗化和日常化。

但由于文化的差异中国人的健身观念和审美能力没有完全和国际接轨。随着经济的发展,文化的交流,这种差距将会越来越小。

20年前,在电视上偶尔出现的健美比赛中,那些胸肌无比发达的老外龇牙咧嘴仍然要保持微笑的劲头,给人留下的都是古怪印象。20年后,"肌肉男""型男"则是令人羡慕的名词。史泰龙(电影《第一滴血》主角)、阿诺·施瓦辛格(健美冠军、电影明星)的硕大的肌肉、完美的体形无疑给中国男青年们留下了强烈的印象。他们的画像在学生宿舍里经常可以看到,这也反映了学生对发达的肌肉的一种崇尚。目前,在全国各大高校都开设了自己的健身房,到健身房已成为一种消费时尚。"请人吃饭,不如请人流汗"成为流行的时髦口号。于是,健身成了一种文化体系,在这种文化的熏陶下有大量的学生根据自己的喜好选择不同的健身项目进行锻炼,希望通过健身锻炼改变自己的体形、增强身体机能。如果能把健康和性感结合起来,身体就能获得它的完美性,这几乎是今天所有人的理想身体。参加健身锻炼,就是实现这个身体理想的具体行动。

(三)阳光体育所倡导的理念和校园健身文化融为一体

阳光体育运动所倡导的是一种终身体育锻炼的理念,提出的"每天锻炼一小时,健康工作五十年,幸福工作一辈子"的口号,体现出对人的一生高度负责的态度,突显健康的理念。这就是一种健身文化的植入,并与校园健身文化相融合体现在注重学生的学习兴趣、爱好和个性发展,促使学生自觉、积极地进行体育锻炼,以全面发展体能和提高所学的运动技能水平,让全体学生真正爱上运动,自觉增强体质。阳光体育运动正是通过暂时强制性的活动,逐步培养学生自觉参加体育锻炼的习惯,形成终身体育锻炼的理念,是培养学生健康身心的无形教育力量。

第四章　校园体育健身文化建设研究

二、校园体育健身文化的特征

（一）健身性

健身文化的主要形式是健身运动的实践。增强健康就是体育健身的最基本功能，实践证明，人们通过参加各种体育活动，就能提高有机体的力量、速度、灵敏、柔韧、耐力等身体素质，提高有机体对外界环境的造就能力，从而促进身心健康，增强体质。

（二）娱乐性

健身运动是一项极富魅力的竞技运动和娱乐项目，它更是一种生活方式。它是一项竞技运动，因为它需要长期艰苦的体能锻炼付出辛勤汗水和智慧才能在竞争中取得有利排序的运动，所以具有竞争性。它为人们提供一种积极、健康向上的消遣，给人们带来无穷乐趣。体育娱乐性，按参加者在活动中的方式可分为观赏性娱乐活动和运动性娱乐活动。观赏性娱乐性活动是指人们观赏各种体育表演和比赛，特别是观赏竞技运动；运动性娱乐活动是指人们亲自参加体育活动，乐在其中。因为任何一项体育运动所追求的目标是"更快、更高、更强"，而唯独只有健身运动是为了"更美"，美是要拿出来展示的，在展示美的过程中被观众和喜爱它的人们赋予了观赏性和娱乐性。

（三）时尚性

为了适应学校紧张的学习，越来越多的学生积极投身于健身运动之中，"花钱买健康"或称为"健康投资"已成为一种消费意识和当今社会的一种时尚。哑铃和握力棒是宿舍健身最廉价、最普及的健身器材，歌星周杰伦的一首《双节棍》引起众多大学生对双节棍产生极大兴趣，舞动双节棍也成为一种时尚的运动。

（四）教育性

体育本身就是以运动为手段使学生身心受到教育和锻炼。从一定意义上讲，健身是教育系统的一个组成部分。健身的本身也是民众进行自我教育和自我娱乐的文化生活方式。因此，可以说体育健身也是接受教育和自我教育的手段和过程。健身运动是为了增进人体完美的发展,而寓教育于身体运动的教育过程,它是社会对人的发展施行总体教育的一环,让每个人在身体力行的运动中,锻炼完美的体格,提高人的适应能力。健身运动同样具有陶冶、培养和教化的三个要素。人类发展产生了文化,随着对积累起来的文化价值认识的提高,作为健身文化特性的陶冶性越来越被强调。健身运动不断地追求培养人的可能性和界限,在人格完善中促使人从"自然"到"文化"、从"现实"到"理想"的实现。

(五)艺术性

健美、健美操和体育舞蹈等健身活动都和音乐有密切的关系,音乐是健身房健美运动的灵魂,尤其是完成健美操动作和形体舞蹈练习必不可少的组成部分。它可以丰富健美者锻炼时的想象力和表现力,培养了美感和良好气质。另外,健美训练的过程也是对人体雕塑的过程,这都体现了健美的艺术性。

第二节 大学校园健身文化建设现状分析

通过对我国大学校园健身文化建设现状进行分析,可知目前我国大学校园健身文化建设依然存在一些问题。本节就大学校园健身文化建设现状中的一些问题来进行分析。

一、健身文化期望值比较低

通过调查发现,目前我国普通高校大学生对于校园体育健身文化的期望性需求中非常期待的人数占总调查人数的15.9%,期待的人数占总调查人数的19.5%,认为需求不稳定的人数占总调查人数的占30.7%,对于没有期待的人数占总调查人数的33.9%。从调查结果看,普通高校大学生对校园体育健身文化的期望值和期望性需求不是很高,这直接影响到其体育健身参与和体育健身行为。随着社会的发展,计算机等电子产品的普及填充了大学生的大部分余暇时间,大学生的余暇时间都是在计算机等电子产品前消耗的。娱乐活动形式的多样性降低了大学生对于健身活动和体育健身文化的期望值,健身期望程度的降低直接影响了大学生的健身态度和健身的价值观念。加上场地器材的短缺、同学的冷漠和

第四章　校园体育健身文化建设研究

嘲笑等消极态度的影响,更影响了大学生对校园健身文化的需求度。大学生对健身没有兴趣和消极态度制约了校园健身文化的发展。在校园里,大学生没有强烈的意愿去参与健身,健身活动成为可有可无的活动,只有少数人能够持续参加健身。这不利于健身文化的发展,仍是一个有待解决的问题。

二、健身文化氛围不浓

通过调查,目前我国普通高校大学生对于校园体育健身文化氛围中认为非常浓厚的人数占总调查人数的4.4%,认为浓厚的人数占总调查人数的27.3%,认为一般的人数占总调查人数的占29.5%,认为不浓厚的人数占总调查人数的38.8%。从调查结果看,我国普通高校大学生周围环境的体育健身文化氛围不是很浓厚,这直接影响到其体育健身态度和体育健身行为。

校园体育健身文化氛围指的是大学生从事健身活动的主要场所和环境。校园健身文化氛围对于大学生从事健身活动的参与程度、参与形式和健身文化素养都有一定的影响。建立良好的校园体育健身文化氛围对于培养大学生体育健身意识、正确从事体育健身活动,养成良好的健身文化素养具有重要意义。但是,现阶段我国许多高校没有形成具有院校特色的校园体育健身文化和传统体育健身项目,多数高校没有形成有个性特点的健身活动形式。这不利于大学生体育健身意识的建立、体育健身文化素养的形成,校园里没有形成有规模的体育健身活动。在高校中,体育教学、课外体育活动以及高校竞技体育都没有形成具有特色的体育运动项目。校园体育文化氛围的建立是需要一定的时间的,对于大学生的影响也是由小到大的过程,它不仅仅影响一批学生,对于每个时代的学生都产生影响。因此,各个高校必须建立适合自身发展的、符合自身实际的校园体育文化,通过各种各样的方法形成具有特色的体育健身文化氛围,使其具有健康的体育健身行为,形成良好的体育文化素养。

三、健身文化发展水平不高

在高校体育、校园文化、教育体制以及领导重视程度等诸多因素的共同作用下,高校大学生的体育健身文化总体发展水平落后于群众体育健身领域。客观因素方面,表现为学校场地器材的缺乏,校园健身文化氛围不浓,缺乏对大学生建设行为的引导和指导;主观因素方面,表现为大学生对于健身的期望值不高,健身并不是娱乐活动的唯一形式,健身缺乏持久性和稳定性。这些都是造成大学生体育文化发展水平不高的原因。另外,在体育健身物质文化方面,场地器材不能够满足学生健身的需求,缺乏对场地、器材的维修和保养,场地和器材的功能性破坏严重;在健身的制度文化方面,健身条例、健身指导制度、场地器材维修保养制度都有待于完善和改进,相关的组织机构权责划分不清,"都能管,都不管"的现象在高校比比皆是,相关的规章制度、条例和法律法规的执行力不足。学生自觉遵守相关健身制度的意识不强,破坏健身设施、在健身场所乱扔垃圾、健身暴力等行为经常发生;在健身精神文化方面,高校健身文化氛围不浓,大学生的健身理念不明确,健身心理倾向不强烈等也是大学生健身文化发展水平不高的具体表现。由于特殊的生活环境,大学生体育健身文化发展水平不高的现状也制约了高校体育事业的发展和大学生体质健康水平的提高。为了提高大学生的体育健身文化发展水平,我们必须要从多方面着手,发动国家和社会多方面的力量,努力调动大学生健身的主观能动性和为其创造良好的健身环境。

由于体育特有的实践性,健身文化的传递和继承以及整体知识的掌握,都与活动和练习紧紧地联系在一起,学校内拥有场地器材的多少、场馆设施的质量等一系列物质条件,都将极大地促进和制约校园健身文化的传播。

第三节 校园体育健身活动的科学指导与安全管理

一、学生参与校园体育健身活动的时间选择

(一)早晨运动

早晨进行运动健身是很多人的选择。经过晚上的充分休息,人往往拥有充沛的体力和精力。另外,在早晨,空气质量一般相对较好,更加适合进行体育健身。但是,需要注意的是,在早晨进行体育健身时,运动量不宜过大,这主要是因为身体机能并没有处于最佳的状态,需要一个适应的过程。很多人在早晨进行运动时多为空腹,如果运动量过大,则可能会造成低血糖症状。因此,在早晨进行体育健身时,可选择一些中等强度的有氧运动,如健身走、太极拳等。

第四章　校园体育健身文化建设研究

（二）上午运动

上午进行体育健身时需要注意，由于饭后一小时、饭前一小时不适合进行体育锻炼，所以，上午进行体育健身的时间一般在早饭后两小时左右进行。如果饭后过早运动，会影响人体的消化、吸收；临近饭前进行体育锻炼则可能会影响人的食欲。为了更好地促进人体的健康，在安排上午的体育锻炼时，不宜安排大运动量的运动。

（三）下午运动

很多人都会选择在下午进行体育运动，运动时间相对较长，运动者可根据自身的需要安排相应的体育健身。在进行大强度的运动之后不宜马上用餐。需要注意的是，在下午进行体育健身时，城市中工业污染和汽车尾气污染相对较为严重，空气质量相对较差。因此，在进行体育健身时，应选择空气质量相对较好的场所。

（四）傍晚运动

傍晚进行体育健身时，应与上床休息的时间相隔一小时以上，在体育健身之后，有充分的时间进行整理和休息，这样不仅能够取得一定的体育健身效果，还能够有利于睡眠。傍晚进行体育健身时，运动量不宜过大，否则会影响肠胃的消化和吸收。如果在睡前进行剧烈的运动，则会使机体处于兴奋的状态，从而影响人的睡眠。

二、学生参与校园体育健身活动的环境卫生

人们生活的环境与身体健康状况具有密切的关系，在体育健身时，了解环境对体育健身的影响，对于身心健康的发展具有极为重要的意义。下面将自然环境对人的健康的影响进行分析。

（一）空气

1. 空气对人体健康的影响

空气是人体赖以生存所必不可少的环境因素之一。它对人体的生命与健康有极为重要的意义，尤其对物质代谢、气体代谢和热代谢（体温调节）等方面的作用更为重要。人体通过呼吸功能与外界环境随时进行着气体交换。当空气中氧含量降低至10%时,人体可出现恶心呕吐,中枢神经活动减弱。当氧含量降至7%～8%时,对一般人来说是一个危险界限,会出现窒息、体温下降、昏迷、循环障碍,甚至死亡。

成年人每天约呼吸1000升空气,其质量约13.6千克。人在生命活动过程中需要吸入足够的氧气。新鲜空气可以振奋精神,消除疲劳,提高学习和工作效率,也能改善睡眠、呼吸功能,提高基础代谢。在体育锻炼时,机体为了满足运动时氧的需要,内脏器官呼吸、循环系统的活动相应加强,特别是呼吸加深加快。如果空气不清新,含灰尘杂质和有害气体较多,不但直接影响空气中氧的含量,使体内氧的补充受到影响,而且,其中夹带的细菌、病毒还容易进入体内,引起呼吸道及其他疾病。因此,体育锻炼时,更要注意在空气新鲜的环境下进行。为了防止灰尘进入肺内,应当养成用鼻子呼吸的良好习惯,因为鼻腔中的鼻毛和黏膜分泌的黏液对空气中的灰尘、细菌等有一定的清除作用。

2. 空气中的主要有害成分

每天都有无数火炉、锅炉在燃烧,无数的机动交通工具在奔驰。火炉、锅炉和交通工具都需要用煤或石油产品作能源,随着煤和石油产品的燃烧,各种有害物质散播到了大气中,污染了空气。

二氧化硫是煤燃烧的副产物之一,空气中有百万分之六的二氧化硫时,人就会感到一种呛嗓子的气味。硫和水蒸气反应生成硫酸,随雨下降就是酸雨,随雾飘浮在空中就会腐蚀建筑物等。

氧化氮是氧和氮在燃烧中形成的气体,有毒。大马力的汽车会产生较多的氧化氮。

PM2.5又称为细颗粒物、细粒、细颗粒。它是环境空气中空气动力学当量直径小于等于2.5微米的颗粒物。这种颗粒能够较长时间悬浮于空中,随着其在空气中浓度的增加,空气污染也越严重。PM2.5颗粒小,面积大,在大气中停留的时间长,并且易附带有毒、有害物质,其随呼吸进入肺泡后,直接影响肺的通气功能。人长期暴露在颗粒污染严重的空气中,可能引发心血管病和呼吸道疾病以及肺癌。

3. 空气污染对人体健康的害处

空气污染对人体健康的害处,可概括为以下三个方面。

(1)急性危害。因气候条件,大量空气污染物不能扩散或转移,或因工厂一次性大量排放有害物质,人们在短时间内吸入很多有毒物质,就会发生急性中毒。

(2)慢性危害。长期生活在污染区的人,呼吸系统受到空气中有毒气体的慢性刺激,呼吸道的防御功能受到损害,就容易患感冒、支气管炎、肺炎等疾病。大气中的烟尘颗粒,也是造成慢性危害的主要因素。

(3)致癌作用。在空气污染物中,有致癌作用的物质达30多种,最主要的是来自煤烟、汽车尾气和柏油马路灰尘等。其中一些毒性物质致癌作用很强,长期刺激皮肤,会使人患皮肤癌;长期吸入呼吸道,会使人患肺癌。许多国家的统计都表明,城市肺癌发病率高于农村,这与城市空气污染严重有重要的关系。

4. 到空气新鲜的地方去锻炼效果更好

新鲜空气一般是指含氧较高、含杂质和灰尘较少的空气。在含氧较多的新鲜空气中运动,能帮助我们提高运动能力,提高体育锻炼的效果。氧是维持生命和健康所必需的,在剧烈运动时,如果氧供应不足,新陈代谢不能顺利进行,就不能坚持很长时间。

脑力劳动时单位重量的脑组织消耗氧则更多,大大超过了单位重量肌肉所消耗的氧。大学生长期在人数较多并且不通风的场所学习时,由于空气中含氧较少,二氧化碳较多,氧供应不足,使血液里的含氧量降低,所以会感到头昏脑涨。所以在课间或做运动锻炼时应当到室外空气新鲜的地方去,同时要多做深呼吸,以改善血液中的含氧量,促进脑的机能,提高工作、学习效率。

需要注意的是,人体对缺氧的耐受力可以通过相应的体育锻炼来提高。一些运动项目的运动员通过相应的训练,可以明显提高在空气中缺氧的耐受力。大学生可通过相应的运动训练来提升这方面的能力。

(二)气温

人类是恒温动物,体内应保持恒定的温度。气温的高低对人体的体温调节和新陈代谢有很大的影响。在不同的气温下,人体的新陈代谢强度和散热方式会发生相应的变化以保持体温的恒定。气温在21℃左右时是人体最适宜的温度,此时的生理机能最佳,这时机体的工作能力发挥最好。

在气温超过35℃时,人就会因大量出汗、体液减少而导致体内环境的改变,运动能力下降,甚至会出现痉挛、中暑等情况。适应热环境者在气温较高时可进行运动,但应注意避免阳光直射,运动时应穿浅色、轻薄和通气良好的服装,运动量由小到大,逐渐达到预定的要求。要经常性地补充水分,适当的淡盐水更好,如出现头晕、抽筋、皮肤湿冷等状况,要立即停止运动,到阴凉处进行处理。一般人对热环境的适应需4~8天。

低气温对人体的损害主要是造成局部冻伤。在较冷的环境中进行体育锻炼,严寒会给机体带来一些不利影响,如肌肉工作能力下降、运动能力受到影响。在寒冷环境中,人可能由于体温散失过多而出现头晕、协调能力下降、步幅不稳。在进行体育锻炼时,如果能循序渐进,坚持在冷环境中运动,就可改善人体对寒冷的适应能力,提高耐寒力,有利于身体各系统机能的进一步加强。

在寒冷环境中进行体育锻炼时,应选择合适的保温、防寒运动服装,太臃肿的服装会给运动带来不便,还会导致体热不宜散出;体育锻炼前要充分做好准备活动,这样既有利于达到预期的运动效果,又可有效防止运动中出现损伤。

(三)湿度

空气的湿度主要是加强气温对人体的作用,影响人体的散热过程。如在高气温下,空气湿度大,就会使机体的蒸发散热受到阻碍,体热蓄积而易造成中暑。而当低气温时,空气湿度大会增加机体的传导散热,使人感到更冷,并易造成冻伤。因此空气湿度过大或过小均对人体不利。正常情况下,空气的相对湿度以 30%~70% 为宜。

另外,空气湿度还能加重污染程度,这是因为水蒸气容易以烟尘微粒为凝结核而形成雾,使有害气体不宜扩散,所以雾天空气污染比较严重,不宜在室外进行锻炼。

(四)太阳光线

在夏季进行体育锻炼时,强烈的阳光可能晒伤皮肤,甚至引发人体中暑。因此,在进行体育锻炼时,应注意防晒避暑,避免在阳光强烈的地方进行体育运动。

阳光中有紫外线和红外线。紫外线带有很大的能量和很强的化学刺激作用,是一种消毒杀菌能力很强的光线。皮肤经它照射后,能提高抗病能力,还能使皮肤里的 7- 脱氢胆固醇转变成维生素 D。另外,紫外线还能刺激人体的造血功能,使骨髓产生更多的红细胞,对预防贫血有一定的作用。红外线是产生热作用的射线,对人体起温热作用。它的热能可穿过皮肤深入肌肉组织,使血管扩张,加快血液循环,改善人体的供能,增强物质代谢,同时还可以兴奋神经,使人精神振奋。

三、学生参与校园体育健身的生活卫生

（一）睡眠与健康

睡眠是人们消除疲劳保持身体健康的生理功能之一，是一种重要的生理现象，是人脑和各器官的一种最基本的休息方式。著名的生理学家巴甫洛夫认为：脑组织中存在着一种抑制灶，当抑制灶处于优质状态时抑制就会向周围弥散，引起大脑皮层的普遍抑制，从而产生睡眠。人处于睡眠状态时，一切感觉功能和生理功能都下降到最低水平，人体似乎与周围环境暂时失去了联系。睡眠时心脏活动减慢，变弱，血压降低，呼吸减慢，尿量减少，体温略有下降，人体的代谢率偏低，整个机体处于调整和恢复状态之中。

一个人每天都要有充足的睡眠。睡眠时间的长短，要根据不同的年龄而定。一般来说，学龄前儿童每天需要 10 小时的睡眠，青少年每天需要 9 小时的睡眠，成年人每天需要 8 小时的睡眠。

睡眠时间长并不等于休息好。衡量睡眠的标准主要是"质"，即睡眠深度。像"春眠不觉晓"形容的那样，深沉而恬静，一觉到天亮，才能有效地消除疲劳。如果睡眠质量高，可适当缩短睡眠的时间。

要想提高睡眠的质量，首先要养成良好的生活习惯，每天按时睡觉，按时起床；其次要为睡眠创造良好的条件。卧室要安静，空气要流通，光线宜暗，被子要轻软暖和、清洁卫生，这样有助于入睡。注意睡前不要喝浓茶、咖啡，也不要吸烟，因为这些对大脑都有刺激作用，容易引起兴奋。

长期失眠使人感到很痛苦，也会影响人的健康。引起失眠的原因是多方面的，有些大学生往往是由于学习、上网、打牌、下棋、跳舞等过度，打乱了正常的生活规律，影响了睡眠的节奏，致使精神长期处于紧张状态，导致大脑皮层的兴奋与抑制发生紊乱，造成失眠。在这种情况下，必须从调整生活、学习时间安排入手，恢复正常的生活节奏，才能使失眠得到治愈。同时，失眠往往不是一种孤立的症状，还可能与高血压、心脏病、神经衰弱等疾病有关。因此，如果连续几天失眠应及时去医院检查诊治，只要原发病治愈，失眠症状也会随之消失。

为了使睡眠质量提高，在睡前应注意避免过于兴奋，避免进行剧烈的体育锻炼。在睡前应先静心，保持良好的心态，这样才能够更好地进入睡眠状态。

(二)戒除不良嗜好

1. 戒烟

世界卫生组织和各国科学家做了大量的社会调查和科学试验,证明吸烟对健康有很大的危害。吸烟能诱发和加重多种疾病,降低人体的健康水平,甚至缩短人的生命。

吸烟的危害在于,香烟中所含的大量有毒物质,会伴随吸烟活动进入人体,侵蚀机体的健康。在这些物质中危害最大的是烟碱、烟焦油和微尘,其中烟碱(尼古丁)是神经系统和血液循环系统的杀手,毒性强烈;而烟焦油则与喉癌、口腔癌、食道癌、胃癌特别是肺癌关系密切;一支香烟中有几万粒微尘,而吸入大量的微尘,不断刺激气管的黏膜,就会引发咽喉炎、嗓子变哑、咳嗽和支气管炎等症。人在刚开始吸烟时并不适应,会引起胸闷、恶心、头晕等不适,但如果吸烟时间久了,血液中的尼古丁达到一定浓度,反复刺激大脑并使各器官产生对尼古丁的依赖。

吸烟不仅害己,还会损人。一些不吸烟的人,如果处于烟雾弥漫的场所,会吸入吸烟者喷出的烟雾,称为被动吸烟,危害也很大。

2. 饮酒切忌过量

酒的主要成分是酒精,也称乙醇,是一种有毒物质,如果大量摄入,会毒害人体的一切细胞,对身体产生破坏作用。

人体的神经系统对酒精极为敏感,有些人饮了少量的酒后,会变得"健谈"起来,这就是中枢神经系统功能失调的初期表现。

酒精对心脏危害较大,长期过量饮酒,会使心脏变性,失去正常的弹力而增大。长期饮啤酒的人,心脏扩大最为明显,医学上称为"啤酒心"。酒精还会使血液中的脂肪物质沉淀在血管壁上,使血管变窄,血压升高,增加心脏的负担。

当然,人们在紧张的学习、工作之余,饮少量的酒,对解除学习和工作的疲劳,促进消化液的分泌,增进食欲是有一定作用的,但切忌过量。

(三)劳逸结合

学习时间长,大脑会出现疲劳现象,学习效率下降,视力也受到影响,这时就需要进行休息和调整。最好的方式是采用积极性的休息,如进行体育活动或散步等。每天保证1小时的锻炼时间,能够提高大脑的反应能力,对保持视力健康也具有积极的意义。

第四章 校园体育健身文化建设研究

如今电脑逐渐普及,并且其已经成为大学生生活和学习中的标准配置。但是,很多大学生没有养成良好的使用电脑的习惯。很多学生连续几个小时盯着屏幕看,常会感到眼睛疲劳,有时头痛,甚至会使眼睛聚焦困难,看东西模糊;有的由于长时间玩电脑游戏,不但视力受到很大影响,还使大脑长时间处于紧张状态,导致肠胃功能紊乱而影响健康。

大学生是不折不扣的"晚睡族",其精力充沛,白天被学习所束缚,晚上才会有充足的时间做一些喜欢的事情,因此很多大学生通宵熬夜成了常态。"开夜车"现象常常出现在考试前夕,这样的学生为数不少。很多学生平时不努力学习,到考试前来个突击复习,熬通宵。这样做最大的危害是使人体的生物钟被打乱,导致睡眠不足,影响大脑功能,容易引发失眠和神经衰弱等病症,所以说是不可取的。

(四)运动服装与卫生

在进行体育锻炼时,穿合适的运动服装是非常重要的,并且不同的运动对于服装也会有不同的要求。运动衣要轻便、舒适,夏季以浅色薄运动衣裤为好,冬季在不妨碍运动的前提下,应注意衣服的保暖性。另外,运动服装还应有较强的透气性和吸湿性。还要注意个人的卫生,要勤洗勤换。具体而言应注意以下几个方面的问题。

1. 运动鞋

运动者在选择运动鞋时,应根据自身所从事的运动项目的特点进行选择。很多体育运动都有其专业的运动鞋,如篮球鞋、足球鞋、网球鞋、舞鞋等。这些运动鞋专门针对各个运动项目的特点而设计,能够保证运动锻炼者更好地开展各项体育运动。如果篮球运动者在进行篮球运动锻炼时不穿篮球运动鞋,则在运动时可能很容易滑倒,并且还可能出现脚部的损伤;另外,篮球运动对于鞋子的磨损也较大,一般的鞋子根本无法满足篮球运动的需求,穿普通的鞋子运动时会很容易损坏。

在选择运动鞋时,一定要试穿,确定鞋子的大小与脚的大小相合,如果过大或过小,都会对体育锻炼造成不利影响。另外,运动鞋应有助于透气、排汗,尽量不要选择橡胶运动鞋。运动鞋也不应太重,避免脚部负担过重。

除了挑选合适的运动鞋之外,还应选择专业的运动袜,运动袜应相对较厚,不仅有利于汗液的吸收,还能够缓冲运动过程中的震动。另外,运动袜还能减少脚部摩擦受伤。

2.运动衣

运动衣一般要相对较为宽松,在运动过程中使人感觉较为舒服,并且能够有利于血液的循环,保证人体正常代谢物的排泄。如果运动服紧身,则可能不利于汗液的排泄,还可能造成皮肤的擦伤。另外,紧身的衣物也会对人体的肢体和关节具有一定的束缚作用,不利于运动中各种动作的完成。

在运动中,还应注意及时更换衣服,如在天气较凉时进行运动,排汗量增加时应及时去除外套;在运动之后应及时增加衣服(应及时更换被汗水浸透的衣服)。

需要注意的是,很多人认为,穿不透气的衣服进行体育锻炼能够增加人体的排汗量,从而达到减肥的目的。这是一种错误的观点,这会很容易造成人的脱水和中暑,从而给人体带来一定的伤害。

四、女大学生参与校园体育健身活动的体育卫生与保健

女子经常参加校园体育健身活动,不仅可以促进身体的生长发育,增进健康,提高身体各器官和系统的功能水平,使之能更好地胜任对身体要求较高的工作任务,而且还可以使身体各部分的肌肉得到协调均匀地发展。特别是通过体育健身能使腹肌、腰背肌和骨盆底肌的肌肉力量得到增强,这对于其以后妊娠期的身体健康具有积极的作用。

(一)女子参与体育健身的注意事项

青春发育期后,由于男女少年在身体形态与生理机能及素质方面逐渐出现明显的差别,而且女子从少年开始有月经来潮,因此,在进行体育健身时,必须要考虑到身体的生理特点,因此提出以下几个方面的体育健身要求。

第一,女子心血管、呼吸系统机能较差,对锻炼的强度、时间及负荷量在运动时需要根据其主观感受确定。

第二,女子肩部较窄,臂力较弱,做悬垂、支撑及大幅度摆动动作较为吃力,在学习这些动作时,要注意循序渐进。

第三,女子身体重心较低、平衡能力较强、柔韧性较好,适宜进行健美操及体操等活动。在锻炼中,应注意保持和发展其柔韧性,有意识、有步骤地使她们加强肩带肌、腹肌、腰背肌和骨盆底肌的锻炼。

第四,不宜做过多地从高处跳下的练习,地面不可过硬,并注意落地

姿势,以免使身体受到过分震动,影响盆腔脏器的正常位置及骨盆的正常发育。

第五,通过体育锻炼发展力量、速度和耐力等素质,提高女大学生的健康水平和运动成绩,并且养成长期锻炼的好习惯。

(二)女子月经期的体育卫生

月经是女子正常生理现象,在月经期间,人体一般不出现明显的生理机能变化。因此,月经正常的女子在月经期间,可以参加适当的体育活动,如做广播操、打乒乓球、羽毛球或打排球等活动。通过这些活动,不仅可以改善盆腔的血液循环,减轻盆腔的充血现象,而且运动时腹肌与骨盆底肌的收缩与放松活动对子宫所起的柔和的按摩作用,还有助于经血的排出。此外,丰富多彩的体育活动还可以调节大脑皮层的兴奋和抑制过程,从而减轻全身的不适反应。月经期进行体育锻炼应注意以下几方面的问题。

1. 运动量应相对减少

由于一般人在月经期间身体的反应能力、适应能力和肌肉力量会有所降低,神经调节的准确性及灵活性也有所下降。因此,月经期间运动量的安排要适当减少,活动时间不宜过长。月经期间一般不宜参加比赛,因为比赛时,活动强度较大,精神过于紧张,体力及神经系统都不能适应,易导致卵巢功能失调引起经血过多或月经紊乱。

2. 不宜进行游泳运动

月经期间除应注意经期一般卫生外,还不宜游泳。因为经期子宫内膜脱落后,子宫内形成较大的创面,子宫颈口略为开大,宫腔与阴道口位置对直。此时,人体全身与局部对病菌侵袭的抵抗力下降,游泳时病菌可能侵入内生殖器官,进而引起炎症。此外,月经期间也应避免寒冷刺激,特别是下腹部不应受凉,冷水浴锻炼也应暂停。

3. 不宜进行剧烈运动

月经期间应避免做剧烈的、大强度的或震动大的跑跳动作(如疾跑、跨跳、腾跃、跳高、跳远等),以及使腹内压明显增高的屏气和静力性动作(如推铅球、后倒成桥、收腹、倒立、俯卧撑等),以免子宫受到过大的震动或由于腹内压过于增高而使子宫受压、受推,造成经血过多或引起子宫位置的改变。

4. 不宜进行体育锻炼的女性

对月经紊乱（经量过多、过少或经期不准）以及痛经（经期下腹部疼痛）和患有内生殖器炎症的女生，在经期间应暂停体育活动。

五、学生参与体育健身活动的常见误区

（一）体重越轻越好

很多大学女生认为，体重越轻越好，这是一种错误的观念，应及时进行纠正。现代人以瘦为美，并且瘦身已经成为一种时尚，在这种"时尚"的影响下，减肥成为很多女性日常生活中的重要活动。但是，关于体重，我们应从三方面进行理解。

第一，肥胖有害健康，这是人们普遍认可的。

第二，减肥是要减去体内多余的脂肪。

第三，体重过低不利于人体的健康。

当人体肥胖时，其体内脂肪过多，这会以引起人体的生理和心理的不良变化，对健康形成一定的威胁。当人过于肥胖时，高血压、心脏病、糖尿病等疾病的发病率会增高，并且也更容易患上脂肪肝、内分泌紊乱等疾病。另外，由于现代社会以瘦为美，肥胖会让人产生一定的心理压力，形成一定的心理障碍。因此，如果肥胖，则通过多种手段来减去体内的多余脂肪。

但是，需要注意的是，脂肪组织是人体的重要组成部分，具有多方面的生理功能，如保温作用、保护和固定作用、供给脂肪酸作用、携带脂溶性维生素并促进吸收的作用等。如果处于青春期的女性其体内脂肪含量不足体重的17%时，就很难形成月经初潮，不利于生殖系统的发育以及功能的完善。体重过低还会造成免疫力降低、骨质疏松、女性月经不调等，影响成年人的体质健康。

（二）减肥就是降体重

很多人将减肥和降低体重混为一谈，将两者等同起来，这是一种错误的观念。人体包括50%～60%的水分，15%～30%的脂肪和15%～30%的肌肉和骨骼。减肥是减去体内多余的脂肪，而减重则并不一定是体内脂肪的减少，这是一种不科学的健身方法。竞技运动员为了竞技项目的需要，往往采用减重的方法来符合各个级别的体重标准，或获

得一定的体重优势。

在进行减肥之前,应对自身身体成分进行测量,重点关注体脂的百分比,如果体脂百分比并不高,则不必进行减肥。如果女性体内脂肪低于10%～12%,则可能出现月经紊乱、缺铁性贫血、免疫力降低等问题。

（三）跑步是有氧运动、力量练习是无氧运动

很多人认为跑步、游泳是有氧运动,而力量练习和球类运动是无氧运动,这是一种错误的观点。有氧运动与无氧运动之间的区别并不在于运动的形式,而是在于人体在运动时的能量代谢方式。当人们吸入的氧气能够满足机体在运动时对氧气的需要时,氧气的供应达到了供需平衡,人体的能量代谢方式主要是有氧代谢。如果人体吸入的氧气量并不能满足人们运动的需求时,则人体提供能量的主要方式则转变为无氧代谢——糖、脂肪和蛋白质的分解代谢。

以最简单的跑步运动为例,当人跑的速度较慢时,运动强度相对较小,此时机体的供能方式主要是有氧代谢,则运动也为有氧运动;当跑速较快时,则人体的供能方式主要是无氧代谢,则该运动为无氧运动。因此,我们不能将一项运动简单地归纳为有氧运动与无氧运动,更应该注重其运动的强度。

第四节　阳光体育背景下校园体育文化建设路径探索

一、加强大学生校园健身管理和指导工作

根据调查可知,虽然大学生对健身有较好的认知,对健身活动有一定的兴趣,但是他们的健身意识不稳定,兴趣容易发生转移,实际健身行为不太积极,因此,加强领导,建立并完善校园健身制度和评价体系,统一组织管理和指导工作对大学生校园健身活动的开展显得尤为重要。

强有力的领导班子是推动高校健身文化事业发展的前提,学校可以成立学生健身工作委员会,统一组织和管理学生校园健身活动的开展,使校园各项健身活动有领导、有计划、有组织、有落实。同时,支持学生成立各种健身协会或健身社团,并且为他们的健身活动创造一切有利条件,并提供引导、支持和帮助,使之能顺利开展。

校园健身规章制度是构建校园健身文化的依据。通过制定大学生校

园健身的各项规章制度,建立完整的校园健身活动评价体系。把校园健身活动纳入法制化、规范化、科学化的运行轨道。可在学校相关考核条例中,明确学校各部门在健身活动中的基本职责,把学生的健身活动列入学校各部门每学期的工作计划,并制订出相应的实施方案。建立师生合作监测制度,实时动态地监控学生校园健身活动的开展情况和校园健身文化的发展状况,以最先进、最优秀的文化来促进和引导校园健身活动持续发展。同时要完善各种对学生参加健身活动的评价体系,可以通过改革高校体育课成绩评定办法,将原来单纯的技评、达标、终结性评价体系融入体能素质、参加校园健身活动的态度、表现与团队精神等多维内容,以此来提高大学生的校园健身实效。

认真做好大学生健身活动的组织与指导工作。充分发挥高校体育教师团队的专业特长,帮助学生根据自己的具体情况(身体素质、兴趣爱好、时间地点等)确定健身锻炼目标,选择好健身项目、方式和手段,制订好适合自身的健身计划,并付诸实施。建立健身项目现场辅导站和网络指导站,安排学校体育老师帮助学生调整健身计划,对健身活动中出现的各种情况进行科学的分析、指导、帮助,不断强化学生参与健身活动的兴趣,促使其坚持参加健身锻炼,同时也能够吸引更多的人参与其中。

二、积极改善高校校园体育健身环境

当前,高校体育健身资源总的来说较缺乏,满足不了大学生对体育健身的需求。从心理学上讲,当大学生已经认识到了健身的意义和作用,对健身产生了较浓厚的兴趣时,他们的健身意识就会处于自觉活跃状态,就会主动利用校园健身资源来满足自己的健身愿望。如果这时学校的健身资源不能满足学生的健身锻炼需要,那么他们健身的主动性将逐渐消退,健身的实效也将大打折扣。调查结果表明,大多数学生都愿意在校园里参加健身锻炼,学校健身资源的短缺,会直接影响到大学生参加健身锻炼的意愿。因此,高校应结合现有条件充分挖掘本校体育健身资源潜力,为大学生开展体育健身活动创造条件。

要争取学校领导对校园健身文化建设的高度重视,为校园健身文化建设提供领导和为体育健身基本建设投入经费。积极改善高校的体育健身设施状况,扩大体育健身活动设施占地面积,建设小型多样的健身场所,增添必要的现代体育健身设施。还可以购置一些健身器材摆放在校园操场上,让学生自取、自用、自放,并提供多种学生感兴趣的健身项目,如攀岩、户外运动、野外生存等项目,来激发学生参与健身的热情,真正把

第四章　校园体育健身文化建设研究

"让"学生健身锻炼变成学生我"要"健身锻炼的现实。

体育教师团队是构建和完善校园健身文化的重要保障。学校体育教师要在不断提高自身业务水平能力的同时，也要注重调整转变知识结构、不断增强知识创新意识，使自身所储备的体育健身内容、方法、手段能满足大学生校园健身需要。同时，要不断深化高校体育课程改革，在认真完成国家规定的课程方案的前提下，积极开发以健身教育为重点的公共选修课程，编写一些有本校特色的健身教育校内教材，向学生传授体育健身知识和方法，逐步形成和完善学校健身教育特色课程和健身教育的课程体系。另外，高校体育课和课外活动时间是学生开展健身活动的主渠道，要充分利用"三课两操"时间开展健身游戏、健身体操和健身舞蹈等系列活动，让学生在活动中学会健身，在健身中丰富文化，并养成健身的良好习惯。

三、努力营造良好的高校校园健身文化氛围

（一）健身文化活动要丰富多样

丰富多样的健身文化活动是构建校园健身文化的核心。学校通过开展"校园健身文化系列活动"，能够加强校园健身文化宣传教育力度，使文化与健身呈现良性互动，这样既可以让大学生对健身文化有一个直接的感性认识和良好的情感体验，也能够让他们进一步了解健身的意义、目的、价值和方法，树立正确的健身观，从而提高大学生的创新能力和艺术欣赏水平。

（二）定期举办校园"健身节"

"健身节"的活动形式可以多样化，既包含健身表演、健身比赛、健身文化宣传教育等，也可以开展一些体育讲座、演讲等。"健身节"不仅要开展各种有趣的健身活动，还要让学生在健身趣味活动中感受到健身锻炼的快乐，并为他们提供一个展示自我和发现自我的平台。另外，还可以利用"健身节"开幕式、闭幕式等大型活动让全校学生和老师参加，也让外校师生参加，这样既是全面地展示学校的健身文化生活的一个机会，更是对外宣传学校的一个窗口，通过宣传会让社会更多地了解学校，使校园健身文化形成一定的社会效应。

（三）改革校运会

为了让学生适应日益增长的校园健身文化需求，可以把运动竞赛为主的校运会转变为融健身、竞技、娱乐、艺术、文化活动为一体的现代体育活动。项目编排可结合学生的兴趣、民族特色、地方特色和传统特色开设一些新的健身体育项目和表演项目，如广播体操、健美操、狮舞、龙灯舞、滚桶、多人多足、毽球等。把现代文化与民族文化、地方文化和传统文化相互交融，使校运会充满文化气息，丰富和促进校园健身文化的发展。

（四）渲染氛围

氛围渲染是校园健身文化发展的必要条件。积极开展以校园健身为主题的各种形式的比赛活动，如"美在健身"绘画比赛、"健身诗歌"征集比赛和"在健身锻炼中成长"征文比赛等。通过比赛活动，让学生把参加健身活动中的精彩瞬间、感人场面和自己在健身活动中的经历、感悟等描绘成画，编织成诗，撰写成文来提升学生对校园健身文化的认识，营造浓厚的校园健身文化氛围。另外，要充分运用学校的网络、报纸、广播和板报等媒体，有目的、有计划地开展宣传活动，提高大学生对健身的认识，树立正确的健身观。另外，可以邀请奥运会获奖运动员来校做报告或讲座等，宣传奥运健儿顽强拼搏的精神，让学生进一步了解奥运精神，并将奥运精神转化为参与健身锻炼的推动力，以实际行动投身到校园健身文化建设中，为构建和谐校园做贡献。

第五章　校园竞技体育文化建设研究

竞技体育文化作为一种文化现象,在现代社会给人们的生活和工作带来了重要影响,而其在传入学校后,成为校园体育文化的重要组成部分,对学校体育的发展及学生的成长也产生了重大的影响。科学建设校园竞技体育文化,可推动竞技体育积极作用的发挥和校园体育文化体系的健全与完善。本章主要就校园竞技体育文化建设进行研究,主要内容包括竞技体育文化概论、校园竞技活动与育人、我国高校体育竞技人才培养现状及模式构建以及学校竞技体育与校园体育文化在多层面上的互动发展。

第一节　竞技体育文化概论

一、竞技体育

（一）竞技体育的概念

竞技体育指的是运动员以比赛竞争为基本手段,以满足人们审美享受及刺激等需要开展的社会实践。

（二）竞技体育的分类

1. 非正规竞技体育

非正规竞技体育是指运动参加者为达到娱乐休闲目的而进行的带有健身性和游戏性特点的身体活动。尽管这些活动属于非正规的竞技体育,但是与竞技体育相同的是,非正规竞技体育也需要在运动规则的指导下开展,只是这种规则没有竞技体育那样严苛,比较随意,具有临时性。

非正规竞技体育的组织比较松散,运动进行时甚至有时不设裁判员,由双方共同协商处理场上的争议问题。这种运动几乎没有任何功利目的,参与运动的人也不是为了达到一个多么高的技术水平。一般学校班级间的非正式比赛、社区组织的竞赛、大众体育中的初级竞赛活动等都属于非正规竞技体育。

2. 组织化竞技体育

组织化竞技体育的特征为其拥有一个基本的管理组织,为了能够使比赛双方在一个公平的环境下争夺"利益",于是它有正规的球队、团体和竞赛活动章程、规则,以及有关的组织体系,并提供运动设施、管理人员,在有争议时可以出面仲裁,还为参加者提供训练和比赛的资格和机会,对参加者的合法权益加以维护。这类竞技体育组织一般包括各国各地区体育协会、职业俱乐部、体育运动青年会、大学球队等。

3. 商业化竞技体育

商业化竞技体育融合了非正规竞技体育与组织化竞技体育的某些要素,但其更多地被笼罩于某种商业目的或企业文化目的之下,因此使竞技体育中增添了许多商业活动和商业行为,甚至是一种强权政治的延伸。这种竞技体育具有高度组织化的特征,参与者被分割成对立的利益群体。

二、竞技体育文化

(一)竞技体育文化的含义

作为体育文化的重要组成部分,竞技体育文化是奥林匹克运动的核心范畴,包含人本和谐、人与自然的和谐、人与人的和谐和国际社会关系的和谐等内容;体现出公平正义、充满活力和积极乐观向上的拼搏精神。

(二)竞技体育文化的特征

1. 规则性

竞技体育文化具有规则性特征,主要表现为运动员在比赛进行时要受到各种规则的约束。通常运动员在比赛开始前要了解运动规则,否则就不能对这种特殊游戏的运动进程有所把握。这是物对人的制约,也是主体之间的相互制约。体育竞赛是一场"没有硝烟的战争",它能将人们心底深处的竞争欲望通过运动的形式表现和宣泄出来,但同时在此过程中又要受到规则的限制,以保证运动过程的公平。

实际上,竞技体育活动主体的规则性是自我约束机制的产物,是体育不同于其他活动方式的准则,也是体育文化内部多种形态的基础。否则,体育运动就不可能呈现出现在这样的文化形态。

2. 互动性

竞技体育文化与体育文化在很多方面都存在共同点。例如,对于体育文化来说,体育文化是在人与自然,人与人关系的过程中的行为意识、行为方式、行为准则的积淀,这种积淀只有在活动的主体,即人与人在特定条件下的互动中才可以实现。竞技体育同样也是如此。

竞技体育活动主体的互动表现在许多方面,如在集体项目中运动员之间的互动;运动员与观众的互动;观众与观众之间的互动;运动员协会与球迷协会之间的互动等。在各方互动下,时常会出现一定的角色冲突。另外,金牌战略、举国体制、职业化等也是这种互动下的社会适应。在一些体育活动中,活动内容之间的互动使它们在形态上相似而使迁移有了某种可能,可以说是活动的主体在其互动过程中对活动内容认识后的结果。不同的运动形态有其项群特征,表现出一定的相似性,如篮球与橄榄球运动方式之间的关系、橄榄球和足球的关系、乒乓球与网球"同宗同源"的关系就体现了这种特点。

3. 选择性

竞技体育文化还具有选择性特征,这主要表现在竞技体育活动主体的选择活动。竞技体育活动的主体在选择上,实际上是人与体育活动双向选择的过程和结果,不同的社会角色从事体育活动有其选择,从另一个角度来说是活动内容对不同角色的选择。这种选择是以活动内容、活动主体和社会角色等为依据而确定的。通常情况下,一般大众很少能接触到诸如高尔夫球或一级方程式赛车等运动,这主要是因为参与这些运动的准备条件较多,一般大众很少能担负起构建这些条件的资金。

由于竞技体育活动主体角色的特殊性,竞技体育活动内容的选择性既取决于内容本身,也取决于主体角色,竞技体育运动员选择的活动内容在形式上体现出高度的专门性,当然有些运动员也具有全面地参与其他运动项目的能力,如飞人乔丹既是篮球高手,同时也是棒球高手。不过这种"兼容"更多地出现在同类运动当中,如有的田径运动员主攻短跑项目,但同时兼顾参加跳远项目等。

在确定竞技体育活动的主体、内容后,与之相适应的是活动方式的选择性。需要指出的是,尽管可能会出现不同社会角色进行同一活动内容,但是活动方式在数量和质量上仍然具有明显差异。对于球类运动而言，运动员的活动方式与大学生参与的体育运动完全不同，尽管大学生参与的体育运动也有一定的竞争、竞技性成分，但是反映这些竞争性、竞技性的方式与过程却是不同的，这与竞技体育运动之间存在明显的差别。

（三）竞技体育文化发展的意义

1. 竞技体育文化对人本和谐的构建

人自身多种功能的协调与良好融合是人本和谐的主要表现，如人的身体健康、心理状态良好、社会适应能力较强，具有正确的人生观、价值观和世界观。此外，人与自然、社会的和谐也是人本和谐的内容。

竞技体育文化对人本和谐的塑造主要体现追求人身心发展的一致性上。其实早在几千年前的古希腊人的思想中就已经存在这种理念了，考古学家曾经在希腊一处峭壁上发现了一句古老的希腊格言："如果你想强壮，跑步吧！如果你想健美，跑步吧！如果你想聪明，跑步吧！"可见古希腊人对体育的热爱以及他们很早就充分认识到健全的精神寓于健全的体魄之中，而且这种对体育运动的意愿远不仅仅是热爱那么简单，他们甚至早已将这种理念融入民族的血液之中并一直流传下来。

时至近代，现代奥林匹克运动之父顾拜旦在其著名的《体育颂》中热情洋溢地礼赞："啊，体育，你就是美丽！你塑造的人体，变得高尚还是卑鄙，要看它是被可耻的欲望引向堕落，还是由健康的力量悉心培育。没有匀称协调，便谈不上什么美丽。你的作用无与伦比，可使二者和谐统一。"顾拜旦以诗一般的语言肯定了竞技体育既塑造美丽的人体，也塑造美丽的心灵，并使二者达到和谐统一。

另外，《奥林匹克宪章》也进一步解读了竞技体育的人本和谐的含义："奥林匹克主义是将身、心和精神方面的各种品质均衡地结合起来，并使之得到提高的一种人生哲学。"这段话反映出奥运会将对完整而健康的"人"的塑造，促使人们具有健全的心理素质和良好的社会公德，培养全面发展的人看作是竞技体育的精神实质。《奥林匹克宪章》认为如果一名没有良好品德的运动员即便得到再好的名次，也不能得到他人的尊重和敬仰。这就从侧面说明了竞技体育并不仅仅是想要得到在某项运动中拥有登峰造极水平的运动员那么单一和纯粹，它还需要运动员拥有与这种运动水平相匹配的素质。

2. 竞技体育文化对人与自然和谐的构建

人类社会要想平稳、快速地发展，就必须对人与自然之间的关系予以

第五章　校园竞技体育文化建设研究

重视,促进人与自然的和谐发展。人与自然的和谐是指既关注人类,又关注自然,实现人与自然携手,生物与非生物共进,过去与现在统一,现在与未来的对话,时间与空间协调。竞技体育与人类任何活动一样,必须依附于一定的自然环境,否则,它就无法存在和发展。竞技体育的可持续性发展离不开对自然环境的利用,同时也要在发展的同时保护自然环境,二者必须协调统一。

关于人与自然和谐发展的重要性,近年来已经有越来越多的人认识到在体育发展与保护自然环境中寻找平衡点非常重要且紧迫。我国成功举办北京奥运会后,"绿色奥运"的理念深入人心,对人与自然的和谐发展起到了重要的宣传与推动作用。现代竞技体育中蕴含的"绿色"理念的深层含义在于体育与自然环境的共生与相互关怀,在于体育在促进人与自然环境的和谐发展中所起的重要作用,体现的是人类在竞技体育中对大自然的关怀与人道主义精神。从这一层面上说,竞技体育文化中所蕴藏和弘扬的"绿色体育""绿色奥运"等理念在很大程度上促进了人与自然的和谐发展。

3. 竞技体育文化对人际关系的构建

人际关系的和谐包括主要是人与人之间处于一种公平、公正的关系中,是在这种关系中每个人享有的权利与义务相同,没有人可以获得特殊化的对待,而且在整体上没有根本性的利益冲突,即便个体之间难免发生某种冲突,在经过沟通和交流后仍旧能达到相互激励、相互促进的人际互动的社会构想。

竞技体育能够顺利发展,根本在于尊重客观和奉行公平、公正的原则,公平捍卫了体育竞赛的秩序与和谐,公平、公正的原则要求竞赛各方在规则面前人人平等。在这一原则下,人或国家的权势和财富被摒弃在竞赛场之外,在场上对阵的双方不论国籍、社会地位和财产,运动员们只以他们的体力和技能参与角逐,比赛判定胜负的唯一标准是运动员在运动场上的成绩。正如《体育颂》中对体育的赞颂:"啊,体育,你就是正义!你体现了在生活中追求不到的公平合理,……取得成功的关键,只能是体力与精神融为一体。"这说明了竞技体育中的人与人之间的平等与和谐的关系。在竞技体育中,利益的分配有章可循有则可依,竞技场上的竞争异常激烈,但都是在一个相对公平的环境下进行的,可以说没有任何一个场合能与之相比。因此说,竞技体育中蕴藏的这种文化内涵对构建人与人之间的和谐具有重要的影响和作用。如果违背了这种规则,那么竞技体育将会停滞不前,甚至会倒退,如 20 世纪 80 年代,兴奋剂大量使用在运动员身上,除此之外,政治对体育的影响使许多国家抵制在那个年代举办的奥运会等。这些打破和谐的因素无疑会制约竞技体育的发展。

4.竞技体育文化对国际社会关系和谐的构建

古希腊时期举办的奥运会富有非常丰富的文化特点,奥运会是祭祀活动的一个组成部分。因此,为了保持奥运会的神圣感,古希腊各城邦通过协调约定了在奥运会举办期间任何城邦不能发动战争,这就是所谓的"神圣休战"约定。通过这项约定可以看出竞技体育的古老渊源中已经开始显现出了各个政治主体之间和平、友好的基因,至少是拥有这种基因的趋势和意识。在文明社会里,竞技体育可以以有效而安全的方式转移和宣泄人本性中的暴力和攻击性的本能。竞技体育运动中蕴藏的丰富文化内涵,不仅将攻击性引向有益渠道,而且促进各个国家相互了解,促进民族文化相互交流,促进人类和谐共处。

第二节 校园竞技活动与育人

一、运动教学育人

运动教学育人是把与运动教学有关育人的理论寓于运动教学过程中的竞技教育。运动教学育人不是一个孤立的教育过程。在传统运动教学中,往往只重视技术教学,忽视育人,这不利于培养有运动个性的、全面发展的运动人才。

(一)转变教学思想

1.教学中心由技术转向人

传统的运动教学以提高运动技术水平为中心,虽然培养了一批竞技水平高的运动后备人才,但是,这些后备人才的综合素质并不高。当前,国内教育改革提出了从以知识为中心向以人为中心转变的教学思想;教育方式也从"应试教育"向"素质教育"转变。因此,竞技教育的教学思想也必须从以提高运动技术水平为中心,向以促进全面发展为中心转变。把提高运动技术水平,作为促进人的全面发展的载体,努力让学生处理好学会做人与学好技术的关系,这是一项重大的课题。需要注意的是,强调运动教学"以人为本",并非忽略运动知识技能的教学,而是强调在运动技术教学中要潜移默化地教育人,这一点非常重要。

2. 教学的主要矛盾由"教"转向"学"

传统运动教学中,教师如何"教"一直都是一个十分重要的问题,但却很少研究学生"学"的问题。这直接制约了运动教学的发展和学生的全面发展。若教得好,学得也好,运动教学的效果会更好;如果教得不理想,学得好,尚可理解;反之,是不可取的。所以,"学"是运动教学的主要矛盾。当前国内教育改革提出,让学生"学会学习"(培养学生获取知识的能力比单纯传递知识更重要)、"学会做人"和"学会做事"的呼声越来越高。因此,在运动教学过程中,教师应"教会"运动员如何学习、做事、做人,学生应"学会"如何学习、做事、做人,这是我国竞技人才后备队伍从"体能型"向"智体型"转变的重要措施。

(二)运动教学育人的内容体系

运动教学育人的内容体系包括理性育人和兴趣育人。

1. 理性育人

运动教学的理性育人是指把传授运动理性知识与育人相结合的教育方式。以往的运动教学突出了运动技能的实践教学,忽略将其与运动专业的理论及提高运动员做人素质的教育有机地结合起来进行多方位的育人。

运动教学的理论教学改革,首先,要把专项的人文教育与实践教学结合起来。例如,足球专项理论教学要讲巴西贝利做人的情怀和中国容志行的人文精神;排球要讲中国"女排精神";乒乓球和体操要讲中国乒乓球队和中国体操队制胜的人文精神,以此教育学生学会做人、学会竞技。

其次,在重视专项运动理论教学的同时,还要加强对学生运动队伍基本素质的教育,包括政治素质、文化素质、身心素质和就业素质等。提高其基本素质可以为其今后"做人、竞技、就业"打好基础。

2. 兴趣育人

运动教学的兴趣育人是指在运动教学中,把培养学生的学习兴趣与掌握技术有机结合起来进行育人的方式。青少年后备人才高超的运动技术是在枯燥的教学与训练中千锤百炼而形成的。所以,在长期的、艰苦的运动教学中培养学生的学习兴趣十分重要。如果学生在没有兴趣的条件下完全靠毅力来学习是很难的。在兴趣的驱使下,即使学习起来有困难,也能坚持完成。因为毅力受辖于"超我",要靠外在的要求支配内在力量,它需要调动相当大的心理能量来维持。所以,毅力的生成和维系都是较困难的。然而,兴趣受辖于"本我",是带有一种自然和原始色彩的内在力量,故有强烈的冲动性以及亟待满足的驱动性。因而,兴趣对于完成一项工作比毅力有着更大的爆发力和推动作用。然而,兴趣正因其源头是人的内部心理需求,所以,断了源就没有能量了,而毅力因源头是人们的外在的心理需求,可不断从外部输入能量,因此毅力比兴趣的持续性更大。这也是人们为什么会重毅力而忽略兴趣的主要原因。但是,值得我们注意的是,当兴趣处于持续不间断的状态时,兴趣对成功的贡献要远远超过毅力。因为毅力是"苦在其中",兴趣是"乐在其中"。因此,在运动教学中,在培养学生毅力的同时,要注重培养学生的学习兴趣。

(三)运动教学育人的方法

运动教学的育人法是在教学过程中,教练员潜移默化地把教技术和育人有机结合起来的育人方法。其特点是把授技和育人结合起来,即把运动技术教学作为育人的载体。运动教学的育人法主要有以下两种。

1. 讨论法

教学课后,师生通过讨论有关教学中遇到的问题,让学生充分发表自己的意见,培养其民主意识。这样,真正把教技术和育人结合起来,以此克服以往"空洞"的政治说教的不足。运用讨论法时需注意以下两点。

首先,在讨论前,教师应有准备,要积极引导学生发表个人意见,同时也应正确对待他人的不同意见,使讨论能够在民主和谐的气氛中进行,从而培养师生的民主意识。

其次,在讨论后,教师要有小结,要肯定正确的意见,引导不足的地方,使以后的讨论能够在和谐的氛围中进行。

2. 互助法

互助法是教师主动为学生设计的通过他们之间相互帮助才能完成动作的学习方法。其方法既有利于纠正错误动作和完成高难度动作,又有利于培养学生团结协作的意识。运用互助法应注意以下两个问题。

第一,要把握好时机。

第二,注意安全。通过帮助保护完成高难技术动作,要十分注意避免伤害事故的发生。

二、运动训练育人

运动训练育人是将与运动训练有关的育人理论和措施寓于训练全过

程中的竞技教育。过去,人们认为提高运动成绩是运动训练的核心,这个观点比较片面。提高运动技术水平和运动成绩是在运动训练过程中产生的现象,而真正决定二者提高的是从事运动的人的发展。如果人的综合素质得到提高了,那么其运动成绩才有可能得到长期、稳定的提高。因此,在运动训练过程中,对待育人与授技应一视同仁,不能偏重一方而忽视另一方。

(一)运动训练育人的特点

运动训练中的育人既与过去的政治说教不同,也不能与德育完全等同,其有自身的特点。

1. 寓教于训

运动训练的育人过程不是一个完全独立的过程,它是将做人的教育寓于运动训练整个过程之中的潜移默化的教育活动。

2. 民主育人

现代运动训练绝不像过去那样把运动员视为单向接受运动刺激的客体。科学、民主的运动训练倡导教练员和运动员双向交流、坦诚相见、共同解决问题。

3. 管教结合

许多高水平的教练员认为,运动队育人的主要特征是半军事化的管理和民主教育方式的结合。因为运动训练长期而艰苦,这就决定了必须采取严格的、管教结合的方式来育人。

(二)运动训练育人的内容

1. 教练员的自我完善

高水平的教练员主要有两种类型,一是智能型的,如国家游泳队的教练员不但文化层次高,专业理论水平和思想境界也较高,更重要的是他们有深刻认识自己、正确认识队员以及自我完善的能力。二是体能型的,这种类型的教练员、文化水准较低,但有着很强的运动技能和技战术训练指导能力。然而,因为文化程度所限,他们的自我认识、自我改造能力受到了限制。但这部分人往往在还没有完全能解放自己的前提下,就想"高超"地解放别人,这是很难的。因此,要提高运动队伍的整体水平,需努力提高教练员的文化水准和专业素质以及思想道德素质,以便其不断认识自己、改造自己、完善自己,进而对高素质的运动员进行培养。实践证明,一个高水平的教练员必须要具备能力本位的意识、育苗意识、言传身教意识、创新意识四种意识。

2. 运动员的自我完善

运动员自我完善的核心是在自我认识的基础上进行自我完善。自我认识包括对自身自然属性和社会属性的认识。人虽然是自然界大家族的成员,但最遗憾的是,近代人类误用理性,盲目地运用科学技术改造自然、破坏自然,去满足自己无限制的物欲。结果,由于环境污染、生态平衡的破坏等,人类自身也遭到了破坏。于是,现代人开始限制向自然索取资源和破坏自然的速度,以求社会沿着健康、持续、稳定的"绿色之路"发展。目前,国内外许多优秀运动员虽然在少儿时期通过大量运动训练,运动成绩很快得到了提高,但是,因为他们发育尚未成熟的器官长期过早地受到过于强烈的大负荷刺激,而导致他们早衰。

运动员对自身社会属性的认识,主要是指他们要充分认识人的本质是一切社会关系的总和。具体说,人是自然与社会、心理与文化的统一。运动员不是生存在真空中或独立于运动场中的"特殊公民",而是生活在社会群体中的个体。人通过"文化"体现了他的本质,与动物有了区别。因此,生活在社会群体中的个体必须要通过文化改变人,并以各种措施对各种人际关系进行协调,以促进个体和整体生存和发展环境的优化。这是决定运动员发展的一个重要环节。

第三节 我国高校体育竞技人才培养现状及模式构建

一、我国高校竞技体育人才培养的现状及问题

当前,我国各地高校在建设高水平运动队过程中普遍遇到了生源问题、教练员问题、经费问题和学训矛盾问题等一系列问题,这与办队的目标密切相关。各个高校对于问题的解决采取了不同的有一定针对性的策略,但是都没有从全局思考,导致问题没能彻底解决,反而引发了新的问题。在宏观层次上,由于时代的局限性,"体教结合"的发展并没有按部就班地进行,因为当前我国高校竞技体育目标直指国内外大赛,存在人本主义的偏离倾向,逐渐形成了"竞教结合"的发展状态;在中微观层次,人们依赖政策解释来缓解制度矛盾,而不是通过法律条例来对制度规范

体系进行建立,所以导致问题迟迟得不到解决。

具体来说,我国高校竞技体育人才培养的现状与问题主要表现在以下几个方面。

(一)生源问题突出,制约高校竞技体育人才培养工作的开展

经过调查与研究发现,生源不足已成为制约高校竞技体育可持续发展的一个主要因素。当前我国高校的竞技体育人才来源主要有以下几个方面。

(1)省专业队退役的资历较深、运动水平一般的老运动员。
(2)无法进入一线运动员队伍的市体校二级运动员。
(3)从体育传统校中选拔出来的、具有体育天赋的青少年运动员。
(4)在大学生体育日常教学及各类业余体育比赛中挑选出来的、具有项目优势的尖子生等。

在培养竞技体育人才方面,我国常用的方法是建立"一条龙"培养模式,即运动员从小学开始就经过比较基础的业余训练,有运动天赋的学生运动员经过小学直接进入中学,再到大学进行更高水平的专业体育训练。但当前我国现行的体育管理体制,逐渐显露出我国原有三级训练体制的弊端,学校越来越重视文化知识的学习,参与课余体育锻炼的青少年学生越来越少,再加上体育教师及教练员的业务水平相对偏低、体育经费相对不足等问题,导致很多有天赋的体育苗子身体素质整体偏差或缺乏体育兴趣,从而严重影响了更高一级学校的生源问题;导致高校竞技体育人才身体素质参差不齐,对我国高校竞技体育人才培养工作的可持续发展造成了严重的影响。

(二)训练经费不足,对高校竞技体育人才向更高水平发展造成了困扰

高校竞技体育的可持续发展需要充足的训练经费作保障,我国教育系统的经费总体相对偏少,对体育的投入更是寥寥无几。我国高校竞技体育人才培养的经费来源主要有以下几个方面。

(1)训练经费的直接来源是学校拨款,但拨款只能维持日常训练。
(2)学校通过与相关企业合作,获得部分赞助费用,用于支撑日常的训练比赛工作。
(3)有些学校由于训练经费不足,很多体育活动根本无法举行,只能依靠体育教师、教练员自筹经费,从而使高校竞技体育人才培养工作的质量和人才的可持续发展受到了制约。

(三)学训矛盾突出,对高校竞技体育人才培养工作的顺利进行产生不利影响

学习是学生的主要任务,在高校培养竞技体育人才,就意味着学生运动员面临着双重任务,学生既要完成教学大纲规定的与专业相关的文化课知识的学习,又要完成教练制定的训练计划,很少有休息时间,压力很大,学习与训练无法兼顾,从而影响了学生的成才之路,学训矛盾凸显,不容乐观。很多高校在选拔竞技体育人才时,过分注重运动员的运动成绩,它们更在意的是运动员能在各种高水平的体育竞赛中脱颖而出,而忽视了运动员的文化课学习。此外,高校相当一部分教练员毕业于师范类院校,缺乏专业的理论知识与实践训练经验,制定的训练计划往往不能与运动员的实际水平相匹配,运动训练方法手段一成不变,使很多运动水平较高的运动员开始对训练产生厌恶情绪,预期训练计划难以完成,也难以提高运动员的竞技水平。

(四)教练员执教水平低下,制约高校竞技体育人才培养质量的提高

教练员是竞技体育运动的组织者及训练计划的制定者,在人才培养方面发挥着举足轻重的作用,执教水平高的教练员有利于促进我国高校竞技体育运动的发展。负责我国高校竞技体育人才培养工作的教练员大部分是本校的体育教师,他们大部分都是从体育院(系)校毕业后直接进入学校当体育教师,还有少部分是退役后的运动员,从事训练相关工作。体育教师的主要任务是进行体育教学,大部分高校负责竞技体育人才培养工作的教练员是由体育教师兼任,体育教师的工作繁重,除了每周进行大量的体育教学之外,还要制订相应的训练计划,在竞技体育人才培养工作中投入的精力很少,从而对高校竞技体育人才的培养质量产生了直接的影响。高校体育教学工作缺乏对外的交流学习,使很多体育教师缺乏实际的运动训练经验,无法掌握前沿的训练方法手段,因此,执教水平停滞不前,使很多具有运动天赋的运动员得不到高水平教练员的进一步指导,运动成绩难以提高。高水平教练员对促进我国高校竞技体育的长足发展至关重要,因此必须想办法提高现有教练员的整体水平和综合素质。

(五)竞赛机制不健全,限制了高校竞技体育人才向更高层次培养

运动竞赛是检验运动训练成果的一个主要方法,而且是提高竞技运动水平的重要途径。目前,我国竞赛机制还不够完善,不同层次、不同运动水平的竞赛普遍较少,竞技运动训练的需要难以满足。特别是高水平的运动竞赛,更有利于高校教练员了解当前最新的训练方法手段,对不适合运动员的训练方法适时做出调整,改变一成不变的、枯燥的训练方法手段,从而为训练注入新的活力,提高运动员训练的积极性。同时,经常参加高水平的运动竞赛,更有利于提高教练员的实战经验,并根据运动员的性格特点及每名运动员所具有的项目优势做出自己的判断。但是,我国现有的高校竞赛制度尚不健全,特别是高水平的运动竞赛,对高水平竞赛缺乏统一的规范化管理,教练员不能根据运动员参与大型比赛的情况,及时调整训练的不利因素。高校运动员除参加每四年一次的全国大学生运动会及省运会规模较大外,参加其他水平较高的运动会很少。另外,不同竞技运动水平的高校学生运动员待遇基本相同,水平较高的学生运动员待遇得不到提高,导致运动员训练热情下降,从而严重影响了其成才。

二、构建高校竞技体育人才培养新模式,推动我国竞技体育人才培养

(一)高校竞技体育人才培养新模式构建的指导思想

1. 以人为本

培养优秀的体育人才,以人为本是根本保障,它与目前我国高校发展的科学化走向以及学生运动员发展的主体化和个性化趋势是相符的。只有坚持以人为本的科学发展观,从培养理念、培养目标和培养途径等全方位实现创新,高校的体育人才培养才能取得良好的效果。培养我国高校竞技体育人才,贯彻以人为本,需要注意以下两点内容。

首先,要把人才的成长放在首位,彻底解决只为提升运动成绩而忽视文化教育的现象,充分挖掘优秀学生运动员的各种潜力,尽可能满足运动员成长所需的环境,为运动员实现综合文化素质的协调发展和社会适应能力的最大化而努力。

其次,要做到加强实践育人,提高学生运动员思想政治教育工作的针对性和实效性,重视他们的全面发展,增强其自信心,满足其成长需要,实现人人成才的目标。

2. 人才需求多元化

随着市场经济的不断发展,社会对人才的价值期望和需求结构也发生了巨大的变化,社会各部门对人才需求呈现多样化的趋势,这就需要人才培养模式也要多元化。高校单一化的人才培养目标早已不能适应社会发展的需要,与多样化的社会需求之间存在着矛盾;为适应社会对人才的多元化需求,高校必须在培养专才的同时,也注重培养复合型人才。所以,我国高校竞技体育人才的培养需要多元化主体的共同参与,如体育部门、学校、企业、社区、俱乐部等主体。

3. 与时俱进

时代的发展召唤着高校要尽快将社会需要的高技能、高素质人才培养出来。我国高校竞技体育人才培养模式的教育理念应紧跟时代的发展,围绕培养对象、培养目标和培养途径等核心问题不断创新高技能人才培养教育理念。我国高校竞技体育人才培养模式也应与时俱进,培养出三高型竞技体育人才——"高文化、高修养、高技能"。

4. 注重运动员职业生涯发展

在运动员的一生中,运动员只是他们在某个发展阶段的身份,其退役后的去向及发展同样会影响他们的人生。但在我国高校竞技体育人才培养的现实中,更多的是将运动员获得的奖牌数作为衡量学生运动员及其培养单位是否优秀的标准。而对于学生运动员退役后的职业生涯发展并没有过多地关注,以至于他们在退役后从事其他职业的机会较少,这必会制约我国高校竞技体育人才的可持续发展。因此,高校在对学生运动员进行专业技能训练的同时,还要着眼于运动员的未来,要有能够促进运动员长远发展的运作机制,即不断建立并完善相应的服务机制,帮助学生运动员对专业训练与文化知识学习之间的关系进行正确处理,从而将学训矛盾解决好,为运动员退役后的发展做准备。

(二)高校竞技体育人才培养新模式构建的要素

1. 培养理念

高校竞技体育人才的培养理念包括以人为本理念、全面发展理念和人文、科学、创新相统一的理念。我国高校竞技体育人才培养理念包括两个层面的教育理念,即中观(培养主体)层面与微观(运动队、运动员个体)层面,这些理念也就是培养主体关于人才培养的本质特征、目标价值、职能任务和活动原则等的理性认识,及对人才培养的理想追求和所形成的各种具体的教育观念。人才培养理念旨在对"高校中的竞技体育人才应该是怎样的及应该如何培养"等问题予以回答。

2. 培养目标

培养目标是人才培养的标准和要求,是人才培养模式构建的核心,对人才培养活动具有调控、规范和导向作用。高校竞技体育人才的培养可朝着以下两个方向的目标发展。

(1)确立全面发展的人才培养目标

衡量优秀运动员的素质及水平时,是否拥有高水平运动能力或取得出色的运动成绩并不是唯一标准,还要看其是否拥有较高的文化素质和完美的修养和人格。在我国高校竞技体育人才培养过程中,运动员除了要进行运动训练以使自己拥有高水平运动技能之外,还必须同时接受文化素质教育,以使最终培养出的体育人才既具有高水平的运动技能,又具有良好的科学文化素质和人文素养。在运动员的就业指导上坚持"授人以渔,而非授人以鱼",使他们能够在运动生涯结束后在其他领域发挥自己的价值,获得良好的发展。

(2)确立多渠道、多样化的多元人才培养目标

在政府支持、学校领导重视的情况下,我国高校竞技体育人才培养的运作机制得以顺利实施,但无法真正发挥社会体育资源的作用和价值。随着我国市场经济体制的逐步完善以及高校竞技体育的发展,必须打破较为单一的人才培养方式。近几年,"清华模式""北理工模式""南体模式"等的成功范例证实了我国高校多样化、多元化培养竞技体育人才的可行性。除了体育部门和企业与高校联合培养竞技体育人才之外,体育俱乐部可以看作是立于学校体育教育基础上的青少年体育运动发展的初级阶段,通过与高校的密切合作,可为高校的体育人才提供各种机会,让他们参与一切体育健身活动。我国广泛开展社区体育活动为体育运动的普及打下了良好的基础,同时也为高校运动员的发展提供了优质的"土壤"。因此,我国应采用多种渠道,综合高校、企业、俱乐部、社区等多种机构的优势资源来培养高校竞技体育人才。

3. 培养过程

培养过程是培养理念的重要组成部分,是实现培养目标的过程,是为实现一定的人才培养目标而实施的一系列人才培养活动的过程。具体来说,培养过程就是培养方式与培养措施的有机结合。高校竞技体育人才的培养过程是为实现竞技体育人才培养目标、按照一定的竞技体育人才

培养规律和培养要求而制订的一系列人才培养规划和计划,以及采取的一系列途径、方法手段的总称,是对培养方案的具体实践。各个高校应在培养人才的过程中遵循以人为本和全面发展的总体原则,从高校培养竞技体育人才的现实情况出发对相应的调整方案进行制订,将多渠道、多方面的力量调动起来做好高校基地多元化培养工作。

4. 培养制度

制度即人们要一同遵守的规章或准则。人才培养之所以能够持续长久,其原因就是相关规章制度可以规范人才培养的活动,只有将人才培养制度化,人才培养模式才能够有机形成和发展。高校基地多元化培养模式要想长期稳定地发展并在实践中持续发挥作用,就必须制定相应的培养制度,具体如下。

(1) 从宏观、中观、微观等角度完善体育竞赛体制,落实高校竞赛制度。

(2) 制定教练员定期培训政策。

(3) 设立高校高水平体育人才奖学金制度等。

5. 评价机制

在高校竞技体育人才培养的整个过程中都贯穿着评价机制的环节,它通过搜集人才培养过程中各方面的信息,依据一定的标准对人才培养的质量与效益,运用评价技术,做出客观衡量和科学判断,并严格监控培养目标、培养制度、培养过程,以便及时做出调节。

对高校竞技体育人才培养质量进行评价,可以从校内和校外两个方面进行,校内评价侧重于高校人才培养目标的实现程度,校外评价(社会评价)侧重于人才培养是否与社会发展大环境的需要相符。在人才培养评价过程中,要将二者有机结合起来,通过社会评价来使学校评价中的不足得到弥补。高校基地多元化人才的培养是一项系统工程,要充分发挥学校内部的教育评价机制以及社会评估的合力作用,就要通过改革教育评价机制和建立社会评估制度,加强科学督导,保证多元化人才的培养质量。

(三) 高校竞技体育人才培养新模式的理论模型构建

1. 我国高校竞技体育人才培养新模式的提出

总体上来说,目前我国高校竞技体育人才培养还处在"各自为政、各为其事"的阶段,各高校对高水平运动队的投入及相关政策存在较大的差异,而且比较随意,缺乏长远的、切实可行的统一法律法规来保障高校高水平体育人才培养工作的规范与落实。在实践中,我国高校竞技体育人才培养模式多种多样,究其原因在于各高校所拥有的资源不同、具体操作也表现各异。同时各高校由于受财力、重视程度等诸多因素的影响使一些高校缺乏对运动队相关人员的合理奖惩体制与机制,因此无法充分调动学生运动员和教练员的训练积极性,高校竞技体育人才培养之路任重道远。

我国培养竞技体育人才基本上依赖体育系统。但当前我国竞技体育的发展理念和模式发生了转变,教育资源和以职业体育俱乐部为主的其他社会体育资源使社会高度关注竞技体育的发展,这积极推动了竞技体育人才的培养,也是高校提出竞技体育人才多元化培养模式的现实基础。现阶段,高校竞技体育人才培养模式已经从过去由体育资源独家包办的单一发展格局,逐步转变为由以教育资源为主,体育资源、企业、俱乐部等资源为辅的其他体育社会团体等多家参与的多元化格局,即高校基地多元化培养模式。该模式具有以下几个特征。

首先,强调学校教育对于高校竞技体育人才的关键作用,创新人才培养模式,使学校在培养体育人才过程中起主要作用,充分利用好学校资源,进行科学的训练,不断提高训练水平,同时加强文化教育的力度,以促进高校培养高质量的竞技体育人才。

其次,在有关企业和职业体育俱乐部中加强对竞技体育人才培养的投入力度,并发挥其对学生运动员未来职业转化的启蒙作用。

最后,结合、整合各方面的资源,达到双赢、共赢乃至多赢的目标。

2. 高校基地多元化培养模式的构建

高校基地多元化培养模式是有关学者在现阶段关于高校培养高水平竞技体育人才的理论尝试,它是在结合"体教结合模式""一条龙模式""校企结合模式"等模式的特点,并将各方面资源因素综合起来的基础上而建立的,是新形势下培养全面发展的竞技体育人才的新尝试。高校基地多元化培养模式是以高校为基地,横向可与体育系统、社会企事业单位等合作,纵向可与中小学衔接(纵向向上还可延伸到研究生教育阶段),是一种能全方位、全系统培养高文化、高修养(素质)、高技能的竞技体育人才的新模式。

(1)高校基地多元化培养模式构建的主要要素

①培养理念

该模式以高校这一教育资源为根本基地培养竞技体育人才,结合多个体育相关部门,整合社会上有利于培养竞技体育人才的各种资源,一切为运动员全面长期发展的利益着想,以培养出符合时代发展的新型竞技体育人才。

②培养目标

该模式旨在使运动员既具备高水平的竞技体育水平又要有基本的高等教育文化知识素养,以高校教育资源为主体,综合社会上可以利用的相关体育资源、社会资源、市场资源等,培养多样化发展的竞技体育人才。

③培养过程

在该模式中,由于国家政策的引导,普通高等院校开设学生需要普及学习的文化课程,体育俱乐部等体育系统部门为运动员提供科学的训练计划并加以合理的、系统的训练,此外,企业等社会资源为学生运动员参加比赛提供一定的经费保障,全面营造有助于学生运动员成长和发展的学习、训练环境。

④培养制度

该模式采用多元化方式,综合现阶段施行的有借鉴价值的多种培养模式完善相关培养体制与机制,以不断促进我国高校体育事业可持续健康发展。

(2)高校基地多元化培养模式的结构分析

从具体构成方面来说,高校基地模式可以简化为"1+X"模式。下面主要从中(宏)观层次与微观层次上解析这一模式。

①中(宏)观层次

从中(宏)观层次上讲,"1"是指高校,全面发展的竞技体育人才的培养离不开具有浓厚文化学习氛围的高校,除了要提升运动技能,文化水平的提高也必不可少;"X"是指有助于竞技体育水平提高的众多体育资源和社会资源,包括体育部门、企业、俱乐部、社区等,这些组织与高校的合作可以弥补高校在体育设施、训练、经费等方面的不足,用以培养全面发展的竞技体育人才。

②微观层次面

从微观层次面来讲,"1"是指运动员的文化专业,作为大学生第一身份首先必须学好文化课。而作为全面发展的综合型体育人才,高校竞技体育人才不仅要具备相应的竞技水平,更应注重文化素质水平的提高,以防止出现运动员退役后就业困难和社会地位较低的情况;"X"是指运动员的体育专项技能、素质和素养。作为高校的一名学生,其第二身份是运动员,竞技体育水平代表其作为运动员的基本能力,在自己的体育专项中,保持较高层次的运动水平是基础,同时还要必须具备一定的品质、教养和个人修养,即实现"三高型"人才培养目标。

如图 5-1 所示,高校基地多元化模式是一种以学校培养为中心的多渠道的人才培养模式。在这种多元化的模式中,学校培养、体育部门培养、企业培养、俱乐部培养以及社区培养模式相互补充、相辅相成、相互联系。

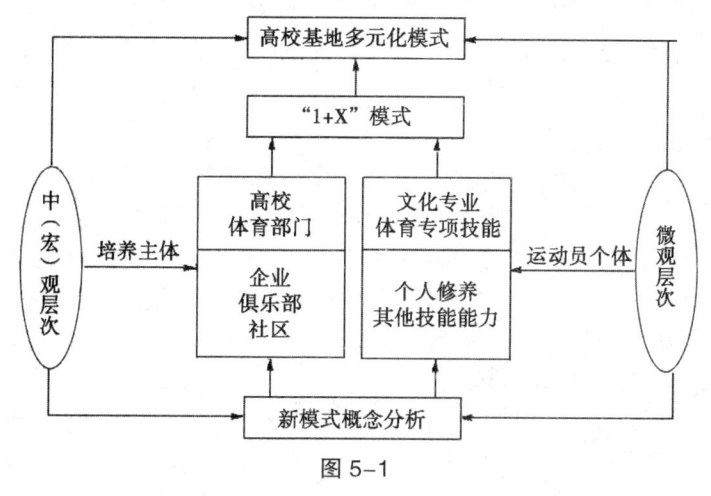

图 5-1

第四节 学校竞技体育与校园体育文化在多层面上的互动发展

一、学校竞技体育与校园体育文化在物质层面上的互动发展

(一)学校竞技体育的开展促进了校园体育物质文化的发展

1. 体育场馆增加了校园体育文化的物质基础

体育场馆设施是学校竞技体育开展的基本保障,没有良好的体育场馆设施,竞技体育活动很难开展。现代运动训练实践表明,先进的训练设施、完善的器械设备、专项化的训练手段是现代运动训练所必需的,同时也是获取训练效果、保证运动成绩的一个必备条件。因此,学校开展竞技体育首先要考虑训练及竞赛所需的体育场馆设施能否得到良好的供应。

学校体育的发展现状直接从该校的体育设施建设状况中反映出来。近年来各级学校注重建设体育馆,体育馆的建设需要财力支持,体育馆的增加说明学校非常重视校园体育的发展。体育场馆的增加一方面是可以满足学校体育教学的需要,另一方面也能够满足学校体育竞赛发展的需要,同时也是学校树立品牌、提高竞争力的需要。

2. 竞技体育的赛场象征性文化促进了校园体育文化的丰富

有这样一种文化现象,它们介于物质文化和非物质文化之间,但无法将其准确归纳入其中一种中去,如某些团体和旗帜、徽标、口号,某些具有暗示、纪念、象征意义的建筑、工艺及手工制品等,我们将这类文化称为象征性文化。一所学校的体育象征性文化体现着其整体的体育运动形象,这种文化包括了我们所能看到的队旗、徽章、吉祥物、代表色等,还包含了代表队所拥有的昵称、队歌、赛场口号等。学校竞技体育的发展要想创造出自己的品牌,彰显校园体育文化的特色,就必须注重以品牌文化作为自身发展的理念,在旗帜、吉祥物等设计方面体现出大学生团结协作、积极进取、敢于创新的精神风貌。

通过调查赛场象征性文化发现(图5-2),啦啦队与队服给赛场观众留下的印象最为深刻,分别占41.90%和37.60%,而队歌、队徽给观众留下的印象分别占15.30%和14.40%,似乎并不深刻。目前,我国学校竞技体育还没有形成品牌化发展道路,除大超联赛和CUBA发展初具规模化以外,其他项目因为各种因素的影响目前仍处于初级发展阶段。通过调查我国部分高校发现,一部分高校并没有队徽、队歌等象征性文化,有的高校甚至没有自己的主色调,这说明高校竞技体育文化建设不够完善,学校的体育特色还没有凸显,这使竞技体育与校园体育的有机结合受到了阻碍,导致竞技体育在学校中基础薄弱。

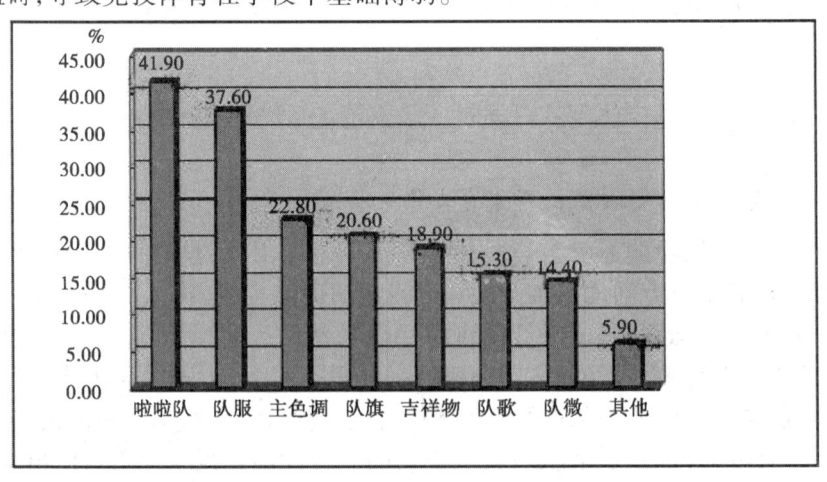

图 5-2

第五章 校园竞技体育文化建设研究

(二)校园体育物质文化为开展学校竞技体育营造氛围

美国教育心理学家比格曾说:"学生的个人心理行为是由其所生活的环境决定的,处在外部环境中的事物如果不能够引起个人的注意并且加以相互作用,那它就不能对学生的个人心理和行为产生影响,如果外部环境中的事物一旦被注意并且与个人发生相互作用,那么就会形成个人的生活空间,并且影响个人的心理行为。"作为校园中的一个个体,学生对校园生活环境必然会有所需求,通常学生的这种心理需求有基础类和高级类两种类型。基础的心理活动包括感知觉、记忆、认知、判断等,高级的心理活动主要包括个人的心境、情绪、意志以及审美等。

在学校各种设施中,图书馆和体育馆一般来说是学生利用率最高的设施,由此我们可以看出学校体育场馆大大影响了学生的个人行为。通常一般学生对于体育场馆最直接的印象就是外观形状,调查发现,大部分学生认为学校的体育场馆较普通,没有给其留下太大的印象;只有少数学生认为本校体育场馆有创意。这说明学校在体育场馆设计方面存在不足,缺乏有创意的场馆,不能够吸引学生的目光和调动学生的积极性。

体育场馆周围的"拼瓷"运动墙画,竖立在校园里的体育名人雕塑,以及让学生及时了解体育竞赛等信息的海报、宣传栏、电子屏等,这些体育设施不管在其自身内容还是由此延伸出的文化内涵,都可以对学生思想、心理和行为产生一定的影响,具有良好的教育、熏陶和启迪作用。

二、学校竞技体育与校园体育文化在精神层面上的互动发展

(一)学校竞技体育对校园体育精神文化的影响

文化主要分物质文化、精神文化和制度文化三个层次。在这三个层次当中,精神文化是核心,其以价值为灵魂,而一个人的价值观又是其行为的出发点,行为同样也是价值观的外在体现。由此我们得出,决定人的行为的不是物质文化,也不是制度文化,而是精神文化。

1. 竞技体育的精神价值

学校竞技体育对于学生的教育主要表现在爱国主义、集体主义、体育精神的传播以及学校精神的宣传四个方面,学生对竞技体育的认识水平越高,就越能够为竞技体育活动的开展奠定良好的基础。

在观看大型比赛时,首先会演奏国歌,升国旗,这对于运动员和观众来说都是一次良好的爱国主义教育。学生运动员在这种环境下所受到的教育意义会更大,尤其是当他们走向世界,在异国他乡的领奖台上奏响国歌,他们荣誉感与使命感油然而生,培养了学生运动员为国争光的精神,这种精神也会慢慢转移到普通学生身上,他们也为这种体育精神而感到振奋。这种体育精神成为学生不断前进的动力。

2.竞技体育的开展效应

通过调查学生关于学校竞技体育开展效应的认识发现(图5-3),有151名学生认为学校竞技体育使他们对于体育的兴趣增加了,占总调查人数的26.35%;有103名学生认为学校竞技体育改善了其精神面貌,占总调查人数的17.97%;97名学生选择了促进人际交流,占总调查人数的16.92%。这说明学校竞技体育的开展对学生体育行为、体育精神等都产生了较为深刻的影响。

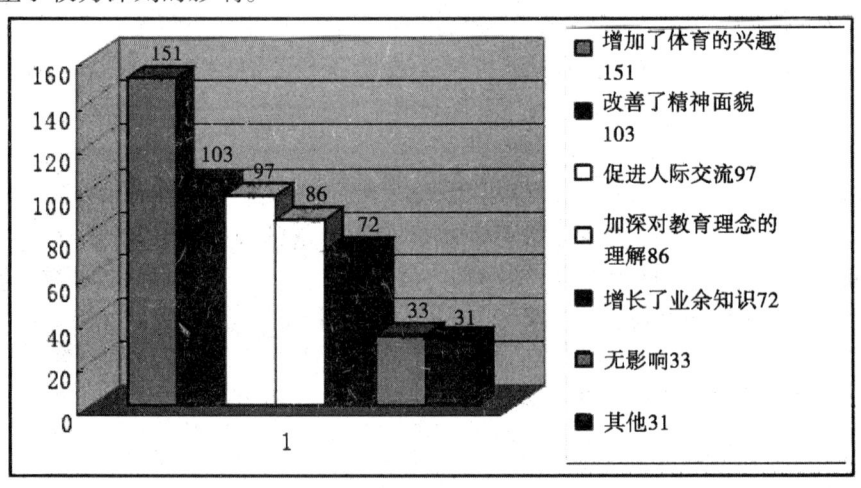

图5-3

奥林匹克运动中"更快、更高、更强"的格言是运动员体育生涯中不灭的意志,它时刻激励运动员奋发向上、敢于超越,不断追求更高的目标,不断克服艰难险阻,用辛勤的汗水去获取一次次的超越。而这种精神同样时刻熏陶着周围的每个人,给人以不抛弃、不放弃的人生启迪。奥林匹克精神是一种相互理解、友谊、团结、公平竞争的精神。学校开展竞技体育对于学生树立和培养健全的人格有重要的作用,学生通过观看高校竞技比赛,用心体会赛场上运动员所体现出的体育精神,不仅能够提高体育兴趣、促进人际交流,还能够使其树立新的体育态度,改变其精神面貌,使其心理素质水平不断提高和完善。

（二）校园体育精神文化对学校竞技体育的影响

校园体育精神文化的形成需要经过长时间的酝酿，是在各种条件都具备的情况下慢慢形成的，而且一旦形成将会长时间潜移默化地影响校园的各种事物。精神和思想是人的行为的根本出发点，它的好与不好将直接影响到人这个主体的行为结果。如果校园体育精神文化有良好的建设和发展，那么就说明作为校园主体的人在体育情感、体育观念、体育思想等方面有良好的发展，而且这种精神的直接体现就表现在校园人的行为方面，这所学校的校园体育活动也会有良好的开展。

校园体育精神直接影响校园人的体育价值观、体育思想、体育行为，校园是社会各种人才的聚集地，校园体育能够帮助他们树立正确的体育价值观，尤其是学校的领导，他们的思想及观念将直接对学校体育的发展起到主导作用。校园体育精神文化的形成可以使学校领导对学校体育的发展更加重视，学校竞技体育作为校园体育的重要组成部分，必定会受到重视，而且学校竞技体育作为学校体育发展的排头兵，可直接推动整个学校的发展。学校竞技体育的良好发展可以为学校获得荣誉，为学校发展起到积极的推广作用，而且还可以形成自身的校园特色，为学生的学习生活增色添彩。

从图 5-4 可以看出，学校领导对学校竞技体育非常重视和比较重视的选择分别占 21.50% 和 32.30%，46.00% 的领导是一般重视，这说明学校领导已经在一定程度上重视竞技体育的发展了，他们的体育观念、体育思想、体育意识都有良好的发展，这也更加充分说明了学校领导对学校竞技体育的地位和功能的肯定。

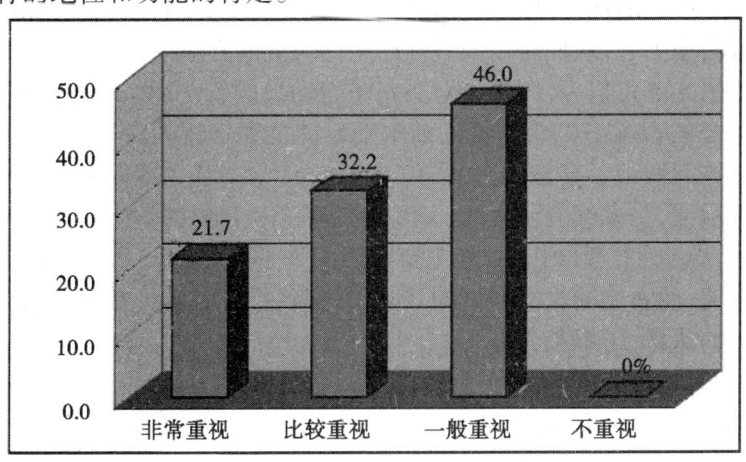

图 5-4

三、学校竞技体育与校园体育文化在制度、行为层面的互动发展

(一)学校竞技体育与校园体育制度文化

建立健全校园体育制度非常重要。一方面,它所面对的大都是尚未进入社会的在校学生,一个健全的规章制度可以有效约束学生的个人行为,使其养成规范的个人行为,并且对他们的情感、智力、人生观、价值观等起到很好的指导作用;另一方面,完善校园体育制度文化,可以使学校的各项体育工作更加具有计划性、合理性,处理和解决问题时能够有规可依,同时可以避免因过分盲目而造成工作效率低下。

我国各高校基本遵守国家下发的成文规章制度,但是大部分高校没有根据自身发展现状制定适合自身发展的制度,以确保高校各种体育竞赛工作的有序进行。因此,学校应不断完善校园体育制度,使校园体育向着规范化、制度化的方向发展与进步。

(二)学校竞技体育与校园体育行为文化

学校竞技体育通过各种赛事从各方面对校园体育文化的行为产生影响,赛事影响力、运动员的榜样性等都会从不同的细微方面影响校园体育行为。因为学校的高水平运动员代表着学校竞技体育的水平,他们通过自身的行为不断传递和推广学校竞技体育的功能,对校园体育的行为产生直接作用。高水平运动员通过与校园内各个不同群体之间的交流,可以改变一些人的体育观念、提高他们自身的技术水平,使更多的人群参与到体育活动中来,从而对周围人群产生行为上的影响。

由图 5-5 可以发现,学生对高水平运动员的看法中,认为他们为学校争得荣誉的占 42.70%,这说明高水平运动员在学校的对外宣传、提高学校声誉方面做出了突出的贡献,有 33.50% 的学生认为他们能够给普通学生提供示范,是大部分学生的榜样。但仍有 18.70% 的学生没有感觉到高水平运动员所发挥的作用,这主要是因为普通学生与高水平运动员之间缺乏交流,两者之间没有很好的互动,再有就是普通学生缺乏对在校学生运动员的认识,了解甚少。

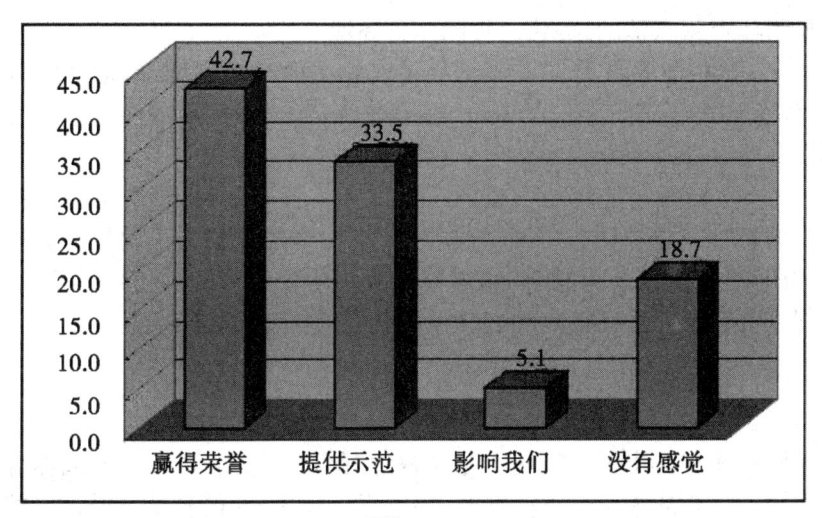

图 5-5

四、学校竞技体育与校园体育文化的整体性协调发展

学校竞技体育是校园体育的重要组成部分,竞技体育的发展能够促进独具特色的校园体育文化的形成,促进校园体育文化的发展。校园体育文化建设是学校文化建设的重要组成部分,不仅能对学生具有"显性"教育作用,而且还具有"潜移默化"的"隐性"教育作用。学校竞技体育与校园体育文化两者之间良性的互动、互促,不仅能够促进二者的发展,而且对整个校园文化,对在校的每个学生都有积极作用。学校体育不仅仅是技能的传授,更重要的是促进学生体育价值观、人生价值观的形成。调查发现,当前我国各级学校竞技体育与校园体育文化之间并没有形成有效的互动关系,这在一定程度上制约了二者的发展。

(一)学校竞技体育对校园体育文化建设的积极影响

围绕学校竞技体育的开展,可通过以下三个方面对校园体育文化建设产生积极影响。

(1)学校竞技体育是我国竞技体育未来发展的一个重要趋势,这是一个慢慢转化的过程,竞技体育能在学校中开展,首先就得具备相应的物质条件,这是基础保障,而体育场馆则是这些基础条件中的首要条件。在学校内修建体育场馆设施不仅能够使高水平训练的需要得到满足,而且有利于促进体育教学、体育科研以及课余体育活动的发展,也极大地丰富了校园体育物质基础，美化了校园体育环境。

（2）学校竞技体育的开展必须要有相关的规章制度，如运动队从招生、训练到比赛都有相应的制度，还有教练员的管理等，这些规章制度对建设和完善校园体育制度文化具有重要的意义。

（3）学校竞技体育与学校的一般课余体育不同，它具有学校体育所缺少的特性。竞技体育的竞争性很强，在比赛的过程中运动员所表现出来的团结协作、不放弃精神，深深感染身边的观众，使他们养成正确的人生观、价值观，并且在校园内也会形成良好的体育文化氛围。

（二）校园体育文化建设对学校竞技体育发展的积极影响

校园体育文化包含物质文化、精神文化和行为制度文化，校园体育文化的建设主要从这三个方面展开，在建设过程中，它的各个方面都会相应地影响学校竞技体育的发展。

（1）学校体育场馆、设施、体育标识是校园体育物质文化的重要内容，它的发展会对学校竞技体育产生直接影响。其中，体育场馆的构建都受到学校的高度重视，从外观设计到其综合利用价值都会考虑在内，有些学校的场馆建筑已经成为师生津津乐道的标志性建筑物。所有这些物质基础的建设为学校竞技体育的开展提供了基本物质保障。

（2）校园体育制度是校内各种体育行为和体育事务实施和开展的基本准则。相关的体育制度能够对校园内的各种主体行为进行规范和约束，保障各项体育事务有序进行。学校竞技体育的开展离不开这些体育规章制度，运动员招生、教练员聘用、训练竞赛奖惩等都需要参考相应的规章制度，所以校园体育制度文化的建设与完善有力保障了竞技体育在学校的开展。

（3）校园体育精神文化是整个校园文化的核心部分，它的形成需要一个漫长过程，而且一旦形成将会长期存在。校园体育精神以体育价值观为灵魂，而体育行为是体育价值观最直接的表现形式。良好的体育精神能够使学生不断受到激励，敢于拼搏，从而培养其团结协作的精神，这对竞技比赛产生了很好的导向作用。

第六章　校园体育艺术文化建设研究

在校园体育文化体系中,体育艺术文化是非常重要的组成部分,建设体育艺术文化有利于培养学生的审美观、体育情感,使学生视野开阔,形成健康的体育审美观,进而提高学生的体育素养。本章主要就校园体育艺术文化的建设进行研究,主要内容包括校园体育文化与艺术元素的融合、体育艺术教育与校园文化的互动关系与互动模式、校园体育教学艺术及发展以及高校体育艺术类课程体系的构建与实施。

第一节　校园体育文化与艺术元素的融合

一、校园体育文化与艺术元素的关系

(一)关于体育与艺术关系的探讨

随着社会的进步,体育与艺术之间的关系受到了体育专家与学者的普遍关注,目前关于这方面的观点主要有以下几种。

1. 观点一

以卢元镇、孙会山、寇永俊等为代表的学者认为,体育与艺术存在着密切联系,但两者不能相互融合。随着体育的现代化发展,人们的审美意识有了很大的增强,体育也借助艺术来丰富自己的内涵,强化自己的功能,美化自己的形式,从而有了更大的魅力。但是,艺术怎样渗入体育,体育如何艺术化,体育就是体育,艺术还是艺术。因为体育以身体运动为媒介和手段,增强人的体质是体育的基本目标,也是体育的主要任务和重中之重的功能。艺术则是通过塑造形象具体地反映社会生活,满足人们精神需求的意识形态。

2. 观点二

以曲健、杜红燕等为代表的学者认为,体育与艺术广泛融合。随着现代技术的快速发展,体育和艺术在各自的发展中相互靠近、接近,直至相互汇合,形成了体育与艺术相互渗透的广大领域。体育文化和艺术文化都是社会文化的重要组成部分,因二者目的指向不同而成为两种不同性质的类型,随着社会的发展,二者有了相互融合的趋势。

3. 观点三

以金文轩、胡飞燕等为代表的学者认为,体育与艺术既有联系又有区别。体育运动是以人的身体为媒介、运动为手段,增强体质、发展身体形态、陶冶情操为目的。而艺术是以物质材料为媒介,以抽象、概括社会生活为手段,表达思想情感、满足审美需要为目的。从所要达到的目的来看,二者之间有"审美与娱乐"的共同点,它们是教育的组成部分。从体育与艺术相互渗透的结果来看,将出现体育艺术和艺术体育两个新型的门类。从广义上来说,体育就是艺术,而艺术是体育运动的组成部分。从运用的物质材料及手段来看,二者在根本上就有不同。

(二)校园体育文化与艺术元素关系的表现

综观上述三种代表性观点,我们认为,体育与艺术存在必然的联系,如此来看,校园体育文化与体育领域中艺术元素也存在必然的联系。主要表现在以下三个方面。

(1)校园体育运动本身的艺术性。
(2)校园体育场馆、体育雕塑、体育文学、体育舞蹈、体育绘画、体育摄影、体育音乐、体育设施等的艺术性。
(3)校园体育运动在各类艺术中的再现。

艺术元素与体育的融合丰富了校园体育文化的内涵和学生生活文化的水平,拓展了体育科学研究的领域。因此,在校园体育文化体系中,艺术元素也是非常重要的组成部分。

二、校园体育文化与艺术元素融合的特征

(一)欣赏体育的艺术,体会艺术的体育特征

艺术的体育可以对学生的审美观、体育情感进行培养,使学生开阔视

第六章 校园体育艺术文化建设研究

野,形成健康的体育审美观。

(二)与学校办学理念耦合的教育性特征

将艺术元素植入校园体育文化中,如奥运雕塑艺术:《走向世界》《掷铁饼者》《奥林匹克》《奥林匹克之门》《千钧一箭》《奥林匹克激情》《胜利的欢呼》,奥运文学艺术:《奥林匹克颂诗》《奥运会之歌》《体育颂》《奥运竞技》《走向奥运会之神》《众神的赞美》等。奥林匹克精神就是相互了解、友谊、团结和公平竞争的精神。这与学校的办学理念是相一致的。

(三)服务于广大师生健身的特征

校园体育文化建设的主体是广大师生,同时师生也是最受影响的群体。广大师生是改造校园体育文化发展的原动力。校园体育文化与艺术元素融合是为了满足广大师生的需求。因此,在建设体育场馆时,应突出设施的典雅大方,造型、色彩要符合学校整体风格,甚至有些体育场馆是学校的标志性建筑。

(四)有管理体制正能量保障的特征

从校级、院级(系级)、班级,可层层抓落实,形成全校上下齐抓共管的管理体制,推动学校体育工作有序进行,为促进学生全面发展发挥正能量。

(五)高素质人才"操盘"的特征

体育教师承担着文化教学、科学研究、课外活动辅导和学生社团指导等工作任务,他们是校园体育文化建设的主力军。建设高水平、高质量的校园体育文化,也是《国家中长期教育改革和发展规划纲要(2010—2020年)》的内在要求,体育教师在建设校园精神文明和培养高素质人才方面发挥着重要的作用。

(六)创新发展的竞技性特征

在校园体育文化建设中,可开展健美操、花样滑冰、艺术体操、体操、花样游泳、跳水、体育舞蹈等流行时尚和充满青春活力的艺术多元化运动项目,这些艺术多元化运动项目给校园体育文化注入了时代气息。

三、校园体育文化与艺术元素融合的原则

(一)以人为本

师生是校园体育文化建设的主体,因此建设中必须以师生为本,从师生实际出发,满足师生所需,促进他们参加健身活动。

(二)体育精神融入育人体系

体育精神在学生中发扬光大,既体现着一个民族拼搏进取的精神风貌,又能够培养学生不怕困难、团结协作、积极进取的精神,同时也能够促进学生人格的健全。

(三)因地制宜

一切从实际出发,具体情况具体分析,依照学校的地形、地貌、山体、水势等自然条件规划、建设和改造校园体育环境,使师生在优美的环境中健身与学习。

(四)弘扬主旋律,注重多元化

主旋律就是在学校大力推进师生全民健身活动,以增强体质为中心任务。开展的形式多样化,开展的项目多元化。

(五)传承与创新结合,渐进发展

校园体育文化建设是一个循序渐进的过程,校园体育文化的发展是不同时期所产生的必然变化。我们继承与传承体育文化中的优秀部分,并加以创新,增添新的富有活力和创造力的元素,可推动校园体育文化创新。创新是建立在我们继承、传承校园体育文化的基础上的。

四、校园体育文化与艺术元素融合的主要内容

(一)体育理念与"健康第一"观念的植入

体育理念是在体育价值观的基础上,对体育理论化、系统化、综合化

的认识。在现代体育发展中,体育理念的导向和规范作用非常重要,是一种内在的驱动力。早在20世纪末,《中共中央国务院关于深化教育改革全面推进素质教育的决定》就提出"学校教育要树立健康第一的指导思想"。

(二)体育设施优化与体育环境美化的植入

在体育场馆、体育场地、体育器材等硬件设施的建设中以及在改造校园自然环境中,我们应从长远考虑,用科学可持续发展的眼光规划设计,形成多用途、多功能一体化的体育场馆。在体育活动场所建造体育雕塑艺术,可让形态各异、主题鲜明的体育场馆、体育场地、体育器材有一定的艺术品位。

(三)体育教育人本化、体育制度人性化与激励机制多样化的植入

体育教育人本化是把培养学生的健康意识、终身锻炼意识、全民健身意识及与人交往合作意识作为重点,充分照顾到学生的兴趣爱好,满足学生的需求,重视学生的主体地位,关注学生的个体差异,确保人人享受体育锻炼的乐趣。

体育制度人性化能激励、凝聚和调动师生参与体育活动的积极性,发挥他们在体育教学、课外体育活动和运动训练及体育科研中的主观能动性。体育制度具有体育运动规则、体育管理制度、体育运行模式三个层面的含义。

激励机制多样化主要是指语言的激励、动作的激励、情感的激励、氛围的激励、情景的激励、榜样的激励、目标的激励、成功的激励、关怀的激励、竞争的激励、人性的激励、测试的激励以及体验的激励等。

(四)体育道德与风气的植入

体育道德是体育活动参加者共同遵守的行为规范,是在体育活动中调整和制约人们相互关系的行为准则。在体育活动中,锻炼人的意志品质,应从以下几方面进行。

首先,锻炼人对事物的判断能力,提出明确而客观的目标。

其次,找到好的实现目标的锻炼手段。

最后,通过克服心理与体力的障碍去实现目标。

通过以上几个方面,最终形成"学校有特色、院系有比赛、班级有活动、人人有项目"的校园体育运动氛围的良好风气。

（五）体育课程精品化与体育俱乐部规模化的植入

体育课程精品化必须坚持以学生为本，以满足学生自主选课、选师、选时的需要为基本出发点，以培养学生健康成长为根本目标。体育俱乐部规模化是指设计艺术体育课程的理论与实践教学，以"知识、能力、素质"型人才为培养目标，着重培养学生的健康形象，人文素养以及科学的自我健康管理方式，使学生得到全面发展与提高。

（六）信息交流网络化与宣传方式多元化的植入

网络正以多元的方式和飞快的速度改变着人们的生活，成为师生活动的重要内容，它具有打破时空限制，扩大传播范围，提高时效的特点，要充分利用它的特点优势，建立一系列体育网络平台，为广大师生服务。同时，还要利用校园中的海报张贴及黑板报、窗刊、校报、标语、廊画、雕塑等制作对体育文化进行多元化宣传。

（七）高水平运动队品牌化与群体竞赛日常化的植入

以高水平运动队拉动学校群众体育运动的普及与提高，形成"人人关注、人人参与、人人受益"的日常化校园体育育人氛围，促进学校体育事业的发展，提高校园体育文化的向心力和凝聚力。

第二节 体育艺术教育与校园文化的互动关系及互动模式

一、体育艺术教育与校园文化的互动关系

校园文化是指以学生为主体、以课外文化活动为主要内容、以校园为主要空间、以校园精神为主要特征的一种群体文化。虽然体育艺术教育从属于社会文化系统中的一个子系统，但它并非直接存在于社会文化之中，而是依托于校园文化而存在的。体育艺术教育存在于校园文化之中，校园文化又处于社会文化之中，是社会文化的反映，也是体育艺术教育与社会文化之间的媒介。校园文化往往通过各种途径和方式接受社会上各种各样的思想、理论、观念、思潮，并在校园内汇聚和碰撞，把社会文化内化到自身的内容之中，在校园这个大环境中，又通过一系列校园文化活动

第六章 校园体育艺术文化建设研究

将社会文化的要求和价值取向传递到体育艺术教育中。

体育艺术教育要通过校园文化这个媒介,通过一系列互动向社会文化进行信息反馈,并对一些新兴文化现象进行传播。校园文化环境和氛围对于实现学校教育目标,改变校园生存群体的生活方式、学习方式以及习惯的养成都具有重要的作用。而学校体育艺术教育和学校的办学理念、培养目标、校风校纪、生活方式等内容紧密相关,其教育功能与校园文化的联系如图 6-1 所示。

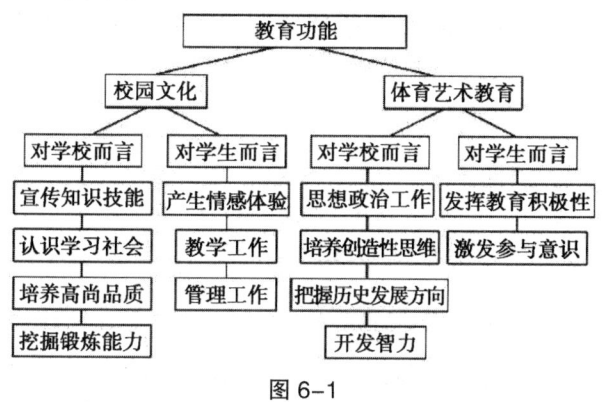

```
                      教育功能
            ┌────────────┴────────────┐
         校园文化                  体育艺术教育
      ┌─────┴─────┐            ┌─────┴─────┐
   对学校而言   对学生而言    对学校而言   对学生而言
   宣传知识技能  产生情感体验  思想政治工作  发挥教育积极性
   认识学习社会   教学工作    培养创造性思维  激发参与意识
   培养高尚品质   管理工作    把握历史发展方向
   挖掘锻炼能力              开发智力
```

图 6-1

(一)体育艺术教育与校园文化的部分功能相仿

校园文化活动丰富多彩,可以使广大学生求知、探索、社交、友谊、娱乐等需求得到满足,从而获得丰富的情绪体验,在实践中锻炼辨别力、鉴赏力,进而陶冶人格和灵魂,以充实生命,升华人生。而体育艺术教育是健康高雅的体育活动,具有进取、竞争、对抗、承担负荷、战胜艰难困苦和经受胜败考验等特点,在练习过程中,有利于对学生追求优胜、勇敢顽强、坚毅果断、不畏艰难、不屈不挠的意志品质进行培养,实现精湛的技巧与身体美、精神美的交相辉映,能将学生多样的审美要求激发出来,促进广大学生审美能力的不断提高,在潜移默化中使学生树立正确的审美观,增强学生的自我调控能力,使其开阔视野和思维,心灵更加纯洁,精神更加高尚。

(二)体育艺术教育是校园文化的内核

体育艺术教育是校园文化的内核,校园文化是体育艺术教育的外延。从本质上讲,校园文化的总体功能是育人,表现在教育学生树立正确观念、增加知识和技能、培养能力、陶冶情操、提高综合素质等方面。作为学校教育的一部分,体育艺术教育包含了三个层次的内容,分别是体育艺术知识、体育艺术技能和体育艺术精神。体育艺术教育与校园文化具有类似的功能,有利于培养学生的这些能力。

学校教育是学生逐步社会化的重要过程,要促进学生思想和人格的成熟,不仅要让他们从课堂上和书本里学到一些间接经验,更要从校园风气和文化氛围中吸取基本素养和思维方式,对其创新精神和实践能力进行培养。丰富多彩的校园文化生活可以从不同侧面、不同层次为学生提供更多的学习条件和机会来接受体育艺术教育,并为他们提供展示、锻炼、表现、提高自我的舞台和实践的机会,提高艺术素养,所以说校园文化又是体育艺术教育的外延。

(三)校园文化对体育艺术教育具有导向作用

体育艺术教育存在于校园文化大环境中,二者都是以师生为主体、以校园为空间、以体现和追求价值观为共同目的。作为时代的产物,文化必然在一定程度上反映时代的特征,校园文化同样如此。处于社会文化之中的校园文化往往通过各种途径和方式把社会文化纳入自身内容之中,反映着社会文化,也是体育艺术教育与社会文化的媒介,向体育艺术教育传递着社会文化的要求和价值取向。校园文化对体育艺术教育的发展具有制约作用和导向作用,是体育艺术教育的领导文化和指南针。然而,现代学校教育的发展正处在文化接受的开放性阶段,各种思想、理论、观念、思潮在学校汇聚和碰撞,并对体育艺术教育产生了影响。纷繁复杂的文化思潮中也可能存在一些消极、有害、错误的异质文化,不利于校园文化和体育艺术教育的发展。

作为校园文化的内在组成部分,体育艺术教育对校园文化具有一定的反作用,在一定程度上可以通过某些教育现象和问题向校园文化反馈这些不利的信息,促使校园文化对社会文化进行有目的的评价、比较、认可和选择,对体育艺术教育进行更优质的引导。所以,体育艺术教育又对校园文化具有反馈作用。

(四)体育艺术教育和校园文化相互推动

校园精神文化是校园文化建设的核心与关键。从形态上来看,可以将校园精神文化大致划分为以下三种(图6-2)。

(1)智能型文化。主要指以增长知识、开发智力为主要目的的文化累积。

(2)观念型文化。指包括价值观念、道德观念、审美观念等在内的一些观念和思想。

（3）素质型文化。指由历史的沉淀而形成的特有的校园风气和校园精神。

实践证明，体育艺术教育可以促进校园精神文化建设，这主要表现在以下几方面。

首先，通过第一课堂传授给学生体育艺术方面的知识和技能，有助于培养学生的形象思维和逻辑思维能力。

其次，通过自身的诱发作用和感染力，培养学生正确的人生观、世界观和价值观，提升审美观。

最后，通过教育和陶冶功能，促进学生综合素质的发展，培养师生的爱国主义、团结友爱和集体主义精神和积极向上的风气。

校园文化是体育艺术教育存在与发展的大环境，具有导向作用，校园文化的提升将会给体育艺术教育提供更广阔、丰富的外延，更正确、优质的导向，也必将推动体育艺术教育的发展。

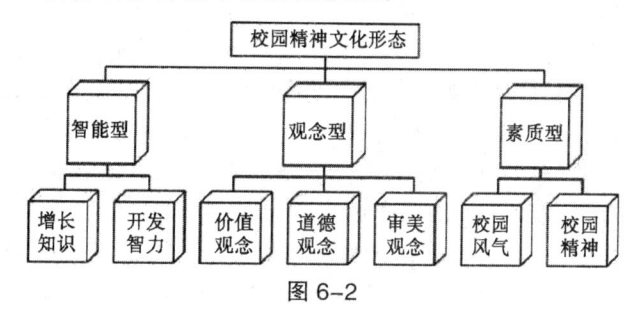

图 6-2

二、体育艺术教育与校园文化的互动模式

（一）理念层面的互动

素质教育是一种以促进受教育者诸方面素质提高为根本目标的教育模式，是"德智体美"的、"创新精神和实践能力"的以及人格全面和谐发展的教育。学生是这一教育理念的主体，它实际上是一种人本教育理念，强调人内在身心潜能的发展及外在文化知识和社会规范向个体心理品质的内化。

在素质教育的推广与实施中，体育艺术教育是一个关键的突破口，在很大程度上影响着人的全面发展，能开发学生智力，增强学生体力，挖掘学生潜能，培养学生的情感体验与形象思维、逻辑思维能力，塑造和健全学生的完善人格，树立正确的人生观、价值观和审美观，可以说贯穿体育艺术教育的也是一种人本理念，以人为本，教育人、改造人、完善人，体现素质教育的价值取向，以求促进学生的全面发展。

从本质上来看，校园文化是指向人、塑造人的，对人具有教育、陶冶的功能。校园文化具有的理念，推崇的民主意识、平等原则、团队精神以及承认差异、尊重个性、鼓励创新、促进全面发展等价值观取向显然与素质教育"以人为本"的理念具有一致性，并在发展过程中相互联系、影响与促进。也就是说，在理念层面上，体育艺术教育与校园文化是统一的，它们都遵循"以人为本，促进学生全面发展"的理念，通过认同素质教育、推进素质教育来进行互动。

（二）结构层面的互动

体育艺术教育和校园文化在结构上都是以学生为主体，以教师为导向，以校园环境为主要空间，是高度一致的。校园文化的形成离不开学生。首先只有全体成员广泛认同并普遍接受学校的某些教育理念时，才能形成群体的行为，才能内化为个体的思想，校园文化才能逐渐形成。这个过程中，学生是主体。体育艺术教育和校园文化都强调学生的内在身心潜能的发展以及外在的文化知识和社会规范向个体心理品质的内化，以达到增强学生身心素质，提高学生思想道德素质，完善学生人格，促进学生全面发展的目的。在接受和传播校园文化的过程中以及接受体育艺术教育的过程中，学生依旧是主体，教师的作用主要是导向。在校园文化和体育艺术教育互动中，学生是媒介，起着贯通的作用，在它们之间传递各种思想、理念、信息，并体现在自己的行为中。所以，体育艺术教育和校园文化是通过以学生为主体的这种结构进行互动的，在这个过程中老师起导向作用，以校园环境为主要空间（图6-3）。

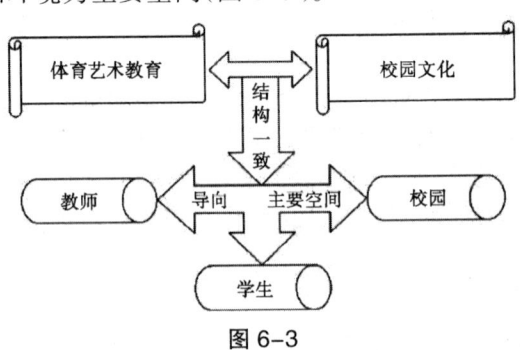

图6-3

（三）阵地层面的互动

第一课堂是体育艺术教育的主阵地和主渠道，但这不是唯一。第二课堂是建立在有形教育与无形教育之间的，在时间与空间上更为开阔的，可以承载更为丰富多彩的教育形式和内容的教育阵地和渠道，它在体育艺术教育和校园文化建设中有不可替代的地位和作用。第二课堂是第一课堂的外延和补充，为学生提供展示的舞台和实践的机会，对体育艺术教育的质量和水平同样具有重要的作用。

第二课堂是校园文化建设的重要载体，反映校园文化的理念和风格，是校园文化的缩影，包括实有类活动课堂和虚拟类网络课堂。

（1）活动课堂包括对内整合式的各类表演、竞赛活动以及体育艺术类社团等校内艺术资源开发，也包括对外拓展式的体育艺术社会实践活动等校外艺术教育资源开发。

（2）网络课堂包括特色鲜明的体育艺术教育校园网的开辟和利用网络开展的体育艺术教育与专业教育相结合的活动以及对网上体育艺术教育资源的综合开发。

需要注意的是，第二课堂也不是校园文化的唯一阵地，也需要第一课堂向学生传递智能型、观念性、素质型文化，为校园文化的发展提供原动力。所以，虽然体育艺术教育和校园文化的主阵地不同，但都是共同借助第一课堂和第二课堂来进行传播和互动的，并相互依托、相互渗透。

第三节　校园体育教学艺术及发展

一、体育教学艺术的含义

（一）体育教学与艺术更相通

艺术是由语言、动作、线条、色彩、音响等不同手段构成形象以反映社会生活，并表达作家、艺术家的思想感情。艺术以人为表现对象，对社会发挥认识功能、教育功能和审美功能。

体育教学艺术同样要用语言来传授知识、交流感情、组织队伍调动等；要用动作做教师的示范、学生的模仿对象，来完成学习运动方法和掌握运动技术；要用线条和色彩来规划场地、指明运动方向和合理调动；以最完美的器材摆放来提高学生完成动作的密度和强度，取得最佳教学效果；要用图片来讲解运动技术要领；要用音乐来完成配乐体操等。总之，体育教学要用说、形、声、色的综合运用来调动学生的视觉、听觉和一切注意力，完成大纲规定的教学任务。

艺术是通过语言、动作、线条、色彩、音响等的综合运用来表达作家、艺术家的思想感情，是以人为表现对象。体育教学同样是通过语言、动作、线条、色彩、音响等的综合运用来完成教师的教学设计，满足学生的学习欲望，达到学生追求的目标，这同样是以人为表现对象的。体育教学过程是师生互动的过程，而且双方都带有强烈的思想感情并富于变化。体育教学大多在室外环境开展，室外环境富于变化，其活动过程同样发挥认识、教育和审美三大功能。

另外，体育教学本身是体育学科与科学技术的结合。在体育教学活动中，既要遵循体育科学知识的逻辑性、系统性和体育教学本身的各种规律和原则，又要讲究教学艺术。因为在室外环境下教学要比在室内环境中教学更复杂。更重要的是，体育教学的特征是头脑（智力）和身体（体力）相结合的教育过程，它的教学目标不仅包括增强学生的身体素质，还包括开发学生的智慧，培养和发展学生的非智力因素。所以，体育教学的要求更具艺术性；教学方法要具有灵活、形象性；教师的动作示范要具有优美性；教师的语言运用要具有启发、情感性；场地、器械的运用要具有规范、创造性。所以，好的体育教学现场课能够使观摩者被其艺术魅力而深深吸引。

（二）体育教学艺术具有特殊性、复杂性和高超性

1. 体育教学艺术特殊性、复杂性的表现

（1）体育课堂教学结构与人的生理活动规律紧密联系

体育教师在教学设计和方法运用上，一定要考虑人的生理活动规律，从课堂的开始部分到准备部分、基本部分和结束部分，都要合理安排和调动。随着课堂教学改革的不断深入，很多体育教师的教学设计已经逐渐从文字上摆脱了较传统的三结构或四结构形式，而实质上人的生理活动的规律是永远存在的，只是需考虑如何运用会更灵活些。这种人的生理活动规律的存在要求体育教学设计应更具有艺术性。

（2）体育教学过程处在动态环境中

在体育教学中，教师的语言和教师的形体活动紧密结合，缺一不可。

第六章 校园体育艺术文化建设研究

学生活动的方式是不断变化的,位置是不断移动的。此外,学生对运动技术从学习到掌握的过程,不完全是智力因素的表现,更多的是非智力因素起关键作用。体育运动是学生复杂的生理活动和心理活动紧密联系的过程,很多特殊的生理变化或心理变化决定了学生学习的成功和失败。所以,体育教学过程的动态环境要求突出教学设计的艺术性。

（3）体育教学环境的变化

室外教学的场地比室内大了,同时学生活动的自由度也增加了。不像在室内,学生的一切活动一般都在自己的座位上或小范围中进行,活动自由度受到限制。而室外视野开阔、空气新鲜,使人心情开朗、追求自由发挥的激情增大,再加上室外环境的"干扰",都会增加教师组织教学的难度。所以,教师应合理安排,使教学既规范,又不影响学生的学习激情,努力排除干扰,促进教学目标完成,增加教学艺术表现和魅力。

（4）体育教学课堂是教师与学生的互动过程

师生互动过程的实际反映非常复杂:有教师与学生集体间的关系;有教师与学生个体间的关系;有学生个体与学生个体间的关系;还有学生个体与学生集体间的关系;甚至还有学生小群体与学生小群体间的关系。复杂的关系网络带来了复杂的感情与学习环境的变化。在一节课中这种变化不是固定的,而是随着教学任务和目标的变化而变化的,这就使教师的教学设计难度更大了,同时教学情感交流的复杂性也更明显了。所以,体育教学本身存在的艺术性表现空间就更大了。

2. 体育教学艺术高超性的表现

体育教学的特殊性质决定了体育教学的艺术性。

（1）过去人们将体育的性质认定为健身强体或社会文化的表现。随着社会的进步、教育的发展及"健康第一"指导思想的确定,体育教学的功能主要表现为培养适应21世纪发展需要的人才。体育教学不只为培养学生健康的身体服务,还应为培养学生健康的心理而服务,它是智慧与体质的结合,是智力与非智力因素的结合。所以,体育课堂教学的目标定位扩展了,认知目标和情感目标的有机结合必然促进各种教学艺术的结合而上升为更高超的艺术表现。

（2）体育教学客体——学生之间存在差异,学生的智力水平、智慧表现方式及形体都存在不同。体育教学的本质任务是促进学生形体发育,提高学生的身体机能。但不同学生的形体、机能往往存在明显的差异。学生自身形体、机能的差异往往导致他们在体育课堂上会取得不同的学习效果。教师如何使学习的主体——学生都能学好教材,达到教学目标要求呢?这就需要教师有较高的教学水平,有适宜的教学手段和方法,形成更高超的教学艺术。

（3）体育教学过程的动态环境使体育教学形式更加生动活泼,同时也增加了完成教学任务的难度。教师应使其合理地结合,达到这样一种境界：科学知识学习的严肃规范性与教学艺术的完美结合;教师适宜的教学手段和方法与学生好动和自主学习态度的结合;教师新的教学观念的树立与学生终身体育观念形成的结合等。随着教育的不断发展,体育教学取得了明显的进步,从教材到教学的表现形式都有大的突破,这也是通过体育教学的高超艺术来达到的。

二、体育教学艺术的特征

（一）语言多样性

表达体育教学内容,必须通过教师的语言来叙述。语言表达有两种形式,分别是语言性语言和非言语行为。体育学科与其他学科相比而言,非言语行为所占的比重较大,而且非常重要。它不仅是情感与态度的表达,而且本身就是教学内容,是学生要学习的形体动作。

在语言性语言中又有说话的语言与口哨指挥语言。教师运用口哨能表达自己的思想,这是体育教学的特殊性表现,口哨的使用艺术是体育教学艺术中的典型特征。优秀的体育教师必须具备非言语行为和语言性语言中的口哨运用技艺,它既是教师教学艺术的条件,又是吸引学生情感的"磁石"。

（二）直观形象性

直观形象性是体育教学艺术的一个典型特征。学习体育教材内容需要通过以下两种手段来完成。

第一,体育教师利用语言的讲解,分析运动技术要领,确定运动技术重点、难点,指明保护与帮助方法等。

第二,体育教师通过自身形体的示范,给学生建立动作的整体形象以及运动动作的形象概念,激发学生的形象思维,促进学生掌握运动技术。

体育教学艺术是语言的形象描述与形体直观展示的高度结合,二者缺一不可。

（三）动态差异性

动态是体育教学的典型特征之一,指一切活动都在"动态"环境中进行,这主要体现在以下几个方面。

（1）教师的位置可随时改变。

（2）教师可随时调整形体示范动作,以有利于学生的观察。

（3）学生个体、集体队伍随时变动。

动态性是体育教学区别于其他学科教学的艺术特性。

体育教学艺术的差异性反映在师生两个方面。一方面,教师全面发展,语言精练、富于情趣、善于激发、富于乐趣；动作示范优美规范；组织调动合理简练；声音有变化；运动量、练习密度合理等。另一方面,学生学会动作,完成教学目标。可教师之间、学生之间总是存在差距,教师应在全面发展的基础上重点发展自己的个性；学生应根据自身条件,不断努力分层实现自己的目标。所以教学艺术的表现应在教与学两个方面都有差异,这种差异也是体育教学艺术合理性与圆满性的体现。体育教学艺术具有动态的变化、艺术表现的差异性特征。

（四）激趣情感性

体育能够促进学生全面发展,可以使学生终身受益。现代体育教学也正是沿着这个方向改变着我们的体育教学观念,从唯"本质增长""机能发育"到心理、生理的全面发展,其重要标志之一就是培养和建立学生终身体育观念。建立终身体育观念的关键条件就是学生对体育的兴趣和情感。兴趣来源于运动项目的吸引力,情感来源于教师的教学艺术。我国古人强调"教必有趣,以趣促学"。孔子说:"知之者不如好之者,好之者不如乐之者。"朱熹指出:"教人未见意趣,必不乐学。"都说明了这个道理。随着体育教学的改革与发展,体育教学中大量运用游戏教学形式,促进了学生智力因素和非智力因素的培养与发展,教师的微笑及情感注入课堂等,都是体育教学艺术激趣——情感性特征的反映。

（五）全面发展性

现代体育教学的目标是为人才的全面发展打好基础。体育的健身与健心的同步发展,是"健康第一"指导思想在体育学科的具体表现。学习体育运动项目的动作,掌握这些动作的技术,形成技能,是学科知识的教学需要。通过体育教学艺术而要达到的最终目标是学好体育,建立终身体育观念,使学生终身受益。所以,体育教学艺术在教学过程中的"美"的情感的激发,必然促使学生运动欲望的产生,这种欲望的满足,完善了学生对美的追求,最终达到了身心健康与全面发展,这种对科学与艺术的完美结合的追求,对健身、健心的追求,是体育教学艺术的重要特征。

（六）审美独创性

现在,越来越多的人认识到体育教学活动蕴含着丰富的美、贯穿着美的规律。体育教学教材的动态美,教学过程中教材、场地、器材的和谐美,同样的动作所表现出来的不同方式的美,是体育教学美的独特表现,是审美与创造的结合。体育教学活动的美无处不在,通过教学艺术的启迪,可感染学生的情绪,吸引学生的兴趣,强化学生的学习态度。青少年好动,好动鼓舞着学生对姿态美、动作美的追求,无形中将体育的科学知识和体育动作的美的表现完美地结合起来。使学生在运动中感受到美不可言,体验到一种乐趣,并唤起他们的灵感和创造性。而体育教学艺术在启迪和发展这些灵感和创造性的过程中,也形成了教师对美的追求和个体的独创欲望和能力,表现出各具特色的体育教学艺术。学生需要教师对美的挖掘的启示,教师也需要学生对美的追求愿望的刺激,这种正反双向作用对促进体育教学艺术的发展和完善具有重要的意义。

三、体育教学艺术的功能

体育学科的教学艺术特征与其他学科有区别,其功能也具有自己的独特之处,具体表现在以下几个方面。

（一）促进运动技术掌握,形成熟练技能

学生要掌握运动项目固有的运动特征,学习体育运动项目技术是关键,这种学习是一个复杂的过程,有生理因素、心理因素;智力因素、非智力因素的参与。这种双重的参与提高了学生参与的能力,使学生的运动技能逐渐达到熟练。所以体育教学艺术从方法到手段都发挥了教师的教育机智,教师运用教学才华完成技术的教学,而且是有层次的教学。这个层次一方面是指技术学习本身的技术层次由浅入深、由单个技术到复杂技术的组合;另一方面是指技术教学方法必须符合学生生理、心理差异的不同层次,教学方法和手段不能"一刀切",要突出体现因材施教,而且教学艺术也突出了教学过程的师生互动。体育教学主要是室外教学,受

第六章 校园体育艺术文化建设研究

外界的干扰较大,受环境的变化影响更大。体育教学艺术能有效地适应这些变化,排除干扰,促进学生掌握信息的速度和强度的提高,对体育教学进行调整和控制,使技术学习向形成熟练的技能有效转化,从而促进体育教学效果的提高。另外,教学艺术使教师讲解技术与组织练习有效结合;使启发思维与直观形象有效结合;使教学媒体与技术教学有效结合。总之,教与学总体的有效结合,能促进技术的掌握和技能的发展,是典型的静态教学与动态教学的结合。

（二）以美促练,美化人的心灵

体育教学中,美无处不在。体育教学艺术反映了体育教师语言的美、运动技术示范动作的美、教学场地的美、器材布置摆放的美等,这些美感染了学生,提高了学生参与体育学习与锻炼的积极性。另外,各项运动自身都具有美的节奏和美的旋律。所以,运动的技术学习以及参与运动的整个过程,都可以说是一种美的具体体验。凡是经常从事体育运动的人,其形体必然具有运动美的风采,这是人的外部形态的表现。更重要的是,体育教学艺术的美能改善学生的情绪状态,甚至可以使学生合理宣泄不良情绪,消除心理紧张,放松身心,调节心理状态和维持心理平衡。

体育教学艺术的美能促使学生之间的人际关系更加协调,促进学生合作与竞争意识的提高。对学生的一生来说,这种人际关系和合作与竞争的意识非常重要,它培养了学生相互交往的心理适应能力,以及勇于进取、树立远大志向的积极向上的精神。另外,体育教学艺术的美对于锻炼学生勇敢、果断、顽强的意志和高尚的道德品质具有重大意义。总之,体育教学艺术的美有助于学生审美观点和能力的形成与发展,可促进学生美好心灵的成长与发展。

（三）创建氛围,提高组织管理能力

现代体育教学提倡建立师生合作、和谐共处的良好教学氛围,打破"师为上、生为下"与"师为先、生为后"的师道尊严,真正建立以学生为主体的新教学模式。我们反复强调体育教学的快乐、兴趣和美的享受,而体育教学还有另一面的精神,即经受艰苦的训练,经历必要的磨难教育。从兴趣和快乐中培养坚强的意志品质、顽强的战斗精神、勇往直前的气概等优秀品质是很难得的,学生只有尝试了"先苦"才能"后甜"。另外,从体育教学的本质属性来看,需要营造一个合作、和谐的教学氛围。体育教学艺术就能发挥这样的功能,既能严格要求,又不失兴趣和激励,使学生能适应一切条件和环境,达到教学目标。

(四)推进开放式体育教学发展

体育教学是学校体育的主渠道,但学校体育还包括课外体育活动、运动队训练、早操、课间操、校内外运动竞赛等多种形式,只有各方面统一才能促进学生身心全面发展,实现"健康第一"的目标。体育教学作为主渠道是一切的基础,主渠道修好了,才能保证其他渠道畅通无阻。所以,体育教学的发展应该是开放性的,服务于学校体育总目标的实现。优秀体育教师的体育教学是认真而富有成效的,这样才能保证其在体育其他方面的工作是出色的。因为体育教学艺术不只限于体育课堂上的表现,它会给教师带来全方位的发展,也同样能在学校体育的其他方面发挥"艺术"的功能,取得实效。从另一角度来看,不可能只通过每周2~3节的体育课就实现体育总目标。体育教学艺术同样能在学校体育各方面的工作中发挥高效益。

四、体育教学艺术的发展

(一)体育教学艺术的现代化发展

学校体育教育必须遵循教育的本质去挖掘学科内涵,实施体育教学的现代化。学校体育教学艺术必须按"三个面向"去发展,使学校体育教学改革向着创建具有中国特色之路而不断发展。体育教学艺术的现代化发展包含以下几个方面。

1.体育教育观的现代化

《中共中央国务院关于深化教育改革全面推进素质教育的决定》中指出:"实施素质教育,就是全面贯彻党的教育方针,以提高国民素质为根本宗旨,以培养学生的创新精神和实践能力为重点,造就'有理想、有道德、有文化、有纪律'的德、智、体、美等全面发展的社会主义事业建设者和接班人。""健康体魄是青少年为祖国和人民服务的基本前提,是中华民族旺盛生命力的体现。学校体育要树立'健康第一'的指导思想,切实加强体育工作,使学生掌握基本的运动技能,养成坚持锻炼身体的良好习惯。"

体育教学同样是实施素质教育的重要组成部分。所以,体育教学的现代化体现在学校体育必须树立"健康第一"的指导思想和素质教育的

第六章 校园体育艺术文化建设研究

教育观念。

体育教学课堂、体育教学艺术必须面向全体学生,为全体学生的终身体育打下良好基础。因此,体育教育教学观念的现代化发展必须实现以下转变。

(1)从重竞技运动向树立"健康第一"的观念转变。

(2)体育课堂教学的单一模式向多层次、多特点的混合模式的转变。

(3)体育课堂教学必须从封闭式向开放式发展。

2.体育教学目标的现代化

体育教学目标主要是通过体育课程目标实现的,所以体育教学目标的现代化也指体育课程目标的现代化。

(1)体育课程目标的科学化

课程目标的科学化包括以下三个内容。

首先是教育、教学内容的选择必须围绕学校教育的总目标。

其次是课程不仅包括课堂教学,而且包括课堂外的各种教学活动。这一点对于体育课程尤为重要。

最后是课外活动应该是在教师指导下有目的、有计划、有组织的活动,而不是盲目的、随意的活动。可见,体育课程目标的科学化是在体育教育教学观念的现代化指导下的新的课程构建,是开展素质教育所需要的课程建设,是"健康第一"指导思想落实的核心。另外,课程目标的科学化还表现在体育课程应具有以下鲜明的特征。

第一,体育课程的实践性。必须通过身体的实践活动去实现教育总目标。

第二,体育课程的整体性。必须通过课内、课外相结合才能收到预期结果。

第三,体育课程的社会性。必须适应学生进入社会后的发展需要而主动发展。

第四,体育课程的差异性。必须适应人的身体条件和性别差异而因人而异。

第五,体育课程的非阶梯性。必须根据大、中、小各学段学生身心发育水平而因材施教。

第六,体育课程的复合性。既要提高学生的智商,又要提高学生的情商,使学生全面发展。

所以说体育课程既是素质教育的重要内容,又是学校实施素质教育的重要手段。

（2）体育教学内容的多样化

体育课程具有非阶梯性特征，许多体育教学内容和手段没有明显的先后顺序，这是体育与其他学科的主要区别之一。另外，能够促进学生身心素质提高的教材内容同样多种多样，没有先后之分。我们必须改变过去全部取用竞技运动项目来作为学校体育课程内容的单一的、纯竞技性特征的传统教学内容选择模式，大量增加娱乐性、健身性、人文性、民族性及开放性等内容，丰富体育课程教材内容，再选用多样化的教学手段和方法，以实现现代化的教学目标。

（3）体育课程内外的一体化

随着体育教学的改革与发展，体育课程教学必须走开放式之路，将课内、课外从形式到内容相结合，将校内、校外从发展到巩固相结合。使体育学科在形式表现上成为学校诸多课程中最生动活泼、最富于实效的；使学生具有体育锻炼的积极性和自主选择进行锻炼的能力，使其终身受益。

3. 体育教学手段和方法的现代化

体育教学手段和方法的现代化主要是指教师在教学过程中必须贯彻"健康第一"和素质教育的指导思想，要为学生终身体育打好基础。当然，必要的场地形式的建设与体育器械设备的增加是应该的，但这些都必须服务于教育教学总目标的实现。

体育课程教学手段和方法的现代化，就是教学艺术的科学性与艺术性的有机结合。没有教学艺术，就没有现代化。因此，因人而异的"处方教学"、因材施教的"复式教学"等才是真正意义上的"现代化"，这些教学方法遵循学生生理、心理发展变化的规律和知识、技能的认知，能满足不同条件、不同要求学生的个性发展。

（二）体育教学艺术的可持续发展

体育教学艺术的可持续发展是为学生终身体育打好基础的现代学校体育发展观。现代体育教学艺术的可持续发展是对体育教育价值观的再认识，是对体育教育教学功能的再升华，是对体育教育教学目标的再理解和探讨。

1. 对体育教育价值观的再认识

人、社会、环境的和谐统一是教育可持续发展的核心。"健康第一"指导思想的提出，《中共中央国务院关于深化教育改革全面推进素质教育

第六章 校园体育艺术文化建设研究

的决定》的颁布、《全民健身计划纲要》的实施等为当代学校体育的人、社会、环境的统一和谐的发展提供了良好的条件,有利于推动学校体育教学艺术发展。

可持续发展战略在思想内核上以人类的整体和长远利益为着眼点,强调经济、社会、人口、资源和环境的协调发展。而教育科学的发展也是把促进或实现人的发展和社会性发展的协调统一作为理想的价值目标的。体育教学艺术所追求的目标是通过科学性发展人自身的素质,实现人与社会、环境的协调。从原始的健身观念向社会需求人才观念的发展,也是以人类的整体和长远利益为着眼点的,是以为社会、国家培养一代新人为目标的。只有这样,学校体育教学艺术才能有效地满足未来发展的教育需要,其本身才能取得更大的发展。

2. 对体育教育功能的再升华

体育教育重点不应只是"体"的表现,而应是"育"的功能的全面展现。只有体育教学艺术才能较完美地实现真正的"体育"功能,才能培养德、智、体全面发展,有利于社会发展和进步的一代新人。只有实现体育教育的健身与健心功能的圆满结合,才能实现学校教育的政治功能、经济功能以及生态功能。

3. 对体育教学目标的再理解

教育的目标是培养学生的德、智、体全面发展,为国家、社会培养一代新人。这一代新人也必须是能促进人、社会、环境统一和谐发展的可持续发展的人。这与体育教学目标的实现是紧密相连的。

体育教学艺术可持续发展的核心旨在协调自然、社会与人的发展。终身体育是体育范畴内的终身教育,是素质教育在体育领域中的具体实施过程表现和最终目标结果。对教育而言,人的可持续发展要求教育所培养的人才应具有扎实的知识基础、丰富的文化底蕴、孜孜以求的科学精神、强健的体魄、良好的心理素质,使学生走出校门、进入社会后,能适应日益变化的社会需求,并能接受更多的教育,进行自我教育,从而获得终身发展。所以,从此意义上讲,体育教学艺术的可持续发展,也就是人的终身体育的可持续发展,形成人对体育的毕生追求并终身受益。

第四节 高校体育艺术类课程体系的构建与实施

一、高校体育艺术类课程体系的构建

(一)高校体育艺术类课程体系的构建原则

1. 强化健康第一的导向性

促进大学生健康发展,发展高校体育教育必须坚持"健康第一"的指导思想。这充分体现了党的教育方针对高校体育的基本要求,并前瞻性地显示了体育学科与艺术学科交叉渗透的发展趋势。高校体育艺术类课程以促进大学生整体健康水平的提高及全面发展为目标,构建以技能、艺术、审美、认知、情感、行为等领域并行推进的课程结构,整合了多学科领域(体育、艺术、卫生保健、环境、社会等)的有关知识,促进了大学生健康意识、艺术意识和审美意识的提高。

2. 拓展个性发展的时空性

随着社会的发展,大学生的生活空间变得越来越广。高校体育将不再是专指高校校园体育,它已超越了学校的空间界限,面向整个社会和市场。高校体育课程已经不是大学生获得体育知识、掌握运动技能的唯一来源了,信息技术的高速传播促进了大学生掌握体育信息的能力提高。因此,开放性的高校体育素质教育能够使大学生的发展更加自觉、主动。

在高校体育教育中,提高大学生的社会适应能力是一项基本任务,这就必须构建高校体育艺术类课程,拓展大学生个性发展的时空,培养大学生高尚、积极、健康的情感世界,并且更加实际地培养大学生的体育能力、艺术修养和良好的心理素质。

3. 提高体育学习的积极性

对高校体育艺术类课程进行构建,必须对大学生的运动兴趣和爱好予以关注。大学生的运动兴趣是促进大学生自觉、积极地进行体育锻炼的内在动力。运动兴趣和习惯是促进大学生自主学习和终身坚持锻炼的前提。无论是选择体育艺术课程教学内容还是更新教学方法,都应对大学生的运动兴趣给予高度关注,只有激发和保持大学生的运动兴趣,才能使大学生自觉积极地学习体育艺术类课程。因此,在体育艺术类课程教学中,应坚持以人为本,发挥大学生的主体性,提高大学生的学习积极性和学习潜能,这能够有效保障体育艺术类课程目标和价值的实现。

(二)高校体育艺术类课程体系构建的基本内容

高校体育艺术类课程体系构建的基本内容见表6-1。

表6-1 普通高校体育艺术类课程体系构建的基本内容

一级指标	二级指标
课程目标	1. 运动技能目标 2. 运动参与目标 3. 身体健康目标 4. 心理健康目标 5. 社会适应目标
课程内容	1. 体育艺术类项目 2. 体育艺术类课程教材
课程模式	1. 目标型 2. 选择型 3. 俱乐部型 4. 以赛促教型 5. 分层型 6. 发现型 7. 三段型
课程评价	1. 评价内容 2. 评价方法 3. 评价主体与方式

表6-1中的二级指标下还可以分出若干三级指标,体育艺术类课程的框架是在这些指标的基础上构建而成的。

(三)高校体育艺术类课程体系构建的基本框架

课程体系的设计构建离不开课程目标、课程内容、课程模式和课程评价这几个重要因素,因此构建高校体育艺术类课程体系必须结合课程体系的四大要素进行。有关学者在调查分析我国普通高校公共体育课程及体育艺术类课程的现状,了解并掌握基本状况,查阅大量有关教育学、体育教育学等书籍和相关文献,搜集整理大量有关高校体育课程设置、体育课程教学模式以及体育教学内容和评价方式的资料,并在把握普通高校体育课程发展方向的基础上,对普通高校体育艺术类课程设计构建的基本框架进行了拟定,如图6-4所示。

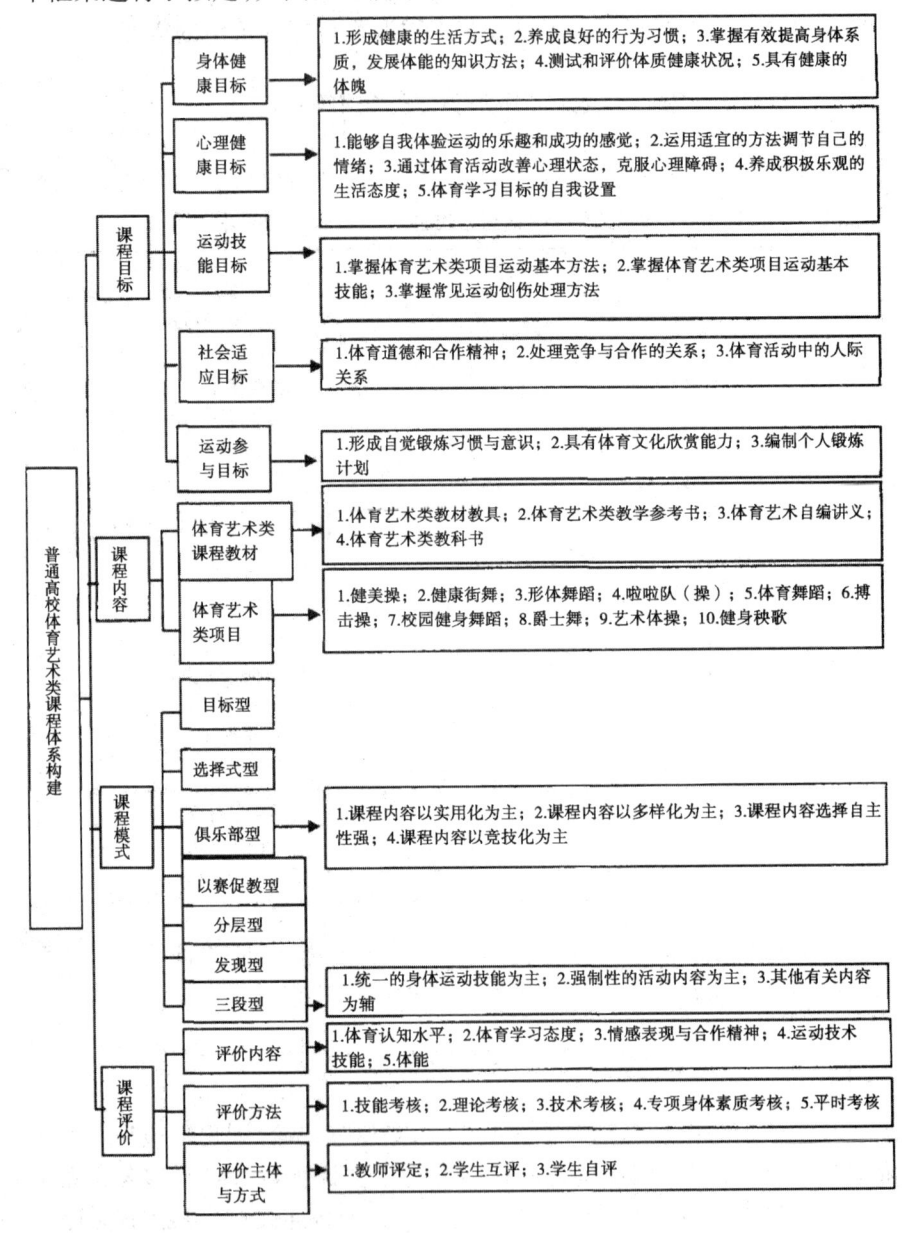

```
普通高校体育艺术类课程体系构建
├─ 课程目标
│   ├─ 身体健康目标 → 1.形成健康的生活方式;2.养成良好的行为习惯;3.掌握有效提高身体系质,发展体能的知识方法;4.测试和评价体质健康状况;5.具有健康的体魄
│   ├─ 心理健康目标 → 1.能够自我体验运动的乐趣和成功的感觉;2.运用适宜的方法调节自己的情绪;3.通过体育活动改善心理状态,克服心理障碍;4.养成积极乐观的生活态度;5.体育学习目标的自我设置
│   ├─ 运动技能目标 → 1.掌握体育艺术类项目运动基本方法;2.掌握体育艺术类项目运动基本技能;3.掌握常见运动创伤处理方法
│   ├─ 社会适应目标 → 1.体育道德和合作精神;2.处理竞争与合作的关系;3.体育活动中的人际关系
│   └─ 运动参与目标 → 1.形成自觉锻炼习惯与意识;2.具有体育文化欣赏能力;3.编制个人锻炼计划
├─ 课程内容
│   ├─ 体育艺术类课程教材 → 1.体育艺术类教材教具;2.体育艺术类教学参考书;3.体育艺术自编讲义;4.体育艺术类教科书
│   └─ 体育艺术类项目 → 1.健美操;2.健康街舞;3.形体舞蹈;4.啦啦队(操);5.体育舞蹈;6.搏击操;7.校园健身舞蹈;8.爵士舞;9.艺术体操;10.健身秧歌
├─ 课程模式
│   ├─ 目标型
│   ├─ 选择式型
│   ├─ 俱乐部型 → 1.课程内容以实用化为主;2.课程内容以多样化为主;3.课程内容选择自主性强;4.课程内容以竞技化为主
│   ├─ 以赛促教型
│   ├─ 分层型
│   ├─ 发现型
│   └─ 三段型 → 1.统一的身体运动技能为主;2.强制性的活动内容为主;3.其他有关内容为辅
└─ 课程评价
    ├─ 评价内容 → 1.体育认知水平;2.体育学习态度;3.情感表现与合作精神;4.运动技术技能;5.体能
    ├─ 评价方法 → 1.技能考核;2.理论考核;3.技术考核;4.专项身体素质考核;5.平时考核
    └─ 评价主体与方式 → 1.教师评定;2.学生互评;3.学生自评
```

图6-4

第六章　校园体育艺术文化建设研究

二、高校体育艺术类课程体系的实施方案

（一）课程建设

课程建设作为课程体系构建中最重要的一环，在推广实施过程中至关重要。课程建设主要涉及的内容包括教材目标、教材内容、评价体系、教学组织、教学模式和方法等。构建体育艺术类课程教材，主要围绕健美操、艺术体操、健康街舞、啦啦队（操）、体育舞蹈、健身健美、校园健身舞蹈等项目进行，以专家构建为主，并在实践运用中不断完善教材体系。

教材建设的目标是能够为学校体育教育提供专业性、系统性、科学性、实用性教材，而且能够为学生健康教育提供专业服务。体育艺术类课程体系化建设是一个系统工程，是深化教学改革的配套措施，也是培养专业人才的手段，既是响应教育部学校教育方针的需要，以及新课程标准"健康第一"的宗旨和全民健身计划纲要的实施，也是各学校教育工作的需要。课程设计在内容选择上充分考虑学生不同学习阶段的特点，淡化竞技体育的色彩，提倡健身性体育项目，坚持全面发展和协调发展的原则，注重培养素质和能力，把学生培养成为全面发展并具有个性的专门人才；既考虑全体学生的基本需要和总体要求，又要考虑学生的其他差异，使每一个学生充分发展，注重个性，全面育人；它不仅注意更新内容和学习学科前沿知识，更注重对学生创新能力的培养，并促进学生需要的满足，真正落实健康教育。

体育艺术类课程的实用性很强，对于不同的群体其定位不同，大学群体的目标定位是培养技能；中学是促进身体健康；小学是促进身体健康与娱乐。该课程体系主要包括教材、教学大纲、教学进度、试题库、多媒体教学课件、教案范本、教师培训模式及方法、师资评定考试标准及试题。

（二）师资队伍建设

普通高校体育艺术类课程构建体现了体育教育与艺术教育的高度融合。该课程项目多、内容多、类别多。开设这些课程，必须要有能胜任课程教学的教师，对教师的素质提出了很高的要求。教师不但要具备各种体育艺术类动作技术的教学技能，用生动形象、简洁流畅、富于启发的语言和正确优美的示范进行教学，而且要具备多种体育艺术形式的实践操作技能和教学技能，此外还要掌握最新的艺术教育理论、方法及技能。

(三)项目宣传

为大力推广实施体育艺术类项目,必须开展宣传工作。宣传的目标是让民众了解这类项目的内容、特征、特点、表现形式、健身娱乐性等多功能性。这些新兴项目大多来自于国外,引进我国的时间比较短,开展和普及还不够完善。

为了让学生尽快了解这些项目,需要通过多渠道来建立推广宣传平台,举办各类项目培训,积极打造赛事平台。体育艺术类项目本身具有娱乐性和观赏性,对大众的吸引力很强,这样赛事和项目内容逐渐深入人心。同时通过媒体宣传平台来展示,通过社区活动、节日庆典、校际交往等活动进行演出,可以大大提高宣传效果。

在学校宣传上,首先要设立体育艺术社团,实施可行的体育艺术知识的宣传栏目,开设体育艺术理论和技术交流讲座;开展一系列丰富多彩的校园体育艺术文化活动,鼓励学生参与这些活动,使学生不断认识与了解体育艺术,使其体育兴趣范围更加广泛。

(四)保障措施

近年来,随着各高校不断推广体育艺术类课程,各高校领导对此十分重视。很多高校为此修改教学大纲,将体育艺术类课程纳入其中,同时还为课程的开设做后勤保障,如采取修建练习场馆、搭建学习交流平台、申报精品课程、开展专题讲座等措施予以支持和保障。

高校体育艺术类课程体系的实施离不开一系列保障措施,具体表现在以下几个方面。

(1)体育主管部门和教育部门的政策支持。

(2)学校领导的大力认可和支持。

(3)体育教师的热情参与。

第七章　校园体育文化建设的延伸与拓展

校园体育文化建设,除了其自身建设之外,还需要向周围进行延伸和拓展。同校园体育产生联系的体育形式有很多,其中就有家庭体育和社区体育。本章就从家庭体育、社区体育的角度来对校园体育文化建设的延伸与拓展进行研究。

第一节　家庭体育与社区体育概述

一、家庭体育概述

（一）家庭体育的概念

家庭体育是一人或多人在家庭生活中自愿或者通过安排而参与的,以身体练习为基本手段,以获得基本运动知识技能、满足兴趣爱好、丰富家庭生活、达到休闲娱乐、实现强身健体和促进家庭稳定为主要目的教育过程和文化活动。

（二）家庭体育文化的特征

1. 普遍性与群众性

家庭是社会的基本单位,我国家庭本位的传统和现代生活方式的转变使得家庭体育成为人们闲暇时间的重要选择。家庭体育文化对构建我国全民健身体系具有重要的作用,它可以发挥自己独特的优势,将所有家庭成员都动员起来,家家户户都参与体育活动,这种广泛性的群众性行为是其他任何一种形式都无法比拟的。家庭体育将亲情力量与健身活动融为一体,使家庭成为体育组织形式中最适宜、最理想和最具有亲和力的体育形式之一。在当今社会,人们越来越重视健康运动,而家庭体育无疑成为一种最重要的手段和方法,最具普遍性和群众性。

2. 丰富性与灵活性

家庭体育是人们日常生活中的一种活动,家庭成员可以在余暇时间自由进行锻炼,自我欣赏,其内容休闲娱乐、丰富多彩。从早晚散步到节假日爬山、远游;从塑形、健身到体育竞技、娱乐的观赏;从球类运动到各类体育游戏;从儿童及少年的游戏到老年人的传统体育项目的锻炼等无不属于家庭体育的内容,可见家庭体育文化的内容是丰富多彩的。

由于家庭体育是一种群众性体育行为,是以家庭为单位的,所以各家各户可以独立自主地举行家庭体育活动,具有很强的独立性和自主性。家庭成员可以充分利用属于自己的业余时间,通过积极健康的体育娱乐方式,有计划、有目的地经常性地参加家庭成员共同喜爱和擅长的体育活动项目,丰富家庭成员的余暇生活,满足家庭成员的精神需求和社会需要。

3. 自由性

家庭体育是一种比较自由的体育活动形式,这种自由首先表现在时间选择的灵活性上。家庭体育可以选择在余暇中任何时间来进行,完全受家庭以及个人的自由支配。例如,一个家庭的体育活动既可以利用节假日休息的时间来进行,又可以在每天下班的时间安排一些比较简单、利于放松的体育活动。

4. 随意性

家庭体育既可以不受场地的限制,又可以不受器材的限制,具有极大的随意性。利用任何场所(包括家庭庭院、周围空地、野外等)都可以作为家庭体育活动的场所,从而弥补公共体育场地设施的不足。比如,锻炼者可以充分利用自家的庭院以及居室周围环境进行因地制宜的家庭体育活动,这样既解决了体育锻炼场地不足的问题,又达到了健身的目的,同时又促进了社区群众体育的发展,对我国全民健身具有良好的影响和作用。

5. 全面性

家庭体育锻炼效果的全面性是指家庭体育拥有其他形式的运动所没有的时间的灵活性以及内容和手段的丰富性及多样性,家庭成员可以在这样的条件下进行体育活动的锻炼,从而取得良好的锻炼和健身效果。在家庭体育文化中,家庭成员在没有压力的活动环境中,更能让自己的情感得到完全的释放,自由感、舒畅感和愉悦感等由此而产生,从而达到健身、休闲、娱乐、社会交往等目的。这不仅满足了家庭成员个体身心发展的需要,而且也可以促进家庭和睦、社区和谐以及社会的稳定发展。

6. 终身性

在社会文明高度发展的今天,人们越来越意识到终身教育的重要性,教育与不断学习是伴随人的一生的,体育也同样如此,体育运动对改善人们的体质和健康具有非常重要的作用,因此形成终身家庭体育观是十分有必要的。

(三)家庭体育文化的功能

1. 一般功能

家庭体育的一般功能主要包括个体功能和社会功能两个方面。
(1)个体功能
家庭体育的个体功能主要表现在以下几点。
①强身健体。
②提高夫妻生活质量。
③促进智力发展。从事家庭体育活动可以既可以增强人的体质,奠定人的智力发展的良好物质基础,同时还可以在体育锻炼的过程中磨炼人的意志,有利于优良的意志品质的养成。
④培养人良好道德品质。
(2)社会功能
①增强社会凝聚力。
②有助于社会物质文明与精神文明建设。
③能够更好地促进社会的和谐发展。

2. 特殊功能

家庭体育的特殊功能表现在以下几个方面。
(1)能够形成健康的生活方式。
(2)丰富人们业余生活的内容。
(3)有利于家庭的和睦。
(4)有利于推动全民健身,促进终身体育的发展。

二、社区体育概述

（一）社区体育的概念

社区体育就是在社区中，全体社区成员作为参与主体，将社区所具有的自然环境和各类体育设施作为物质基础，以更好地满足社区成员身心健康，满足社区成员的各种体育需求，同时促使社区成员之间的社区感情得以发展和巩固作为目的，在对就地就近原则进行遵循的基础上所开展的区域性的群众体育活动。[①]

（二）社区体育的分类

1. 根据活动空间进行分类

根据活动空间可将社区体育划分为庭院体育、公园体育、广场体育、公共体育场所体育和其他场所（空地、广场、江河湖畔等）体育五类。还可以将社区体育划分为室内体育和户外体育。

2. 根据参与人群进行分类

根据参与人群可将社区体育划分为婴幼儿体育、学生体育、在职人员体育、离退休人员体育、特殊人群体育和流动人口体育六类。

3. 根据参与主体的群体规模大小进行分类

根据参与主体的群体规模大小可将社区体育划分为个人体育、家庭体育、邻里（楼群、庭院或胡同）体育、微型社区（居委会）体育和基层（街道办事处）社区体育五种。社区体育既可以个人、家庭、邻里、居委会和街道为单元参与不同规模的体育活动和竞赛，又可以个人锻炼的形式在家庭、楼群（胡同）、居委会和街道范围内开展体育活动和竞赛。

4. 根据组织类型进行分类

根据组织类型可将社区体育划分为自主松散型和行政主导型两种。

晨晚练体育活动点、辅导站、社区单项（人群）体协等为自主松散型社区体育。

---

① 王凯珍，李相如. 社区体育指导[M]. 桂林：广西师范大学出版社，2005.

社区体育活动中心、社区体育俱乐部、街道社区体协等为行政主导型社区体育。

5.根据活动时间进行分类

根据活动时间可将社区体育划分为日常性体育活动(晨晚练)、经常性体育活动(俱乐部活动)和节假日体育活动(节日、周末和寒暑假体育活动)三类。

6.根据消费类型进行分类

根据消费类型可将社区体育划分为福利型、便民利民型和营利型三种。

福利型社区体育主要面向老年人、儿童、残疾人、社会贫困户、优抚对象等弱势人群。

便民利民型社区体育主要面向全体社区居民。

营利型社区体育主要面向中、高收入人群,面向白领人群。

(三)社区体育的构成要素

构成社区体育的要素主要有六个,分别为全体社区成员、社区体育组织、社区体育经费和体育设施、社区体育指导者和管理者,以及各个具体的社区体育活动。

通过采用框图形式,任海将社区体育六大构成要素相互之间的关系进行了相应的描述,如图7-1所示。

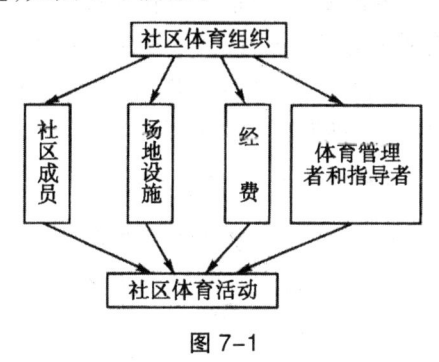

图7-1

第二节　校园体育与家庭体育及社区体育的相互关系

一、校园体育与家庭体育的相互关系

(一)校园体育对家庭体育的作用

1. 校园体育为家庭体育奠定了良好基础

校园体育是家庭体育发展的基础。校园体育的对象是青少年学生，学校是青少年学生活动的主要场所，学生时代滞留在学校的时间最多。学校教育发展和改革，使学校课余活动方式不断地走向多样化。学校体育课是增强学生体能的重要手段，以促进青少年学生身心发展、增强体质为目的，在体育教学中向学生传授基础知识、基本技术和基本技能，能够为学生参加家庭体育打下良好的基础。

2. 校园体育为家庭体育提供了重要的物质保障

校园体育能为家庭体育的发展提供技术指导和场地设施。目前，家庭体育缺少体育器材设施，缺少专业性的业务指导，居民参与率较低。要改变现状，其中的有效途径之一是紧紧依靠学校资源，充分发挥学校体育教师的指导作用，利用好学校的体育设施，在搞好学校体育的前提下，有效利用学校的体育设施开展好家庭体育活动。

3. 校园体育进一步增强了家庭体育的活力

校园体育向家庭延伸，促进了家庭体育的发展，增强了家庭体育的活力。随着改革开放的不断深入，人们的物质文化生活日益丰富多彩，体育事业蓬勃发展。体育进入了千家万户，成为人们日常生活中的一个极有社会意义的组成部分。在校学生已经形成了一定的体育意识和体育锻炼的指导能力，在家庭中能够担负起家庭体育的组织和指导作用，可以把体育课上学会的各种运动技能与家长共享，既能锻炼学生运用所学知识指导实践，又能带动家庭体育的发展，增强家庭体育的活力。

第七章　校园体育文化建设的延伸与拓展

（二）家庭体育对校园体育的作用

1. 家庭体育为校园体育提供支持

家庭体育良好发展是校园体育的后盾。校园体育离不开家庭的配合和支持，学生拥有健康的身心是学校和家庭的共同责任。家长对体育活动的认可程度关系着家庭体育的发展状况，关系着他们对孩子从事体育活动及专业训练的态度。家长的体育健身意识与习惯具有很强的感染力，能为青少年儿童树立良好的榜样。

2. 家庭体育是校园体育的重要补充

家庭体育是校园体育有益的补充和延续，并促进校园体育的发展。学生参加家庭体育活动，能够弥补学校体育活动中存在的不足，有利于形成学校和家庭共同关心学生身心健康的格局。家庭体育悄然兴起，并迅速发展，它具有继承性、趣味性和感染力等特征，势必对校园体育的发展起到促进作用，进而成为现代生活潮流。把体育纳入家庭生活是大众生活的需求，以家庭为单位展开体育活动，既是推进全民健身计划的需要，又是实现体育生活化的要求。

二、校园体育文化与社区体育的相互关系

（一）校园体育对社区体育的作用

1. 能够增强社区体育的活力

社区体育中最活跃的因素就是儿童与青少年，他们活泼好动，是希望与阳光的代表。辖区学校中小学生积极参与社区体育，能够将新的生命力与新鲜的血液注入社区体育活动中，使社区体育的开展变得轻松欢快，促进社区体育吸引力的加强。

2. 为社区体育提供人才

社区体育的开展需要一定的指导人员与组织人员，指导人员主要是负责对居民的健身锻炼进行科学指导，组织人员主要是负责对体育活动进行有效的管理。但这两类人员目前在我国社区体育的建设中是比较缺乏的，人才的缺乏直接制约了社区体育的发展。其他辖区单位可以为社区体育发展提供一些人力资源，但毕竟数量有限，水平也参差不齐。辖区

学校的体育教师都是经过专业体育学习和培训的专门人才,如果将其作为社区体育的组织与指导人员,将会在很大程度上促进社区体育的发展。

体育专门人才不仅是指学校的体育教师,还包括大、中专学校体育专业和高水平运动队的学生,这类人才群体的数量很多,能够为社区体育的发展输送充足的人才资源。在各级各类学校的学生中,体育爱好者也有不少,他们热爱体育,对学校组织的体育训练与比赛积极参与,有的还在学校体育社团中担任重要的角色,对这些学生进行专业的培训,也会使其成为促进社区体育发展的优秀人才。

(二)社区体育对校园体育的作用

1. 能够使体育教学资源得到不断拓展

社区体育活动多姿多彩,踩高跷、舞龙、舞狮、抖空竹、扭秧歌等民间传统体育活动更是丰富多样,这些项目民俗文化底蕴深厚,地方色彩浓厚,对场地与器材没有特别严格的要求,组织集体教学也比较方便,而且可操作性也很强,因此社区体育中的民族传统体育成为现阶段校园体育中的重要教学资源。

2. 能够丰富学生课余文化生活

作为社区文化的组成部分,社区体育与人们的生活十分贴近,而且参与其中会使人感到轻松自然,学生参与社区体育会得到不同于参加校园体育的感受。学生在参与社区体育文化的过程中,可以对社区的地方文化与体育文化进行积极的了解与感受,促进自己的视野不断开阔,锻炼自己的环境适应能力,这对他们以后的社会生活是大有帮助的。此外,社区中的体育设施为辖区内学校的学生提供了方便,如果学校的体育设施不足,学生就可以在社区体育中满足自己的锻炼需求。所以,社区体育能够丰富辖区学校学生的课余生活。

3. 有助于完善终身体育

终身体育在近些年已成为我国学校体育改革与发展的重要趋势之一,它包括以下两方面的含义。

第一,终身体育是指从生命开始至生命结束始终参与体育活动,使体育成为人生中的重要内容。

第二,终身体育是指以科学的体育价值观对人生不同时期、不同生活领域的体育活动进行指导的实践过程。

社区居民从生命开始到生命结束都可以参加社区体育。人们在学校能够接受系统的体育教育,步入社会之后,系统的体育教育就断了,很多人都会通过社区体育来延续自己的体育学习实践。不仅如此,社区体育与校园体育相比,有着更加多样的形式与丰富的内容,人们有很多选择,而且参与其中会有轻松欢快的感觉,所以对学生有着很强的吸引力,学生参与其中就能够对终身体育意识进行培养,使学生养成终身体育锻炼的良好习惯。

第三节　家庭体育文化建设与发展

一、家庭体育文化的建设现状

(一)整体现状

1. 家庭体育人口结构与体育设施现状

体育人口是指在一定时期、一定地域里,经常从事身体锻炼与娱乐,接受体育教育,参加运动竞赛,以及其他与体育事业有密切关系的具有统计意义的一种社会群体。体育人口是衡量一个国家社会经济发展和社会体育发展水平的重要指标。

尽管我国体育的体育人口数量在不断增加,但是经常参加锻炼的人数与国外相比却远远不及,我国还有待加强对体育锻炼的宣传,促进体育人口的增加。

体育人口与个人经济收入并没有固定的关系,其与家庭收入有关,且基本呈正比关系,也就是说收入越高,体育人口就越多。在体育人口的分布上,三口或四口的核心家庭,体育人口分布最多。

随着广大人民群众对体育健身需求的日益增长,与之相应的则是体育设施的改善。近年来,我国体育场地与设施都在不断增加,社会体育指导员的规模也日益壮大,这些都说明,体育人口和体育设施的发展状况在一定程度上反映了我国家庭体育的普及情况。

2. 家庭体育的项目选择现状

家庭体育运动项目是家庭体育锻炼的主要内容,它是人们进行身体锻炼和身体娱乐的手段,并可以反映出人们运动行为的选择倾向。改革开放以来,随着社会经济的发展,在主旋律基础上的多元化文化选择,不仅影响着人们的思想观念和行为方式,同时也影响着人们的体育活动,使之在家庭运动项目的选择上呈现出传统与现代并举、健身与娱乐同行,商贸、旅游与体育联姻的新局面。

家庭体育在项目的选择上受到多方面的影响,如不同地域、不同气候、不同的民族和文化传统、不同的经济发展水平等。一般来说,南方和北方不同、少数民族与汉族不同、落后地区与发达地区不同。但是总体上来说,我国家庭体育活动内容还是相当的广泛,几乎囊括了所有的体育及休闲项目。

从具体项目的选择上来看,我国家庭体育的活动内容呈现出多样化的发展现状。乒、羽、网等小球类以及田径类等是我国居民从事家庭体育活动的主要内容。这是因为乒乓球、羽毛球等小球类项目所需场地要求不高且方便,田径类的项目不需要很大的经济投资,而且不需要专用场地,既方便又实惠。

从项目性质上来看,家庭体育的主要内容也多样化,主要包括:休闲与观赏活动;户外体育与娱乐活动;肌肉的力量性锻炼方法;有氧运动的耐力性锻炼方法;伸展运动的灵巧性锻炼方法;医疗体育及运动处方;营养保健与心理卫生知识;家庭健身器械等。

3. 家庭体育活动时间与空间

人们生活的时间结构主要由三部分组成,即工作时间、余暇时间和生理必需时间。对余暇时间的支配是对一个人的爱好、兴趣以及生活规律和生活方式等方面的反映,同时又反映了社会的物质文明与精神文明程度。

一般来说,家庭体育的活动时间都是在余暇时间进行的,因此余暇时间是人们参与家庭体育活动的保证。家庭体育锻炼与工作压力大、生活节奏快有一定的关系。

家庭体育的活动空间主要指家庭成员进行各种体育活动时所占据的空间位置和必不可少的活动场所。体育活动的空间分为自然空间和人造空间。自然空间包括山川、江河湖海、高空等;而人造空间则主要包括家庭居室以及体育场馆设施和公园广场等。受经济条件的制约,我国公共体育设施、人均体育场馆占地面积相对较少。家庭成员进行体育活动主要是在自家的居室周围和体育场馆中进行。

随着我国"双休日"以及节假日制度的实行,家庭体育开始由人造空间走向自然空间,户外体育运动成为人们生活消遣的一种方式。高山、湖

第七章 校园体育文化建设的延伸与拓展

海、草原、丛林等成为人们户外运动的首选。

4. 家庭体育形式

任何集体性质的活动都需要一种组织,同样,体育活动也需要对参与者进行组织。作为一个社会机构或国家机构,这种组织是需要对人力、物力、财力等方面做出投入的;而家庭则凭借其天然的关系能随时根据不同情况和需要组织家庭成员进行体育活动。

家庭内的体育组织形式与家庭的结构有一定的关系。通常情况下,三口之家的核心家庭多是全家一起去活动;单亲家庭成员多是父(母)和子(女)一起活动;而联合家庭全家一起活动的情况很少见。除此之外,在家庭与外部的联系中,与同事、朋友一起活动最多,其次是与家庭成员一起活动。

人们在日常家庭生活中与家庭成员接触多,关系密切,这为体育进入家庭创造了良好的内部条件。人们在生活中渴望与家人一起活动,但在具体的体育实践中却存在着诸多因素导致家庭成员不能如自己所期望的那样在一起活动,这些因素主要有社会因素、家庭因素、个人因素等。所以,总体来看,首先个人在从事体育活动中占据很大的比重;其次是和朋友、同事一起活动;最后才是和家人一起活动。

5. 家庭体育价值观念的变化

体育价值观念是体育意识的清晰流露和更为明确具体的体现。体育意识指的是人们对体育感觉与思维判断的综合,而体育价值观念则是一种体育社会心理现象,它不仅会影响个人行为,也会影响群体行为,在很大程度上决定着社会或个体对体育的基本态度。一个家庭的体育行为起源于对体育的需求。体育价值观念同体育态度有着密切的关系,合理、正确的体育价值观念和积极稳定的体育态度能促使人们积极地参加家庭体育活动。家庭体育价值观趋向多元化方向发展,包括教育价值观、消费价值观、身份价值观、健美价值观、现代生活价值观、心理健康价值观、友谊价值观、社会交往价值观、精神价值观、娱乐价值观和体育道德价值观等。

如今,人们在现代社会价值观以及体育价值观的影响下,形成了新的价值观念,"花钱买健康"普遍成为社会大众的一种共识,家庭健身也出现多样化、科学化、合理化的趋势;另外,还越来越注重与自然环境的融合统一。

6. 家庭体育动机

动机是指能引起和维持一个人的活动,并将该活动导向某一目标,以满足个体某种需要的念头、愿望和理想等。它是使生活主体趋向一定目标的内在动力,它隐藏在行为的背后,是行为的动因。

通常,人们对某事物的动机反映的是对某事物的态度。需要是家庭成员从事体育活动的主要原因,有什么样的需要就有什么样的动机。家庭成员对从事体育活动的动机由于条件的不同因而动机也有所不同,这些客观条件主要有家庭背景、身体状况、文化背景、性格类型、职业类型、爱好兴趣等。通常,人们参与体育锻炼的动机选择依次是增进健康→消遣娱乐→松弛身心(或缓解压力)→融洽社会关系(或社会交往)→治疗疾病。

除上述动机外,家庭体育的动机主要还有从运动中获得乐趣增强自信心、陪家庭成员运动、形体健美或减肥、长期养成的运动习惯、学习一技之长、治疗疾病、与家人团聚、把从事运动当成一种现代人生活消费方式的体现等。

7. 家庭体育消费状况

体育消费是一种伴随对体育功能作用的主观认识基础上的新型消费类型。它是人们在物质生活基本满足的条件前提下,所引发的一种适应更高层次的消费方式,已成为现代生活的重要组成部分。

随着人们生活水平的不断提高,消费观念也在发生着深刻的变化,"花钱买健康""花钱买休闲"已成为一种时尚潮流。在这样的形势下,体育消费必然会进入人们的日常生活,并呈多样化、高层次化和国际化的发展趋势。它作为一种发展与享受性的消费,在居民生活消费结构中的比重将日益提高。

体育消费作为人们日常生活的一个重要组成部分,是社会和商品经济发展到一定程度的产物,是人们在基本生活条件得以满足的前提下所引发的较高层次的需求,是反映人民生活水平的一项重要指标,是体育走向市场及市场接纳体育的结果。在市场经济体制下,我国消费的多样化趋势,使人们的生活消费由抑制性消费向个性化消费转变、由低层次消费向高层次消费转变,由此大大促进了我国的体育消费。

家庭体育消费,是指家庭成员在体育活动方面的货币支出量。目前来看,我国家庭体育消费水平虽然有了明显的提高,但是与发达国家相比还有很大的差距,特别是户均家庭体育消费水平,这与整个体育消费水平的不高是密切相关的。另外,由于我国各地区经济发展水平存在较大差异,某些家庭体育消费相对来说是比较高的,这就需要消费水平相对较高的地区应该大力扶持体育健身事业,为我国的家庭体育事业做出贡献。

(二)现存问题

1. 活动设施不足且较为陈旧

一般来说,如果一个人单独进行活动,设施问题很容易就能解决。但是,如果家庭成员一起进行活动,就会产生一系列的问题。社会上的体育场馆一般都是为体育比赛而特意设置的,家庭利用比较困难,且大多数运动场都是田径场。除去运动场外,进行家庭体育活动也可以在户外进行,比如海水浴、野营、登山、远足、郊游等。在自然环境下,家庭成员之间可以一起活动,从日常生活中解放出来,体味轻松、愉快的感觉,增进彼此间的感情。但是户外运动受到客观因素的影响较大,大多数户外运动的场所,一般没有经过很好地护理和整理,多数较简陋,这样会大大降低人们从事体育运动的乐趣。因此,保护自然环境就成为政府及地方亟须解决的重要课题。我们期待着设立一些既不会破坏大自然又可以从事户外活动的设施。

2. 缺少健全的服务体系

一个健全的家庭体育健康服务体系主要有两个方面的作用:一是不仅可以提高我国老年人的身心健康水平,减少人口老龄化的负面影响,还可以冲破传统观念意识和旧的习俗,促进家庭和个人健身锻炼的科学化程度和文明、科学、健康生活方式的普及;二是可以促进我国家庭人力资源的开发和利用,为社会生产提供高质量的人力资源,并促使其有效运转,让老年人的潜能得到充分的发挥,推动社会主义物质文明和精神文明的建设。

发展到目前,我国还没有形成一个健全的家庭体育服务体系,科学健身的思想观念和价值观念还未植根于人们的头脑之中,一些科学的健身方法和原则也未被人们所掌握。在农村,大多居民缺乏必要的科学健身知识,获取科学健身知识、方法和技术的渠道比较狭窄,受到客观因素的影响较大,具有很大的局限性。另外,由于居住区域差异较大,知识更新周期也比较长,更使他们缺乏对体育健身的科学认识和正确理解。

3. 消费意识不高

我国大部分家庭受传统消费观念的影响,其消费逐年增长的幅度总是低于收入的增长幅度,这与西方发达国家存在着很大的不同。目前,总体来说,我国家庭体育消费结构还比较单一,体育服装等实物性消费占较大份额。这是因为实物消费兼有运动和日常生活两方面的效用,符合我国传统的消费习惯和观念。

4. 市场不够成熟

家庭体育市场的形成与发展由三个方面的因素决定。第一,家庭体育要有劳务化商品和消费者,这是构成市场的基本要素;第二,随着社会和经济的发展,人们必须具备一定的购买力,这是客观现实的需要;第三,健身健美、休闲娱乐等已形成了广泛的社会需求,人们普遍具有较强的购买动机和欲望,这是家庭体育市场形成和发展的必要条件。只有完全具备了以上这些要素,家庭体育市场才可形成并得到发展。

从目前情况来看,我国还未形成一个成熟的家庭体育市场,这与日益增长的经济水平、居民生活水平和消费能力不相适应,不能满足人们的需求有关。因此,当下我国的家庭体育市场还存在着各种各样的问题,尚处于初步发展阶段。这些问题包括:第一,家庭体育市场商品价格低廉,薄利多销;第二,家庭体育市场空白,产品紧缺时有发生,如体育场馆设施的紧缺、体质监测评价仪器的短缺、有效实用技术的短缺等;第三,家庭体育市场的层次化需求明显。市场经济打破了平均主义的分配原则,拉开了人们的收入差距,社会需求也必然有所不同。

5. 缺少足够的体育指导人员,并且文化水平偏低

现代健康观认为,人的健康应该包括四个方面:身体健康、心理健康、道德健康以及良好的社会适应性。只有这几个方面达到良好的状态,才可以称得上是健康。然而,在现实生活中要想达到这种状态也并非易事。现代社会物质文明与精神文明发展的同时,也给人们带来了一系列的负面影响,大部分人都处于没有疾病却感觉身体并不健康的亚健康状态,这种现状要求大量的体育指导员必须走进家庭,为人们提供健康社会化的教育、预防疾病和体育康复保健等服务。而目前我国体育指导员还存在着众多问题。比如从业人员少、学历层次低、没有合理的体育指导员资格认定等,这就需要我国相关部门在今后一段时间内着重加强体育指导员队伍的建设。

6. 体育人口老龄化

从世界范围看,人口老龄化已成为当今社会人口发展的主要趋势之一。一般来讲,一个国家进入老龄化社会的标志是:该国60岁以上老人占总人口的10%,或65岁以上老人占总人口的7%。我国是世界上老年人口最多的国家,据统计,我国老年人口占世界老龄人口的1/5。2000年,我国60岁以上人口达1.26亿,占人口总数的10%,而65岁以上人口则

第七章　校园体育文化建设的延伸与拓展

达 0.86 亿,占人口总数的 6.8% 以上。在 2010 年,我国 65 岁以上人口达到了总人口的 7.95%。所以,随着人口的老龄化,老龄体育人口比例必将呈上升趋势,体育人口的结构就有可能失调。

二、家庭体育的发展趋势

（一）向联合型方向发展的趋势

在现代社会,家庭体育活动的独立性很强。而未来社会是一个独生子女和老年化社会,由于家庭成员相对较少,因此对开展体育活动有一定的限制性。所以,在未来,单个家庭同另一个家庭(或多个家庭)联合起来共同开展体育活动将变得十分普遍,这既有助于体育活动的开展,又有利于相互交流情感、增添兴趣、增进健康。

（二）与学校体育、社会体育一体化趋势

一个人的发展通常都要经历家庭、学校和社会这三个不同的时期,每个时期对个人的成长都起着举足轻重的作用。家庭教育是一个人发展过程中所经历的第一个时期,它有着学校教育和社会教育不可替代的作用,是实现人终身身心协调发展的重要组成部分。学校教育是个人成长和发展的重要时期,学生在学校时期增长身体,获得知识,掌握为社会服务的本领,对家庭和社会都会产生积极的作用。而社会教育则是学校教育的发展和延伸,也是每一个社会成员的归宿。

另外,一个人的发展也有可能同时处于这一时期,但扮演着三种不同的角色。换句话说,一个人可以是家庭的人,也可以是学校的人,还可以是社会的人,这是由人的社会性所决定的,只是因为教育的不同而将其分为不同的时期。由此可见,家庭体育、学校体育和社会体育本身是一个既相对独立又相互联合的统一体。

（三）农村城市化趋势

目前我国仍是一个发展中国家,经济相对发达国家来说还有不小的差距。而我国地区与地区、城市与城市之间也存在着明显的贫富差距。由于经济的发展是同家庭体育的发展相吻合的。在经济较发达的东部和沿海地区及城市,参与体育健身的人多些,而在西部地区和广大农村,参加体育健身的人较少,特别是边远地区的农民就更少。

随着社会的进步和经济的发展,特别是我国在实施西部大开发和建设新农村战略决策后,我国的东西部之间以及城乡之间的差距将会大大减小,农村的建设也将向城市化方向发展。农村主要具有两方面的天然条件:一是农村地理环境优越,面积广大辽阔,人均面积都要大于城市,农村中小康家庭大多具有独立的庭院,而房屋的空间相对较大,给建立家庭健身房或小型球场提供了更加优越的条件;二是生活在农村中的人只有在农闲时或收获后、特别是节庆期间,才会有参加体育活动的时间和心境。但是随着农业现代化的不断发展、新农村建设的不断深入,这种季节性将被一种全新的生活方式逐渐取代,农民的家庭体育文化生活将会更加丰富多彩。可见,在这样的形势和背景下,农村家庭体育活动将向城市化方向发展,这是一个必然发展趋势。

(四)生活化趋势

一方面,现代社会由于科技的发展、生活节奏的加快,大量从事脑力劳动的人们精神严重疲劳,在紧张的脑力劳动之余,进行一些相应的体育锻炼,会使紧张的脑细胞得到很好地放松。科技发展提高生产率的同时也为人们带来了较多的余暇时间,人们就可以利用余暇时间自由选择各种形式的体育锻炼;另一方面,城市化速度的加快,人口的稠密,人际关系的冷漠和功利化取向,使以家庭内聚力与以亲属为纽带的家庭之间和家庭成员之间的社会情感、相互交流的需要变得更加迫切和必要。体育作为社会文化生活的重要组成部分,进入每个家庭和每个人是需要一定条件的,而现代社会、经济、文化条件都满足了这一需求。

随着我国社会经济的发展,人们的生活领域在不断扩大的同时,其生活价值容量也在不断变大,家庭体育的内涵与外延变得日益丰富起来,体育从以前的以满足人类的生存需要进而发展成为现在的满足人类的享受需要。随着人们生活方式的转变,人们不再单单考虑家庭体育强身健体的功能,还把活动过程和体验本身的价值一一凸现出来,将家庭体育作为一项有意义的活动形式,使自己在身体和精神上都得到休息、放松和享受。

(五)个性化趋势

未来社会的家庭不再仅仅满足于趋同他人,家庭体育将成为人们展示个性的舞台。近些年来,观赏和参与展示个性特征的时尚化的休闲运动和极限运动,如街舞、蹦极、漂流、攀岩、自行车等,更是成为家庭成员特

第七章 校园体育文化建设的延伸与拓展

别是青少年健康愉快地打发闲暇时间的必备之选。他们在这些个性化的活动中可以尽情地展示自我、发展自我。

（六）多样化趋势

随着人们生活水平的不断提高，生存意识的不断更新，健身意识、环境意识、自然意识、多元文化意识等的加强，人们开始广泛地追求娱乐享受而积极开展各种各样的体育活动以丰富自己的家庭生活，因此，家庭体育活动将呈现出多样化的趋势。

现在，许多家庭都选择各种形式的户外活动俱乐部，如"野营协会""旅游探险小组""垂钓俱乐部"等，还有那些利用自然条件的登山攀崖、游泳滑雪、冲浪潜水和需要适当增加经费投入的跳伞、摩托艇、热气球、保龄球、高尔夫球、赛车等也逐渐走入许多家庭的视野，成为人们乐此不疲的追求。除此之外，人们为了从家庭体育活动中得到精神享受和亲情的融合，对体育器械的需求也越来越多，用于体育的投资将大大地增加。但是，家庭体育器械等受家庭经济、环境等多种因素的制约而发展缓慢、品种单一、价格偏贵。而未来社会并不完全受经济环境等制约，随着科技的发展，会相继产生各种各样的高科技的健身运动器械，体育器械将会呈现出丰富多彩、琳琅满目、推陈出新、新产品层出不穷的局面。随着时间的推移，人们还会挖掘、创造众多的适合家庭体育运动的体育项目。

（七）科学化趋势

随着现代家庭体育的蓬勃开展，生活水平和文化素质的提高，体育科学知识的进一步普及，人们已不再满足于一般简单的体育活动，而是积极寻求体育科学化的指导。参与家庭体育的家庭成员对家庭体育活动诸多方面提出了要求，包括家庭体育的活动形式和活动内容、体育保健咨询、科学锻炼、技术指导、家庭居室锻炼的体育器材、开展家庭体育活动的方法等。人们力求体育参与程度与本身机能特点相适应，运动处方更加科学和有效，体育观赏水平也更加理智化，对体育器材则要求多功能化、小型化。另外，由于体育保健器材需求量的急剧上升，对社区生活环境中的体育设施建设格外关心，对体育书刊讲究内在质量、实用和趣味。

第四节　现代社区体育文化体系构建

一、社区体育文化发展的新模式构建

(一)社区体育文化发展的小区模式

1. 社区辐射型体育组织模式

我国社区体育发展之初,社区体育的主导形式受国家体育体制发展的影响,采取的是行政管理制,社区体育发展的行政管理模式的建立也是一种必然,在这种行政主导性的体育组织系统中,便于小区不同层次的体育活动能够广泛地开展,同时控制活动规模,从而形成行政主导的社区体育组织,并呈现出辐射型的组织结构(图7-2)。该模式有着运用行政管理体系特征,在组织结构上主要表现为多层次的体育组织特征。

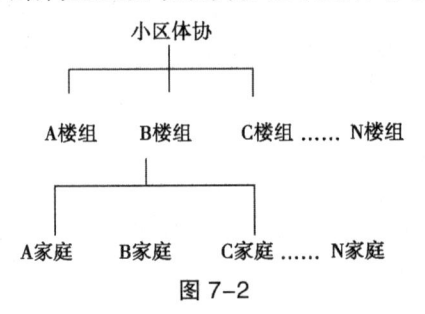

```
                    小区体协
          ┌───────────┼───────────┐
        A楼组      B楼组      C楼组 …… N楼组
          ┌───────────┼───────────┐
        A家庭      B家庭      C家庭 …… N家庭
```

图 7-2

就长期来看,随着我国住宅小区的建设和规范,以行政为主导的社区体育组织管理体制在未来必然会向着更加民主化、以社区居民为主导的方向发展。

2. 社区网络状体育组织模式

随着社区体育的不断发展,居民在社区体育中的地位越来越高,并成为社区体育组织的主要"领导者",这一时期,多为民间、行政共建体育组织,构建社团主导型的体育组织系统。

在原有的社区行政主导的基础上,社区体育的体育物质基础设施不断改善,同时,基层体育部门的主要职责是在社区体育的发展中给予指导和财政援助,社区组织的发展更多地依靠社区居民自建,在行政指导和居民自建的基础上,形成了网络状的组织结构(图7-3)。该社区体育组织模式具有采用社团组织管理体系的特征,社区行政给予人力、物力、财力支持。

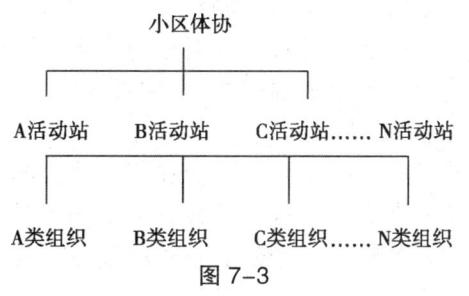

```
            小区体协
    ┌─────┬─────┬──────┐
  A活动站 B活动站 C活动站……N活动站
    │     │     │      │
  A类组织 B类组织 C类组织……N类组织
```

图 7-3

3. 社区独立体育组织模式

现阶段,我国社区体育组织中,居民的组织和领导地位进一步上升,逐渐发展成为由居民自由结合而成立的社区俱乐部组织,呈现出独立型的组织结构(图7-4)。

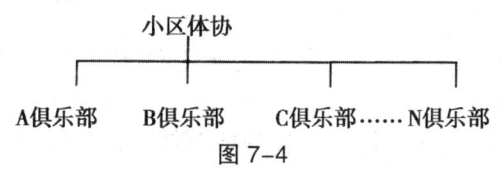

```
            小区体协
    ┌─────┬─────┬──────┐
  A俱乐部 B俱乐部 C俱乐部……N俱乐部
```

图 7-4

这一阶段,社区体育的主要任务是构建会员制俱乐部组织,采用自主管理,以独立经营的俱乐部模式为特征,社区行政管理的权利进一步弱化,主要从体育政策、法规角度进行宏观调控。

(二)社区体育文化发展的学区模式

1. 学区模式的特点

学区体育是现阶段面向社会开放学校体育资源,实现社会与学校体育资源共享的一种新型社区体育形式。

社区体育发展的学区模式不以行政区域为划分标准,而是围绕学校(一个或数个)为中心,向周边社区辐射,以学校为主要活动场所,以居民和学生为体育参与对象,依托学校丰富的体育资源开展丰富多彩的体育活动。

社会体育文化发展的学区模式的构建,可以实现学校和社区各种体育资源的共享,以营造良好的校园与社区体育文化氛围,二者相互促进,共同发展。

2.学区模式的构建基础

从实际的发展现状来看,在社区体育文化发展的学区模式建立中也存在着诸多问题需要解决。例如,学校体育资源对包括社区居民的社会大众的开放,由于责、权、利不清,服务对象与管理办法不明确等,导致学校体育设施器材的使用频率大幅增加,维护难度也相应增加,同时,管理上也大大增加了校方的负担。

学校体育资源、体育管理的开放,加强其与社区的联系,同社区成为一个整体。必须充分考虑学校自身的教育活动的正常开展、体育资源损耗、体育运动安全以及学生安全管理等多方面的因素,只有将这些问题都合理协调地解决之后,才能促进社区体育文化发展的学区模式的顺利建立。

当前,建立社区体育文化发展的学区体育模式,必须做好以下几个方面的工作。

(1)以学校为中心进行学区范围的划分,与校方保持联系共同商议建立学区体育模式。

(2)成立学校体育设施对外开放管理委员会,以便对体育设施对外开放使用进行管理。

(3)学校联系社区通过举办各种体育辅导班来吸引社区居民的积极参与,从而提高健身水平。

(4)社区积极寻找学区体育志愿者来对学区居民的体育活动进行有机的辅导工作。

(5)学校与社区共同开展体育竞赛,制订好活动计划,在各个层次上都进行竞赛。

(6)定期举办社区青少年学生和家长协同参加的社区体育活动或竞赛,激发居民参与社区体育的热情。

(三)社区体育文化发展的俱乐部模式

1.体育俱乐部模式的特点

社区体育俱乐部发展模式的特色在于与本社区的具体实际相结合,能最大限度地充分利用本社区的体育设施资源、最大限度地调动本社区居民参与社区体育的积极性和主动性,使社区形成一个良好的体育锻炼氛围。

第七章　校园体育文化建设的延伸与拓展

2. 体育俱乐部模式的构建要求

当前社会发展和市场经济发展条件下,依托社区的自然环境与人文环境,成功运作社区商业体育俱乐部至关重要,要促进体育俱乐部模式的良好构建与发展,应重点考虑以下因素。

(1)服务目标群体因素

稳定的消费群体是体育俱乐部发展的重要基础,在社区商业体育俱乐部创建之初,要满足以下几点。

①进行市场调查

调查中的因素要包括地理位置、竞争对手、消费水平、消费习惯以及行业态势等诸多因素,因为社区体育俱乐部只有建立在现实需要的基础上,才能明确经营方向和范围,为目标人群提供准确的服务。

②明确目标市场

在经过基础、全面的市场调查的基础上,充分了解社区的个性化特征,这时还要就新市场形成的可行性进行认真分析,具体来说,就是要针对目标群体进行研究(包括年龄、收入、文化、职业、爱好等),确定市场是否成熟、怎样投资,或者投资额的设定。

③实施差别化经营

当前,我国健身市场竞争激烈,体育俱乐部要想在市场中站稳脚跟,就必须制定科学化的组织、经营与管理策略,例如,通过适当的促销能增进社区体育俱乐部在消费者当中的亲和力;针对上班一族的锻炼时段固定的情况,借助价格、超值服务等手段进行经营调整,以确保每天不同时段都有适中的锻炼人数,从而保证良好的健身效果和资源的有效利用;要求俱乐部的服务人员应当对每个健身者的要求有详尽了解,针对不同的健身个体之间的差异确定差异化的、个性化的健身服务。

④提供优质服务

不断提升服务质量是体育俱乐部发展的核心。

对于体育消费者——健身锻炼者来说,服务会影响其体育消费的忠诚度,健身者会以自己对所消费服务的满意度来评价服务质量,好的健身服务会使健身者向亲友推荐,扩大俱乐部的消费人群。

因此,社区体育俱乐部要充分发挥自己的优势和实力,对俱乐部的职员经常进行专业性的服务培训,使其服务水平不断提高,提供舒适、细致的服务,融洽客户与俱乐部的关系,使客户与俱乐部能各取所需。

(2)权重因素

商业化经营需要充分了解市场经济的基本特点、规律和经营影响要素,如此才能实现经济利益的最大化。

西方经济学描述市场,用一个公式表示:
$$市场 = 人口 + 购买力 + 购买欲望$$
对影响市场的三个因素具体分析如下。

①人口

一定量的人口是组成市场最重要的因素,近年来,我国的人口发展状况呈现出两方面特点:一方面,农村人口大量流入城市,城市流动人口数量倍增;另一方面,晚婚趋势明显,同时离婚率增高。在考虑人口因素时,我国社区居民的年龄结构、生活方式也是重要的考量因素。

②购买力

经济环境是决定消费者购买力强弱的重要因素,其中包括收入、价格、存款和信贷等多种因素。消费者购买力的大小与收入、价格、储蓄和信贷等多种因素有关。

③购买欲望

购买欲望具体是指消费者得到那些满足自身需要的特殊物品和服务的愿望。

在社区商业体育俱乐部的发展中,消费者的健身服务的购买欲望与社区商业体育俱乐部的服务质量、服务价格的高低、塑造的品牌形象以及服务环境和地理位置等诸多因素密切相关。

综上分析,社区商业体育俱乐部要想不断扩大体育市场,吸引足够多的锻炼者,获得顾客忠诚度,就必须做好以下工作。

首先,在价格相同的基础上,持续提高自己的服务质量。

其次,在俱乐部之间提供的服务质量水平相当时,价格会影响消费者的购买欲望,可适当调整服务价格。

再次,科学选址。社区商业体育俱乐部属于区域经济,人们往往会选择交通便利、周边环境宜人的俱乐部健身,所以社区体育俱乐部的选址几乎是最为重要的因素之一。

最后,加强宣传。培育与发展消费市场是健身俱乐部持续经营和发展的重要基础。健身市场做得越大,投资者收获得也就越大。为扩大和发展市场,健身俱乐部应做好宣传工作,不断提高俱乐部的知名度与美誉度。一方面,体育俱乐部可以通过媒体或标牌进行健身宣传,为居民开展健身咨询,培养社区居民的健身意识。另一方面,体育俱乐部与街道办事处积极合作,联手举办面向整个社区的社区体育活动。此外,不同的社区商业体育俱乐部间可以举办一定数量的体育比赛,以加快社区商业体育俱乐部发展和树立自身形象。

值得特别提出的是,当前,虽然我国的社区体育组织多为公益性的,

第七章　校园体育文化建设的延伸与拓展

社区居民可以免费参加,但是设备不齐全、健身指导不专业,而在社区体育俱乐部和体育健身中心这些专业性的体育场所,需要居民承担一定的消费支出。当前,和欧美发达体育国家相比,我国社区居民的消费水平相对较低,很多人都面临较大的经济压力,对健康投资的人群只集中在少数社区居民中。

二、社区体育文化服务体系的构建与完善

(一)社区体育服务体系的内容

1. 组织服务

社区体育各项服务工作的开展需要一定的组织机构来承担和具体实施。

目前,我国社区体育项目的组织机构主要有两种,一种为官方的正式组织;另一种为由居民自发组成的非正式组织。具体分析如下。

(1)正式组织。无论是在工作形式上还是组织人员编制上都拥有较为完善和系统的规章制度和活动方法,该组织举办的社区体育活动通常较为正式,活动环境较好,影响力较大,能充分调动和利用社区的各种体育资源。

(2)非正式组织。由社区中拥有相同体育爱好和运动需求的民众自由自发组成的体育组织。与正式组织相比,由于不能完全利用社区体育资源,所以在组织的活动规模上和影响力都不能与正式组织相媲美。但是,非正式组织的组成人员较为灵活,活动方式多样,活动较为频繁。

现阶段,在我国大中城市,承担我国基层社区体育组织服务工作的就是地区办事处。各地地区办事处作为社区体育服务的主管部门,领导着下辖的各个社区,直到它们落实好社区体育发展的政策和服务,为相关体育活动提供资源保障。

2. 设施服务

设置服务是保证社区体育正常开展的物质保障。设施的完善与否,也直接决定了社区体育服务的质量,只有设施服务到位,才能真正开展活动,否则一切都是空谈。

就全国范围来看,我国社区居民健身路径呈不断增加的趋势,但是由于我国人口众多,从整体来说,我国社区健身路径的配置数量是非常少的,人均占有量极低。

当前社区设施服务应做好以下两个方面工作。

一方面,增加基础设施建设。近些年来,国家非常重视现代化社区及其服务提供机构的设置和管理,这使社区的功能性逐渐得到完善,进而使社区体育服务工作也渐渐走上正轨。最典型的表现就是在社区中修建和完善的体育场地、器材逐渐增多。这些物质资源有力地保证了社区居民参加体育运动的物质基础。

另一方面,提高体育设施利用率。为保证社区体育设施服务到位,就要在可能的情况下充分利用政府等多种团体提供的体育资源,并做到合理利用、高效利用。

3. 技术指导

前面曾提到了社区体育管理组织拥有辖区内所有体育资源的调配权和使用权,这些体育资源中就包含了体育人才资源。因此,在社区体育服务体系中就存在有指导服务。

健身锻炼是一门科学,它要区别于随意性的体育活动,而表现出更多系统的、有规律的活动。因此,需要专业性的指导就成为一种必然。社区体育指导员是我国社区体育健身人才队伍建设的骨干力量。

从整体来看,我国社区体育的人力资源不够多,社会体育指导员较少,因此,为了促进社区体育建设的顺利进行,政府应集合社会各方面的理论,加强对社会体育指导员进行多方面、多途径的培养,以使社区居民能够在科学指导中参与体育健身运动。

4. 经费支持

体育服务经费是社区体育服务的重要保障,可以说,没有经费的支持,很多体育服务都无法进行。

我国是一个体育资源相对匮乏的国家,经费投入少,可利用资金少是当前我国社区体育发展的主要问题,这在很大程度上限制了我国社区体育的发展。这种情况在短时间内都不会有明显的改变。但是,经费不足不是不提供服务的理由,对于社区体育服务经费的保障首先要制定严格的制度和合理的管理方法,另外在经费的使用方面要做到透明、公开。

现阶段,做好社区体育的经费补充相关工作应从以下两方面入手。

宏观方面,国家有关部门可以想方设法从多种渠道为社区体育服务提供经费,如在体育彩票的获利中拿出一部分专门作为开展社区体育的经费等。

微观方面,社区自身应在正当渠道和方法下与企业合作获得赞助。当然,一些特殊的体育服务还可以适当向居民收取一定的费用,但应注意这种收费不应是以营利为目的的。

5. 信息服务

当今社会是信息社会，各种信息交流、传播速度快，伴随着社会化与数字信息化的到来，体育事业的蓬勃发展离不开先进的体育信息处理平台，社区体育建设也离不开信息化的发展。

从社区体育信息服务形式来看，我国大部分社区对体育健身的宣传都具有多样化的特点，不仅包括信息宣传栏、通告栏、社区 LED 显示屏、社区电视广播、社区横幅、海报等，还包括社区 QQ、微信、论坛等新兴虚拟媒体载体，这些信息服务充分保证了我国社区体育活动的多样化、频繁开展。

新时期，社区体育服务必须要在"服务"的理念下开展，并且始终不能脱离"服务"的本质。为了能够不脱离"服务"的本质，应明确各项服务内容与服务要求。

（二）社区体育服务体系的构建与完善要求

1. 符合我国基本国情

由于国家制度、社会背景及发展程度不同，社区体育服务体系的构建也必须以立足于中国社区体育服务的客观需求为目标，要有利于我国社区体育服务的发展。因此，构建适合中国的社区体育服务体系应当在审视我国国情的基础上，切实立足中国社区体育服务的客观需求。社区体育服务体系必须与中国的实际情况结合起来，才能得到有效地运用并发挥作用。

从我国基本国情来看，当前，我国还处于社会主义的初级发展阶段，虽然经济和社会各方面均发展很快，但与西方发达国家相比而言，在许多方面的差距仍然很大。这些差距在社区层面主要是在社区建设的经费、居民的收入水平、居民的生活娱乐意识等方面有着较大的差距。

由于西方社会经济发展水平很高，所以它们的社区建设经费相比而言较为充足，政府资助较多，经费筹集的渠道也比较广泛，加之社区建设发展时间比较长，所以社会力量参与机制比较完善，居民生活水平通常很高，他们对于体育锻炼的参与意识也比较高。

与体育发达国家相比，我国社区体育服务主要存在经费不足、社区体育指导员数量质量均不高、场地设施稀少陈旧等问题。上述这些问题的存在，要求我国科学社区体育服务体系的建立，不能盲目制定过高的标准，服务目标务必要与中国当下的社会经济发展状况相适应，才能保证社区体育服务体系的正常运行。

2. 满足居民体育需求

在中国迈向小康社会的进程中，社区体育服务随着中国社会制度改革和经济发展而发展起来，它的健康发展对不断完善有中国特色的社区体育形式有积极的作用。

随着中国居民的经济、文化水平不断提高，人们对于健康的需求意识也越来越强烈。所以目前的情况就是公众渴望获得高质量的社区体育服务，其对社区体育服务的需求进一步增强，要求也随之增高。信息化社会的到来，使人们了解新事物的周期不断缩短，信息量逐渐增大，人们越发想尝试新潮的体育活动。然而与这种想法不相匹配的是目前广泛地开展的社区体育项目仍旧显得陈旧，且方式单调，不能与时代接轨。

目前，社区体育项目的更新滞后问题已经成为影响社区体育发展的主要因素之一。社区居民期望自己所居住的社区能够组织与时俱进、丰富多彩的体育活动。充分了解居民健身需求，以开发出适合社区居民参加的体育健身活动是当前构建科学社区体育服务体系和促进其不断发展完善的重要途径之一。

3. 体现公众本位理念

"为人民服务"是我国党和政府的根本宗旨。党的十七大报告全面阐述了科学发展观的深刻内涵，最重要的是将"以人为本"作为其核心思想。

社区体育服务体系的运作要突出反映公众参与服务、接受服务的变化以及社区服务能力的高低，并以此引导相关的政府主管部门的体育管理工作向提高体育服务能力的方向发展。

社区体育服务体系自身就是一种服务和公众至上的管理机制，这一体系的存在能够加强公众对政府、社区公关部门的信任，从而突出"公众本位"的服务理念，向公众强调政府是社区体育服务的供给者，贯彻社区体育服务必须以公众为中心，以公众的需求为社区体育健身资源开发与利用的基本导向。

4. 提高公众满意度

社区居民是社区体育健身的参与主体，因此，社区体育服务应充分考虑居民的满意度，以社区居民的满意程度作为社区体育服务效果的最终评价。

社区体育服务从本质上来说就是政府提供的公共服务，所以它具有公共性和福利性的属性。这就要求在社区体育服务体系的建立与完善要以社区公众为最终评价者,树立顾客意识,在提供各项社区体育服务体系时尽最大努力满足公众的体育参与和发展需求。

5. 突出社区发展特色

创新是社区体育发展的生命力,也是社区体育服务工作的一个重点。当前,社区体育服务体系的建立与完善应结合具体的不同社区的特点来进行。

社区体育服务要做到与时俱进,要符合社区居民的整体体育参与与发展需求,体现出不同社区体育服务的特色(如服务形式、体育项目设置、服务标准定位等)。

第八章　校园田径运动实践教学探究

田径运动是人类速度、力量、耐力等素质的综合体现,是其他运动的基础。通过田径教学可以培养学生的跑、跳、投等基础运动能力,从而为学生学习其他运动项目打好基础。鉴于此,在校园体育文化建设实践中,必须高度重视田径课程教学的开展与实施。本章主要就校园田径运动实践教学进行探究,包括走跑类项目、跳跃类项目及投掷类项目的教学。

第一节　走跑类项目教学

在田径运动中,走主要指的是竞走运动。跑类项目包括短跑、中长跑、跨栏跑、障碍跑、接力跑等多个项目,本节主要就竞走技术教学与短跑、中长跑、跨栏跑技术教学进行分析与研究。

一、竞走技术教学

(一)姿势

竞走时,整个迈步过程中,身体始终保持正直和放松状态,后背要平直,迈步时骨盆不要向前或向后倾斜,身体的纵轴要与地面垂直(图8-1)。为了保持正确的身体姿势,头部应处于自然位置,双眼注视前下方路面。

(二)髋部运动

髋部运动是人体向前运动的原始动力。通过向前转髋(横轴平面平行于地面),后腿被推离地面。髋部动作就像一台发动机,使膝关节和脚加速向前运动。在之后的摆动动作阶段,膝关节赶上向前运动的髋的位

第八章 校园田径运动实践教学探究

置。如此反复,直到完成竞走。当接触地面时,脚后跟稍微超过膝关节。

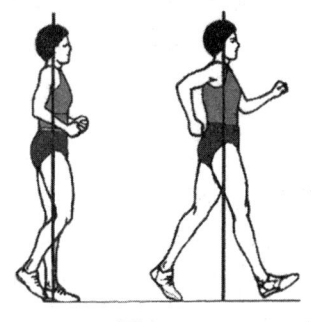

图 8-1

(三)步长

正确的髋部动作能使步长加大(图 8-2),同时有助于沿一条直线正确放脚[图 8-3(a)]。错误的髋部动作,如转髋动作不足或者受骨盆柔韧性的限制,会造成脚落在一条直线的两侧[图 8-3(b、c)],影响步长。

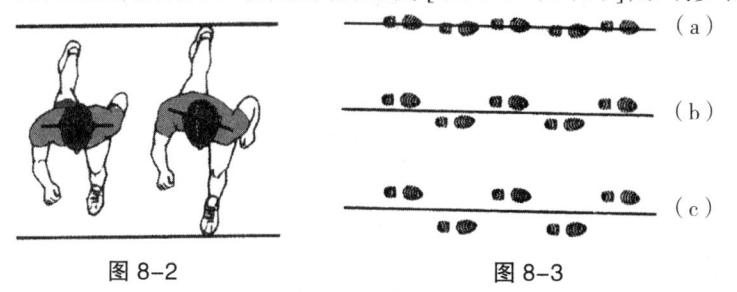

图 8-2　　　　图 8-3

为了增加步长,有学生会将脚伸出超越身体之前太远,这样会引起跨大步,使用不正确地增加步长的方式。而正确增加步长的方式应该是:以髋部带动腿和脚,通过增大髋部的速度直接增加大腿的速度。髋的动作准确,脚着地时几乎就可以精确到在一条直线上。如果是在没有正确髋部动作的情况下试图模仿这种放脚姿势,将处于一种不必要的通过膝的紧张状态。

理想的放脚姿势是脚指向身体的正前方。但有些学生在放脚时,会根据自己的习惯放置脚尖,如脚尖自然向外或脚尖向内扣。在竞走教学中,不能强制改变学生的放脚方式,若强制把脚放正、放直,可能会引起腿、脚和膝关节的紧张。因此,学生要正确做好髋的动作,以使脚的着地点出现在一条直线上,从而提高竞走效果(图 8-4)。

图 8-4

(四)膝关节动作

膝关节在脚跟接触地面的瞬间至支撑腿达到垂直部位时必须伸直(图 8-5)。在恢复摆动时,膝关节弯曲,因缩短了转动半径而加快了摆动的速度。因此,后腿的弯曲直接影响着摆动的速度和效果。对于不同的学生而言,后腿开始弯曲的时机也会有所不同,这主要受膝关节的结构、柔韧性和力量等因素的影响。

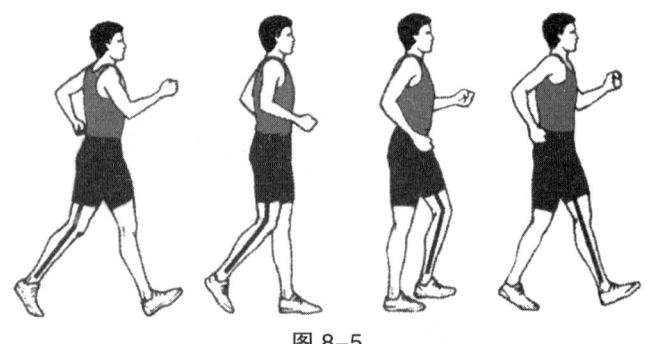

图 8-5

(五)脚的动作

脚跟先着地,脚尖翘起,不要使整个脚掌着地。一旦脚与地面接触,人体就开始向前运动,在腿完全支撑人体重量之前,脚尖一直没有着地,脚尖离地的时间与胫外侧肌的力量有直接的关系。在蹬离地面之前,有一个以腓肠肌引起脚转向垂直的推动力。摆动腿的脚向前靠近,但不是擦地而过。正确的脚部动作不仅能使身体重心的转移更加流畅,还能缓冲身体重力对膝关节的压力。

(六)摆臂动作

竞走教学中,不同学生会有不同的摆臂动作。在摆臂时,肘弯曲在90°~45°,角度必须固定,但在整个摆臂过程中,肌肉应放松。与直臂摆动相比,屈臂摆动对增加竞走的速度和效果有更好的辅助作用,屈臂竞走不仅可以缩短转动半径,使摆动速度更快,而且身体还会得到一定的放松,利于更长距离的竞走。摆臂的方向主要是前后方向。

第八章 校园田径运动实践教学探究

手移动的路线应从臀后腰带水平的位置沿着弧线摆向胸骨位置,两手不应在身体中线的位置交叉,整个臂的摆动低且放松。两个肩胛骨间不应紧张,摆臂结束时也要避免耸肩。

摆臂时,手应放松,但手腕应伸直,同时,手呈半握拳状。当手摆过臀部时,指尖向内。如果呈放松状态握拳不舒服时,则应握成拳头,但握拳要松,拇指应放在食指和中指间。学生在不影响竞走效果的基础上,可以根据自己的习惯随意选择握拳方式。

二、跑类项目技术教学

(一)短跑

1. 起跑技术

起跑是由静止到起动的过程,目的是获得向前冲力,迅速摆脱静止状态,为起跑后加速跑创造条件。蹬腿摆臂有力,积极向前,力求以最快的速度打破平衡是起跑的基本要求。

(1)起跑器安装

起跑器安装主要有以下两种方法。

普通式:前起跑器距起跑线后沿为运动员的一脚半长,后起跑器离前起跑器也为一脚半长。前后起跑器的支撑面与地面夹角分别为 30°～45°和60°～80°,两起跑器的中轴线间隔约为15厘米。

拉长式:前起跑器距起跑线后沿为运动员的两脚长,后起跑器离前起跑器为一脚长。起跑器的支撑面与地面的夹角和两起跑器左右间隔与普通式基本相同。

(2)起跑动作

短跑的起跑要求采用蹲踞式(比赛规则规定),其过程包括"各就各位""预备"和"鸣枪"三个阶段,它们之间是连贯的,否则会影响起跑的效果和跑的速度。蹲踞式起跑时,听到发令枪声就要尽快跑出。

听到"各就各位"的口令时,应调整一下情绪,做几次深呼吸,走到起跑器前,俯身两手撑地,两脚依次蹬在起跑器的前后抵趾板上(通常要把较有力的腿放置在前面),后腿膝盖跪在地面,两手呈"八"字形撑在起跑线后沿,两臂伸直与肩同宽或稍宽于肩;身体重心处在两手两脚支撑点中央,整个躯干微微弓身,但不能蜷缩。此时学生应集中注意力等待教师的下一个口令。

听到"预备"口令后,首先吸一口气,然后从容不迫、平稳地抬起臀部,高度约稍高于肩,随着抬臀重心适当前移(注意身体重心的前移,以不使两臂支撑负担太重为前提)。这时身体重量主要落在支撑的两臂与前腿上,以便于支撑腿的起动用力。此时,前腿的膝关节角度为90°～100°,后腿的膝关节角度为110°～130°,两个脚都要将抵趾板压紧。这种姿势、角度和全身状态,便于起动时蹬、摆配合,有利于迅速起动和发挥速度,身体各部位的姿势摆好后,注意力高度集中,静等鸣枪。

听到鸣枪后,两手迅速离地,两臂屈肘快而有力地前后摆动,同时两腿迅速蹬离起跑器屈膝快而有力地向前蹬送,在两臂摆动的配合下,身体形成较大的前倾姿势,也称"起跑步"。

2. 加速跑技术

起跑后加速跑是从后腿蹬离起跑器,到途中跑开始的一个跑段。其任务是充分利用起跑的冲力,尽快达到最高速度。起跑后能否加速首先取决于起跑姿势和力量的发挥。起跑后加速跑技术的基本要求是前倾角适宜,蹬摆迅速有力。逐渐抬体,逐渐加大步长,逐渐加快步频。

加速跑的最初几步,由于学生的身体是由静止状态开始起动,跑的速度还较慢,所以两脚是沿两条相距不宽的直线着地的,随着速度的加快,脚的着地点也逐渐趋于一条直线上。

起动后第一步一般落在起跑线前60～70厘米处,不宜过大,但也不能太小。起跑后的几步上体前倾较大,摆臂要十分有力;两脚着地点是沿两条相距不宽的直线前进,几步以后才逐渐合拢,一般加速跑20米左右后进入途中跑。

3. 途中跑技术

在短跑全程中,途中跑是距离最长、跑速最快的一段,其任务是继续发挥和保持较长距离的最高速度。途中跑的技术要求是后蹬、折叠、抬腿、扒地。动作轻松、协调、有弹性、节奏快、屈蹬效果好。

途中跑技术包括两腿动作、重心起伏、摆臂和上体姿势。短跑途中跑技术要点是:身体端正稍前倾,两臂以肩为轴以肘用力(屈肘关节角度约为90°),手掌伸出快而有力摆动。前摆时肘关节角度可达60°～70°,后摆时肘关节角度可达130°～140°。大腿带动小腿自然有力地大幅度快速摆动,前脚掌扒式着地,两腿蹬摆与两臂摆动协调配合。

4. 弯道跑技术

(1) 弯道起跑

弯道起跑是为了迅速摆脱静止状态,为起跑后加速跑创造条件。弯道起跑的技术要求与起跑的技术要求基本相同,都要求蹬腿摆臂有力,起动迅速。

为了便于起跑后有一段直线距离加速,弯道起跑器的安装位置应靠近外侧分道线并正对里侧分道线的切点方向,起跑时,右手撑在起跑线后,左手撑在起跑线后 5～10 厘米处,使身体正对切线方向。这样做可以达到起跑后有一段直线距离加速的起跑效果,有利于起跑后的加速跑。

(2)弯道起跑后加速跑

弯道起跑后加速跑的任务是尽快达到最高速度,技术要求是前倾角适宜,蹬摆有力。

在进行弯道起跑后的加速跑时,要渐增步幅,渐抬重心,渐成直线。在弯道起跑后加速跑阶段,要早些抬起上体,以利跑入弯道时和在继续跑进中,保持身体平衡。

(3)弯道途中跑

弯道途中跑的任务是发挥或保持最高速度,其技术要求是保持途中跑动作技术,特点是身体技术动作幅度右侧大于左侧。弯道途中跑的距离较短,但其重要性却很大,要做好直道跑到弯道跑再到直道跑的过渡与衔接。

从直道进入弯道跑时,身体应有意识地向内倾斜,加大右腿的蹬地力量和摆动幅度,同时右臂也相应地加大摆动的力量和幅度,以利迅速从直道跑进弯道。进入弯道跑后,后蹬时,右脚前脚掌内侧用力,左脚前脚掌外侧用力。

大腿前摆时,右膝关节稍向内,同时摆的幅度比左膝大,左腿前摆时,应稍向外。右臂摆动的幅度大于左臂,前摆时稍向左前方,后摆时右肘关节偏外,左臂稍离躯干做前后摆动。弯道跑时的蹬地与摆动方向都应与身体向圆心方向倾斜趋于一致。从弯道跑进直道,应在弯道的最后几米处,身体逐渐减小内倾程度,并顺自然跑 2～3 步后转入正常的途中跑。

5.终点冲刺跑技术

终点冲刺跑是全程跑的最后阶段(最后 15～20 米的距离),尽可能保持途中跑的最高速度跑,跑法与途中跑相同,但要坚持加快跑速向终点冲击。终点冲刺跑应力求在疲劳情况下保持途中跑的正确技术,动员全部力量,以最快的速度跑过终点。

终点冲刺跑的最后一步要加大躯干前倾以胸部尽快冲过终点线。由于体力关系,快到终点的这段距离一般都会减速,要想尽力保持途中跑的速度,到达终点还需要做到加快摆臂速度,保持上体前倾,用躯干部位撞终点线。跑过终点后应逐渐减速,不要突然停止,以免跌倒受伤。

短跑技术总的要求是起跑反应快,加速能力强,途中跑维持高速度,时间长,最后冲刺狠。跑动中上下肢摆动幅度大,脚着地缓冲时间缩短,后蹬时间增加,支撑与腾空时间之比适宜,全程各段落速度分配合理,有良好的冲刺跑能力,整个动作轻松、协调,节奏快,总体效果好。

(二)中长跑

1. 起跑技术

中长跑常用的起跑方式主要有"半蹲式"起跑和"站立式"起跑两种。以半蹲式为例,到起跑线后,有力的脚在前站在起跑线后沿,另一脚向后站立,两脚前后距离约一个脚掌。前腿的异侧臂支撑地面,支撑地面的手将拇指与其他四指分开呈"八"字形撑在起跑线后沿,另一臂放在体侧。这时的体重主要落在支撑臂与前腿上。这种起跑姿势比较稳定,不容易造成由于重心不稳而导致犯规。同时,能迅速起动,为起跑的初速度奠定基础。

听到发令员枪响后,两腿迅速并行蹬伸,后面的腿积极屈膝前摆,两臂则配合两腿的蹬摆动作进行屈臂前后摆动,整个身体向前俯冲,完成起动动作,为起跑后加速跑获得预先初速。这种起跑姿势能获得一个较大的前冲力量。

2. 加速跑技术

上体前倾稍大,迅速而积极地摆腿、摆臂和后蹬。加速跑的距离主要根据项目、个人特点与比赛情况而定。一般 800 米要跑到下弯道才结束;1 500 米跑到直道末才结束,然后进入匀速而有节奏的途中跑。这是起跑与途中跑的过渡阶段,因此,要将这一阶段的速度和节奏把握好。

3. 途中跑技术

途中跑是中长跑的主要部分,它是比赛时发挥训练水平和健身时获得锻炼效果的过程。因此,掌握好途中跑技术是取得优异成绩的前提条件。

(1)上体姿势

中长跑时,上体近乎垂直或稍前倾,适度前倾 5° 左右,跑的距离愈长,上体前倾角度愈小,胸要微微向前挺出,腹部微微后收,头部自然与上体成一直线,颈部肌肉放松,眼平视。整个躯干姿势自然而不僵硬。尽量避免上体左右转动或扭动,否则会使跑的直线性遭到破坏,对跑速造成不利影响。在途中跑过程中,为提高后蹬效果,后蹬时要将髋向前送,否则会影响后蹬效果,从而影响跑的速度。

(2)腿部动作

①后蹬和前摆

当身体重心移过支撑点以后,支撑腿就进入了后蹬阶段。后蹬阶段是途中跑技术的主要环节。后蹬动作要求迅速而积极,依次伸展髋、膝、踝三关节,后蹬角度一般为55°左右。当摆动腿通过身体垂直部位继续向前摆动时,支撑腿的各关节要迅速伸直。后蹬时各关节要充分伸直,首先以伸展髋关节开始,在摆动腿积极前摆的配合下向前送髋,腰稍向前挺,此时膝关节、踝关节也积极蹬直,这样能够适当地减少后蹬角度,获得与人体运动方向一致的更大水平分力,推动人体更快地向前移动。在后蹬结束时,后蹬腿完全伸直,上体、臀部与后蹬腿几乎成一直线,摆动腿小腿与蹬地腿呈平衡状态。前摆的动作方向与后蹬相反,其动作方向为踝、膝、髋。当支撑腿后蹬的同时,摆动腿前摆。前摆时,小腿应自然放松,依靠大腿的前摆动作,膝关节领先并带动髋部向前上方摆出。

②腾空

后蹬腿蹬离地面后,人体进入腾空阶段。这一阶段的主要任务是最大限度地放松蹬地腿的肌肉,并积极省力地将大腿向前上方摆出。当后蹬腿的大腿向前上方摆动时,膝关节的有关肌肉群放松,小腿顺惯性与大腿自然折叠。当摆动腿的大腿摆至与地面垂直时,骨盆向摆动腿一侧下降,摆动腿的膝关节低于支撑腿的膝关节。这样摆动腿一侧的膝关节比较放松,从而更好地控制肌肉的用力与放松。但是,这种折叠动作比短跑要小一些。

③落地

当摆动腿前摆结束时,大腿开始向下运动,膝关节随之自然伸直,用前脚掌在离身体重心投影点的前方约一脚到一脚半处着地。前脚掌着地后,膝关节稍稍弯曲,进入垂直支撑时,再过渡到全脚掌着地。这种顺势缓冲动作,可以减小脚着地时对身体前进产生的阻力和使人体尽快地转入后蹬。着地时,脚尖应向前,两脚足迹内缘要在一条线上。中跑比长跑的下落着地动作应积极一些。

(3)摆臂动作

臂的摆动应和上体及腿部动作协调一致。正确摆臂能维持身体平衡,并有助于腿的后蹬。中长跑时,两臂稍离开躯干,肘关节自然弯曲,约成直角,半握拳,两肩下沉,肩带放松,以肩为轴前后自然摆动,前摆稍向内,后摆稍向外,摆幅要适当,前不露肘、后不露手。摆臂动作幅度的大小应随跑速的大小而变化,感到疲劳时,低臂摆动,以缓解疲劳。

4. 弯道跑技术

中长跑时,有一半以上距离是在弯道上跑进。根据弯道跑时需要有一定向心力的特点,在跑的技术上也应与短跑一样有相应的变化。但由于跑速较短跑慢,因此变化的程度也较短跑小。为了克服沿弯道跑进时产生的离心力,在跑进时,身体需适当向左倾斜,跑速越快向左倾斜的程度越大。摆臂时,右臂向前摆的幅度稍大,前摆是稍向内,左臂后摆幅度稍大。摆动腿前摆时,右膝前摆应稍向内扣,左膝前摆稍向外展。脚着地时,右腿用前脚掌内侧着地,左腿用前掌外侧着地。弯道跑时,应靠近跑道的内沿,以免多跑距离。

5. 终点跑技术

终点跑是指临近终点的一段冲刺跑。终点跑的距离要根据项目特点、训练水平、战术需要以及比赛具体情况而定。一般情况下,800 米可在最后 300～200 米,1 500 米在最后 400～300 米,3 000 米以上可在最后 400 米或稍长的距离开始终点冲刺跑。速度好的学生,可在跟随跑的前提下,在最后一个直道时突然加速;耐力好的学生,可采用更长段落的冲刺跑。

(三)跨栏跑

1. 起跑技术

男子 110 米和女子 100 米跨栏赛跑时,除了要运用蹲踞式起跑之外,还要考虑哪一只脚放在前面的起跑器抵趾板上,这又要根据从起跑到第一栏究竟打算跑几步,用哪一腿起跨等而定。一般都用有力的腿作起跨腿。

通常从起跑到第一栏是跑 8 步,或用 7 步、9 步。假设用右腿起跨,并且从起跑到第一栏用 8 步过栏。在起跑时,应把右脚放在前起跑器抵趾板上;如果用 7 步或 9 步奇数步过第一栏,则应把左脚放在前起跑器抵趾板上,以增强起跑时第一步的蹬跨力量,获得理想的初速度。

从蹲踞式起跑起动以后,躯干前倾程度应比短跑起跑小些,以便能较早地伸直躯干,一方面便于较快地增加步长;另一方面便于第一栏的起跨。正是由于躯干不是压得很低,起跑后加速跑要较快地增加步长,争取尽快地逼近起跨点,并且使身体重心处于较高的位置。

男、女 400 米跨栏跑的起跑都是在弯道,整个起跑技术和 400 米赛跑相同。400 米栏中,在起跑后,在前面 45 米处必须跨越第一个栏架,因此在技术上、心理上与 400 米平跑又有些不同。其特点表现为从起跑到第

第八章　校园田径运动实践教学探究

一栏的起跑点步数固定、步点准确、跑的节奏性强。通常男生用 20~23 步跑到第一栏前,女生用 23~25 步跑到栏前。不同的学生要根据自己的特点和跨栏前跑的步数,确定用哪条腿做起跨腿。

2. 加速跑技术

跨栏跑的起跑后加速跑与其他项目的起跑后加速跑有显著区别,其原因是跨栏跑中,起跑后加速跑过程中要跨越第一个栏架。所以跨栏起跑后的加速跑,不但要获得较高的跑速,还要能准确无误地在预定的步数内起跨,保证过好第一栏。

由于跨栏跑比赛项目不同(男子有 110 米栏和 400 米栏、女子有 100 米栏和 400 米栏),从起跑线到第一个栏架的距离不同及栏架高度不同,不同学生从起跑到跨过第一栏所用的步数也不相同。这就要求学生从起跑到过第一栏的技术动作也要有所变化。但不管是哪种跨栏跑,都要注意发挥速度、保持节奏、步数准确,以较快的动作跨好第一个栏架。

3. 栏间跑技术

栏间跑是指下栏着地点到下一栏起跨点之间的快速跑动过程。不同项目的跨栏比赛,由于全程距离不等、栏间距离以及所需要用的步数不同,栏间跑的节奏也有区别。

一般情况下,男子 110 米栏和女子 100 米栏的栏间跑都是用三步完成;男、女 400 米栏的栏间跑步数,男子一般用 13~15 步,女子用 15~17 步完成。也有少数学生的栏间跑采用"偶数步",但是采用"偶数步"的要求也比较高,要求学生熟练掌握双腿起跨技术,否则就会出现失误,得不偿失。不同学生的栏间跑步数也不尽相同,这主要由学生的身高、腿部力量、跨栏技术等因素决定。

栏间跑技术的主要特点是重心高、频率快、节奏强,栏间三步步长的比例是小、大、中。在跨栏跑项目中,全程共设置 10 个栏架,共有 9 个栏间跑。由于栏间距离是固定的,在栏间跑的过程中,只能通过调整栏间跑的步数,或通过调整每一步的步长来改进和提高栏间跑的技术。实际栏间跑的每一步的步长都是不一样的,特别是下栏的第一步与起跨前一步,这两步的动作不仅在步长的长、短上,而且在微观动作方面也与其他各步有所不同。

第二节 跳跃类项目教学

田径跳跃类项目主要包括跳远、三级跳远、跳高、撑竿跳高等几个具体项目,本节主要分析跳远与跳高项目的技术教学指导。

一、跳远运动技术教学

跳远运动由助跑、起跳、腾空和落地几个技术环节组成,这几个技术是不可分割的统一体。

(一)助跑

在跳远运动中,助跑是为了在获得最高助跑速度的基础上,为准确地踏板和快速有力地起跳做好准备。助跑包括以下几个阶段。

1. 起动

助跑的准确性和稳定性直接受起动姿势的影响。起跑的助跑姿势主要有以下两种。

(1)静止状态下的助跑,一般要求两腿微屈、两脚左右平行站立,呈"半蹲式"姿势,或两腿前后分立,呈"站立式"姿势。这种方法对提高助跑的准确性有很好的帮助。

(2)走跳相结合,找到第一个标志。这种方法虽然动作相对放松,但是不易准确地找到标志,对准确踏板的要求比较高。

2. 助跑加速

助跑加速有以下两种方式。

第一,积极加速,在助跑的开始就积极加速,并始终保持较高的步频,这种加速方式是为了快速脱离静止状态,获得最高的助跑速度。

第二,逐渐加速,通过加大步长和保持步长逐步过渡到加快步频。目的是在动作轻松、自然和平稳的基础上,提高跳的准确性和成绩的稳定性。

3. 助跑节奏

助跑节奏是指发挥最高速度,并合理利用速度,从而高效进入起跳的方式与方法。跳远项目中,起跳力量随助跑速度的增加而增加。助跑速度每增加 0.2 米/秒或起跳扇形角每增加 10°,就要求增加 2% 的起跳力量。倘若起跳力量的发展不能适应助跑速度的要求,就会影响起跳效果,因达不到必需的腾起角度而影响跳远成绩。助跑速度的利用率是指助跑过程中运动员对自身最高速度的使用水平。它可用助跑速度与平跑中的最高速度比值来表示。一般来说,跳远水平越高者,其助跑速度的利用率也就越高。

4. 结束步

在跳远助跑过程中,最后几步是整个助跑过程中最重要的环节。在最后几步助跑中,不但要保持一定的速度,还要做好起跳的准备。这是一个相对复杂、困难的技术环节,不同的人会表现出不同的运动特点。

最后 6～8 步的助跑技术主要有两个技术方法,一是缩短最后几步的步长,加快步频,形成快节奏的助跑起跳技术;二是在步长相对稳定的情况下,加快步频,形成快速上板的助跑技术特征(步长没有明显的变化)。目前,优秀选手普遍采用后一种跑法。这种助跑技术有利于保持和发挥最高助跑速度,最后几步呈加速状态,使助跑与起跳的衔接更加紧密。

在跳远运动中,正确设置助跑标志能稳定步长,形成良好的助跑节奏,提高准确踏板的信心。对水平较高的学生最好不用标志,因为设置标志会分散其注意力,从而影响水平速度的发挥。而对初学者来说,利用助跑中的标志可以有效训练助跑速度、节奏和准确性。一般可设第一标志和第二标志。在起跑线上设第一标志,在距起跳板 6～8 步处设第二标志。标志应明显可辨,但又不致分散初学者的注意力,否则容易破坏助跑的连贯性,导致助跑速度下降。第二标志主要是用来检查助跑的准确性,提示后几步的加速节奏。需要注意的是,任何时候都不要为了适应助跑标志而破坏自己快速助跑的节奏。随着学生训练素质的提高和技术的变化,助跑标志应相应变动。

(二)起跳

起跳是跳远运动中最重要的技术之一,目的是把助跑时所获得的水平速度,转换成必要的腾空速度,将身体抛向空中,使身体获得较长的运动距离。快速、完整的起跳技术可分为以下三个阶段。

1. 起跳脚上板起跳

助跑的最后一步,摆动腿的脚着地后,起跳脚就准备上板,上体保持正直或稍有后仰。两臂摆动于体侧,起跳脚全脚掌着地,摆动腿屈腿前摆。踏板瞬间,起跳腿前伸,与地面形成一个65°~70°的夹角,起跳脚与身体重心投影点之间间隔30~40厘米,身体重心在支撑点的后面。这种势态形成了一定的"制动",使身体向腾空状态转换。

2. 起跳腿的支撑缓冲

踏到踏板后,身体随惯性的力量和重力作用,迫使起跳腿的髋、膝、踝关节被动弯曲。起跳脚用全脚掌支撑,整个身体前倾,摆动腿也随着向前运动,大小腿折叠后向起跳腿靠拢,这种姿势有利于最后起跳、蹬摆。

3. 起跳腿的蹬摆配合

起跳腿在踏上起跳板的瞬间,身体始终随惯性向前运动。当身体重心移到起跳脚支撑点上方时,应及时蹬伸起跳腿,髋、膝、踝三关节充分伸展,与此同时摆动腿以膝领先,屈腿向前上方摆动,摆到大腿呈水平部位,两臂配合两腿在体侧摆动,躯干伸展,头向前上方顶出,完成起跳的蹬、摆配合动作,这时起跳腿与地面成70°~80°夹角。注意在完成蹬摆配合的起跳动作时,四肢的协调配合,对身体获得适宜的腾起高度,维持身体平衡,以及对加快起跳速度起着决定作用。起跳腿充分蹬伸后,做好全身的制动动作,良好的制动能增加身体向上腾起,维持全身平衡。

(三)腾空

跳远的腾空技术主要有蹲踞式、挺身式和走步式三种。

1. 挺身式腾空技术

挺身式腾空技术能使学生在腾空时保持舒展的身体姿势。具体来说,在起跳后保持腾空姿势时,摆动腿和大腿不要抬得太高,摆动腿小腿随之向前、向下、向后呈弧形划动,两臂也随之向下、向后再向前大幅度地划动;与此同时,起跳腿为屈膝与正在摆动腿靠拢,展髋、挺胸、挺腰,整个身体展开充分挺身。当身体即将落地时,两臂向后摆动,躯干前倾,两腿迅速收腹举腿,前伸小腿,准备落地(图8-6)。挺身式腾空技术对学生身体的协调和维持平衡的能力提出了较高的要求。

2. 蹲踞式腾空技术

蹲踞式腾空技术要求保持腾空步的时间较长。腾空步后,起跳腿积极靠拢摆动腿,同时两腿上举,使膝接近胸部。此时,注意躯干不要过于靠前,在距落地点半米处时,双腿接近于伸直状态,两臂自然下滑,使小腿

第八章　校园田径运动实践教学探究

积极前送和落地稳定(图 8-7)。由于起跳后向前旋转的力矩较大,屈腿动作和上体前倾,使下肢靠近身体重心,导致旋转半径减小,增加了角速度和旋转力矩。会受到前旋转力的影响,提前落地。因此,"蹲踞式"跳远时,要特别强调上体与头部保持正直姿势,以维持身体平衡。

图 8-6

图 8-7

3. 走步式腾空技术

腾空后,在空中完成走步式的技术动作,就是走步式跳远。这种腾空方式在三种腾空技术中难度最大。

采用走步式腾空技术起跳后,身体可呈现"腾空步",前方的摆动腿要以髋为轴,大腿带动小腿积极向下、向后方摆动,同时处在身体后方的起跳腿则以髋关节为轴,大腿向上摆动,同时屈膝带动小腿前伸,以完成两腿在空中的互换动作。两臂要配合两腿协调摆动,以维持身体平衡。在空中完成交换步后,摆动腿仍需要从体后屈膝前摆,靠拢体前的起跳腿,并在空中走半步。在空中的这一过程需要两腿走两步半(图 8-8)。在走步式腾空技术教学中,对学生的协调能力、维持身体平衡的能力、两臂与两腿在空中协调配合的能力提出了较高的要求。

图 8-8

(四)落地

1. 滑坐式落地法

在腾空最高点就开始做折叠动作,及早做折叠动作,不影响和改变腾空路线,到最后把腿及骨盆前移,上体稍后仰,落地时好像坐着,故称滑坐式。滑坐式落地法优于折叠式落地法。因为滑坐式动作的身体重心相对后移,所得利益远远大于折叠式动作。实验表明,滑坐式落地可比折叠式落地远 20~30 厘米。

2. 折叠式落地法

在腾空阶段经过最高点后,两腿向上、向前伸出,上体向下折叠,两臂从上面向前并在落地前向后快摆。采用蹲踞式和挺身式腾空技术者多采用这种落地方法。

在跳远技术教学与训练中,学生应选择合理的落地方法,尽可能地推迟落地时间,充分利用身体重心腾起的远度,保证身体移过着地点,避免发生伤害事故,安全落地。

二、跳高运动技术教学

下面主要分析背越式跳高技术教学指导。

(一)助跑

助跑以弧线助跑为主,用 8~12 步完成。全程助跑分为两段,其中后段 4~6 步助跑尤为重要。其中,弧线助跑的弧度应由小到大,前段助跑比较平直,便于发挥速度,后段助跑的弧度较大,便于起跳。全程助跑应是逐渐加速的,并且有较强的节奏感。弧线助跑的步点及助跑路线,通常采用比较简便的"走步丈量"法确定。

第八章　校园田径运动实践教学探究

首先,确定起跳点,然后从起跳点朝助跑一侧的方向,沿横杆平行地向前自然走四步。

其次,向助跑的起点方向(垂直于横杆的方向走六步)画一个标记,这个标记就是直线与弧线助跑的交界点。从这个标志点再继续向前走七步画一个标记(助跑的起跑点)。

最后,从直弧交界点到起跳点一个弧线,与前面的直线助跑相连,构成了背越式跳高的弧线助跑路线(图8-9)。画好助跑线后,反复练习并最后确定。

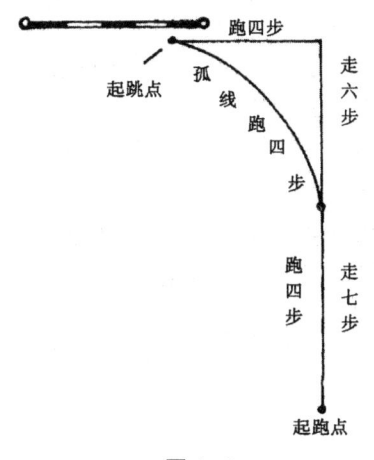

图 8-9

背越式跳高助跑的方式具有自身的特点,前段的直线助跑基本上采用普通的加速跑,但应在心理上做好向弧线过渡的准备。转入弧线助跑时,身体应向圆心方向倾斜,类似于弯道跑技术,重心不应起伏太大。此时,应注意大腿高抬,以膝领先并带动摆动腿同侧髋积极向前迈步。最后一段的弧线助跑对起跳效果尤为重要,不仅体现助跑的加速性,还要体现节奏性,整个助跑过程要用前脚掌着地并富有弹性,这种助跑方式便于起跳。

(二)助跑与起跳的结合

助跑与起跳结合技术是十分重要的跳高环节。它承上启下,直接影响跳高效果。

背越式跳高应该从助跑的最后第三步,甚至从进入弧线段开始就要有准备起跳的意识,这体现在助跑的积极加速和向起跳点迅速跑进。为了从助跑快速、连贯地过渡到起跳,要求最后这几步助跑在保持积极加速的情况下,动作结构无明显变化,上体稍有前倾,摆动腿积极前摆,并使着地点尽量接近身体重心的投影点。至最后第二步,摆动腿着地时积极下压扒地,在脚内侧的牢固支撑下,迅速前移重心。到支撑垂直部位时,身体内倾和膝关节最大程度弯曲。这时,要有力蹬伸摆动腿,充分伸展踝关节,推动髋部和躯干大幅度快速前移,以进一步加速前移身体重心。在摆动腿蹬离地面的瞬间,膝关节成150°～160°,使摆动腿蹬伸幅度达到50°～60°,以便于起跳脚迅速地踏上起跳点和起跳时身体迅速地由内倾变为竖直。

为了紧密衔接助跑与起跳,应特别强调保持倒数第二步跑进的积极性和发挥摆动腿在推动身体重心快速前移过程中的积极作用。有经验的教师对倒数第二步摆动腿支撑阶段,用"牢固支撑"的技术概念要求学生。它包含以下两方面十分关键的技术要点。

(1)依靠摆动腿的牢固支撑,能使身体保持内倾状态下进入起跳,防止身体过早地竖直和倒向横杆。

(2)依靠摆动腿积极主动地蹬伸,使身体重心快速大幅度前移,防止出现臀部下坐和摆动腿支撑无力的现象。

为此,学生要正确完成摆动腿支撑阶段的动作,使助跑与起跳紧密地衔接起来,为起跳创造条件。

(三)起跳

使身体获得最大的垂直速度和适宜的起跳角度,使身体顺利地越过横杆是起跳的主要任务。

背越式跳高的起跳点距离横杆的垂直面60～100厘米。起跳脚由脚跟先着地然后很快地由外侧过渡到全脚掌,起跳腿因惯性被迫弯曲,躯干由稍内倾转为垂直。最后一步的步幅比倒数第二步略短10～15厘米,使起跳腿同侧骨盆前移速度超过躯干姿势,便于整个躯干的腾起。

如图8-10所示,起跳动作是通过弯曲着的起跳腿蹬伸和摆动腿的屈腿摆动同时作用来实现的,该过程是起跳腿由弯曲开始蹬伸,与此同时摆动腿屈膝向前上方摆动,以髋发力带动摆动大腿,摆动腿小腿顺惯性与大腿折叠(形成屈腿摆动),当膝部摆至水平部位时即刻制动,随惯性上摆带动同侧髋上摆。与起跳腿、摆动腿相协同的两臂与肩部也需要完成一系列动作。要求肩上提,两臂同时或采用单臂交叉的动作向横杆后上方摆出,使整个身体向上腾越,并且为整个身体沿额状轴旋转创造条件。

图 8-10

（四）过杆与落坑

如图 8-11 所示，起跳时借助于起跳腿蹬伸和摆动腿摆动的力量，使身体处于背向横杆的腾越姿势。当肩向上腾越超过横杆时，仰头、倒肩，顺惯性沿横杆腾越，整个身体姿势呈反弓状。待髋部超越横杆后，收腹含胸，以髋发力带动大腿向上，并且小腿甩动使整个身体超离横杆，顺势以背部落在海绵垫上。

由于背越式跳高是由背部落地，因此，应将海绵垫、气垫、橡皮网或松软的草堆放在落地处，防止学生落地时受伤。

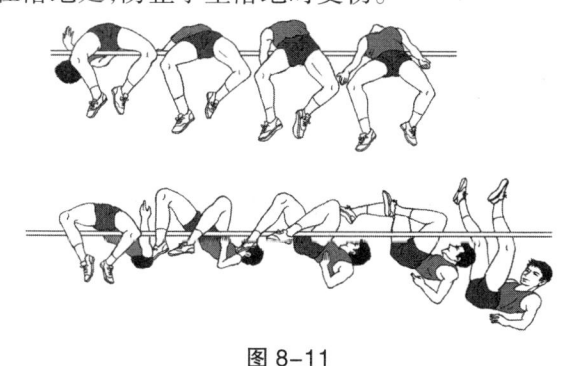

图 8-11

第三节 投掷类项目教学

在田径运动当中，投掷项目是技术性相对复杂的一类，其主要包括铅球、铁饼、链球及标枪等项目。本节主要就铁饼和铅球这两个项目的技术教学指导进行研究。

一、掷铁饼运动技术教学

掷铁饼技术大致可以分为以下四个部分。

（一）握铁饼

五指自然分开，拇指和手掌自然靠贴铁饼，其余四指自然分开，用四指的最末节扣住铁饼边沿。手腕稍屈握着铁饼不要滑落。握好铁饼后投掷臂在体侧放松下垂（图8-12）。

需要注意，握铁饼不能太紧也不可太松，以便于用力拨饼为宜，以免影响掷铁饼效果。

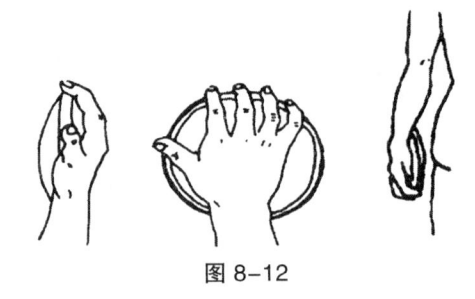

图 8-12

（二）预备姿势和预摆

1. 预备姿势

当前多数学生喜欢采用背向旋转掷铁饼的技术。正确的预备姿势应是：背对投掷方向，两脚开立同肩宽，两脚站在投掷圈后沿，左脚尖稍离开铁圈一点便于旋转，持铁饼的手臂放松下垂。

2. 预摆

预摆动作是为旋转做准备的，也是使肌肉活动获得一个最佳状态。预摆的形式主要有左向上右向后的预摆和体前左右摆两种。不管选用哪种预摆方式，最后总有一个"制动"动作，这个制动点就是进入旋转动作的开始点。

（1）体前左右预摆

做好预备姿势以后，先在体侧自然摆动几次，当铁饼摆到身体后面时，重心向右腿靠拢，躯干向左扭转并带动投掷臂持铁饼经体前向左摆动。当持饼手摆到体前时，手掌翻转向上，右肩前倾，体重向左腿靠拢。

第八章 校园田径运动实践教学探究

然后持饼臂经体前向后回摆,持饼手掌翻掌向下,体重移向右腿。在往复摆臂时,上体应向左右随之扭转,尤其在向右回摆铁饼时,上体充分扭转,形成扭紧状态。这种预摆方式具有幅度大、动作放松的特点,但必须握控铁饼防止滑落。

(2)左向上右向后的预摆

做好预备姿势以后,开始预摆。先由持饼臂起动在体侧前后自然摆动,此时身体重心也随着摆臂左右移动。当铁饼摆到体后时,重心靠近右腿,然后右腿蹬地向左移重心,投掷臂持饼向左上方摆动,右臂稍弯曲,铁饼大约摆到前额左方,为了防止铁饼滑落,左手去托饼,重心完全移到左腿,上体也随之向左转动。随后投掷臂放松向右后方摆动,重心又从左腿移至右腿,上体又自左向右后方转动,右腿稍有弯曲,左臂自然屈于胸前。在整个预摆过程中,头随上体转动,两眼平视。当向后摆到最高点时(约与右肩同高)即是制动点(图8-13)。由于这种预摆方式简单易行,因此更适合针对初学者的教学。

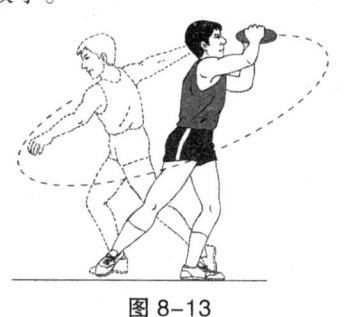

图8-13

(三)旋转

旋转是为了在铁饼最后用力出手之前使器械得到一个初速度,并为最后用力和出手创造有利的身体姿势。原地掷铁饼与旋转掷铁饼的距离相差8~12米。

旋转动作是从预摆结束的瞬间开始的,首先以左脚支撑为旋转的轴心,借助右腿的蹬地力量,向投掷方向转动左膝和左肩,身体重心略有下降,重心从右侧转移到左腿方向,左腿的动作是边屈膝边旋转,带动身体也向左转动,身体要稍前倾并稍收腹。

当左肩转动,移到左腿支撑点垂直线上时,左腿再屈膝向投掷方向移动,同时左肩带动整个身体向左转动,形成了以左半身为轴的旋转姿态。这时右腿的大腿带动小腿,右腿弯曲成弧线绕过支撑的左腿进行旋转(右腿稍内扣),右腿好像贴着地面向投掷方向跨步,整个身体形成了以左侧身体为轴的大扇面旋转。当身体重心通过左腿时,左脚蹬地,身体向投掷圈的圆心移动。在这个旋转过程中,投掷臂和右肩放松,被滞留在旋转身体的后面,右侧身体的肌肉也被拉长,形成了身体超越器械的状态。

掷铁饼的旋转动作,实际上是左腿蹬转和右腿右髋内扣旋转的结合。在旋转过程中的短暂腾空,要保证髋和腿的动作先于臂的动作,以便形成髋轴超越肩轴的超越器械动作。

旋转动作结束时,首先是右腿以前脚掌着地,落在圆心附近,形成一个非常短暂的、以右脚为轴的单腿支撑。这时整个身体并不停顿,仍然以右脚为轴继续旋转,紧接着就是左脚以脚内侧的着地支撑,并且开始做最后用力出手的动作。

(四)最后发力

最后发力动作是掷铁饼的关键技术。在旋转结束后,要为最后发力准备一个正确而舒适的身体姿势,这就要求在旋转动作中右脚落地之后仍需不停转动。

旋转结束后,当左脚着地瞬间左脚支撑,紧接着便与最后用力相衔接。右脚边转动边向投掷方向蹬伸,同时带动持铁饼的投掷臂进行大弧度的运动。左腿则承担支撑作用,使右侧绕着左侧轴转动,形成一个以胸带动臂向前鞭打的甩臂动作。全身的各部位用力集中在铁饼上,加大出手的速度、力量及工作距离,使身体处在较高位置,为最后出手创造条件。当身体重心位置较高且铁饼与右肩同高时,以右手食指末节拨饼,顺时针转动约35°将铁饼掷出(图8-14)。

图 8-14

(五)结束动作

铁饼离手的瞬间,要求由右手的小指到食指依次拨饼,使铁饼能沿着顺时针方向在空中转动飞行。出手后应及时地交换两腿,降低身体重心,

第八章 校园田径运动实践教学探究

顺势再向左转体,维持身体平衡,避免犯规或跌倒。

二、推铅球运动技术教学

推铅球运动是以力量为基础、速度为核心的快速力量性项目,目前主要分为背向滑步推铅球和背向旋转推铅球两种运动方式。下面主要分析背向滑步推铅球(右手持球为例)的基本动作技术。

(一)握球与持球

1. 握球

五指自然分开,把铅球放在食指、中指和无名指的指根处,大拇指和小指自然扶在铅球的两侧,起稳固铅球的作用。五个手指基本上处在铅球的半圆,手腕自然背屈。手指和手掌力量比较弱的运动员可以把中间三个手指或五个手指适当并拢起来,这样可以集中力量,只要最后用力动作正确,在最后用力过程中不容易出现掉球或降肘抛球现象(图8-15)。

2. 持球

握好球后把铅球放在右侧锁骨外端,贴住颈右侧,掌心向内,掌心所指方向与身体平行,右臂屈肘,从正面看右大臂与躯干的夹角约成直角,也可以使右肘略低些,夹角也小些。从侧面看,右肘与身体处在同一平面,不宜过前或过后(图8-16)。

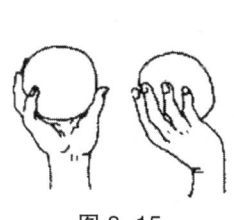

图 8-15 　　　　图 8-16

(二)预备姿势

右脚背对投掷方向站立,身体重心在右脚全脚掌上,右腿直立。左脚在右脚后方 20~30 厘米处,以脚尖点地,左腿微屈,帮助维持身体平衡。身体站立姿势端正,肩横轴和髋横轴与地面平行,与投掷方向垂直。颈部正直,头不要侧屈或扭转,眼睛看前下方几米处,左臂向身体前上方或正前方自然伸出。有人将预备动作概括为"横平竖直",即肩横轴、髋横轴要平,脊柱(身体)要直。预备动作主要分为低姿与高姿两种方式。

1. 低姿

背对投球方向,站在投掷圈内靠近后沿处,两脚前后站立,右脚尖指向投掷反方向,右脚以全脚掌着地。左脚位于右脚后 50～60 厘米处,以脚尖或前脚掌着地。左臂向右前方平伸并内旋,两腿弯曲,体重落在右腿上,目视前方。

2. 高姿

右脚背对投掷方向站立,身体重心在右脚全脚掌上,右腿直立。左脚位于右脚后方 20～30 厘米处,以脚尖点地,左腿微屈,帮助维持身体平衡。身体站立姿势端正,肩横轴和髋横轴与地面平行,与投掷方向垂直。颈部正直,头不要侧屈或扭转,眼睛看前下方几米处,左臂向身体前上方或正前方自然伸出。

(三)团身动作

预备动作完成之后做团身动作,它是滑步前的准备动作。要做好团身动作,就要保证身体正确姿势,维持好身体平衡。

开始时上体前俯,左臂随上体前俯逐步下垂,同时左腿向后上方摆起,摆到左腿大致与身体形成一条直线的合适高度后,然后顺势屈右膝、收左腿、身体重心平稳下降形成团身姿势。

团身动作姿势特点为:右脚背对投掷方向;身体重心在右脚前脚掌上(右脚跟提起或不提起);根据个人腿部力量右膝弯曲到适当角度(约100°);右膝前缘超过右脚尖;左腿在右腿之后,左膝靠近右小腿;左脚尖离地或轻轻触地;从身体侧面看,肩横轴和髋横轴的连线与地面平行(或构成一定的角度);背部肌肉保持适当拉长和放松;左臂自然下垂或向投掷反方向伸出;右臂动作不变;注视前下方(图 8-17)。

图 8-17

第八章 校园田径运动实践教学探究

除此之外,还有一种较为简化的动作,不经预摆直接进入滑步动作,也被称为"现代直滑式"。具体方法为:预备动作背向投掷方向站立,双脚左右间有一定距离,脚尖前后对齐或稍有前后之分;上体前俯;屈双膝下降身体重心;上体大致与地面平行;左臂下垂,左手几乎可以触到地面(注意手不要触地面,避免犯规);身体重心落在前脚掌上。团身动作由单腿支撑改成双腿支撑,减轻了身体局部的负担,动作简单,适合初学者采用。

(四)滑步

滑步开始时,身体重心应尽量水平地向投掷方向快速运动,左腿小腿在大腿的带动下向抵趾板方向踹出,左脚尽量沿地面滑动,左脚背朝下,当左脚经过投掷圈直径约 3/4 距离时有个外翻动作,左脚最后落在抵趾板中间略偏左处,左脚的纵轴与投掷方向构成 90°~100° 的夹角。左腿踹出后,在侧面看整个身体从左脚到左肩成一条直线。配合左腿的动作,右腿有个蹬伸动作,身体重心由右脚前掌过渡到脚后跟,右脚的动作似滚动动作(用脚跟滑步是自然动作,人在后退走时脚尖先离地,脚跟后离地),滑步过程中右膝感觉不要伸直(技术录像或图片中有右膝伸直的瞬间图像,实际这是动作过程,如果做动作中有努力伸直过程将会出现身体重心过分向上现象,这是不利的),双腿的夹角要大,髋部动作要伸展,然后右小腿迅速内收(很轻快地带过来),右脚稍内扣,落在圆心附近,右脚纵轴与投掷反方向夹角为 20°~45° 或比这个角度稍大。

在滑步开始左腿做动作的同时,左臂应轻快向投掷反方向摆动(或向右侧身体摆动),这个动作的主要作用在于拉长主要肌群、保持较好超越器械动作。此时上体姿势基本保持不变。

滑步结束时(双脚都落地后)身体的姿势是:左脚的纵轴与投掷方向的夹角为 90°~100°;脚外侧抵住抵趾板中间略偏左处,左腿基本上处于伸直并紧张的用力状态;右脚内扣 20°~45°;右脚跟与左脚尖基本上处在同一条直线上(横向间距至少 10 厘米);右膝弯曲到 110°~130°;身体重心落在右脚前脚掌上;右脚跟不要落地,保持用力状态;右脚跟与左脚尖大致在投掷方向正中间的直线上;髋横轴与地面平行(不要有一侧高一侧低的现象,右侧髋要"窝"住而不能顶出来);肩横轴与地面平行,与投掷方向垂直;上体尽量向投掷反方向伸展(指双肩而不是单指左肩);躯干与地面的夹角尽量小(最好小于 60°);左臂向后下方伸出;右手臂动作不变;面部端正;眼看投掷圈后面的前下方。

在滑步过程中,身体重心的移动要尽量平稳,努力沿地面平行运动,尤其对于初学者来说,更应该注意这些要点。另外,对于基础良好的学生,开始滑步时可以要求其臀部向抵趾板方向(后下方)运动,这样有助于提高滑步速度、减少身体重心起伏。

（五）最后用力

最后发力动作是一个比较复杂的运动过程,要求身体许多部位同时运动。

滑步结束后右脚脚跟力争不落地,右腿用力时右脚内侧用力形成侧蹬动作,右膝尽量沿水平方向前运动,右腿侧蹬中伴有转动动作。当右小腿与地面形成比较小的夹角之后,右腿尽可用力蹬伸推动身体向前。滑步结束左脚落地后,左腿始终保持着紧张的蓄力状态,随着身体重心向前运动,左膝微微弯曲再伸直,这个过程是左腿在紧张用力状态下的退让动作,由于生理上的牵张反射,最后左腿形成强有力的支撑后的蹬伸用力动作。

在下肢积极动作和身体重心向前运动中,上体由向后伸展的背面转成侧面,从下至上整个身体形成一个侧弓形,这个动作过程造成了整个身体主要工作肌肉群拉长拉紧状态。这个阶段可分为右脚落地→左脚落地、双脚落地形成双支撑→形成侧弓两个动作环节。

在教学中,要特别注意最后发力过程中的以下几个动作环节。

（1）右脚落地后脚跟尽量不要落地,用脚前掌做侧蹬动作。

（2）右膝尽量沿水平方向运动,右腿不要向上蹬伸。

（3）右下肢动作要快,不要硬发力蹬伸。

（4）髋部边向前运动边转动。

（5）上体尤其上肢处于被动拉紧状态,不能主动用力。

（6）眼睛由看后下方转为看后方。

有人将最后用力的动作过程称为"侧移或侧蹬"。从理论上讲,铅球最后出手时应该达到最高速度,为了保证铅球能够获得更快的出手速度,要特别注意最后用力前的准备阶段动作,不仅要求身体处于有利的姿势,更重要的是全身的肌肉要能够保证在其后的阶段能够发挥最快的收缩速度。身体形成侧弓后继续向前运动,髋部位置逐步领先,身体迅速形成正弓形,身体转到正面时铅球刚刚即将离开颈部。由于身体积极向前运动,最后右臂参与工作把铅球推出去。右手最后的拨球动作是自然动作,不要刻意去做。

铅球最后出手时的正确身体姿势是:左腿充分蹬直;右腿充分蹬伸;抬头、挺胸、面对投掷方向;右臂伸直;左臂在身体左侧,左手低于左肩；左侧的踝、膝、髋、腰、肋、胸、肩形成强有力的支撑。铅球的实际出手角度约为 37° 左右。通过技术分析可以看出铅球出手点约在左脚尖上方（或前上方）。

推铅球技术中，滑步与最后用力的完整动作如图 8-18 所示。

图 8-18

（六）结束动作

铅球出手之后，由于身体向前的惯性，身体容易失去平衡，从而继续向投掷方向跟进。为了维持身体平衡，避免出圈而犯规和出现跌倒现象，必须注意最后用力和铅球出手动作的准确性与规范性，应在铅球出手后及时交换双腿改变运动方向，降低身体重心，左腿积极后退。

第九章 校园球类运动实践教学探究

球类运动已成为现代学校体育教学的重要内容之一。在校园球类运动实践教学中,常见的球类项目主要有足球、篮球、排球、网球、羽毛球、乒乓球,等等。本章主要就以上常见校园球类运动实践教学进行探究。

第一节 足球教学

一、足球技术教学

(一)踢球技术

1. 脚背正面踢球

以脚背正面踢定位球为例进行说明。

直线助跑,最后一步要稍大些。支撑脚积极着地支撑,在球的侧面10~12厘米处。膝关节微屈,小腿屈曲,脚尖正对出球方向。踢球腿随跑动向后摆动,支撑的同时踢球腿以髋关节为轴,大腿带动小腿由后向前摆动。当膝关节摆至接近球的正上方时,小腿做爆发式的摆动,脚趾屈,以脚背正面部位击球的后中部,击球后身体和踢球腿随球前移(图9-1)。

图 9-1

2. 脚内侧踢球

以脚内侧踢定位球为例。直线助跑,支撑前的最后一步稍微大些。支撑脚站在球的侧面约 15 厘米处,脚尖正对着出球方向,支撑腿膝关节微屈。在支撑脚着地时,踢球腿大腿带动小腿由后向前摆动,在前摆的过程中大腿外展。当膝关节的摆动接近球的正上方时,小腿做爆发式摆动,在触球前将脚跟送出,使脚内侧部位所形成的平面或出球方向垂直。踢球脚脚底与地面平行,脚尖微微跷起,踝关节功能性地紧张使脚型固定,触(击)球后身体跟随移动,髋关节向前送(图 9-2)。

图 9-2

(二)运球技术

1. 脚背内侧运球

运球时,身体稍侧转并且自然协调放松,上体前倾,步幅小,运球腿提起外展,膝微屈外转,提踵,脚尖外转,使脚背内侧正对运球方向,在运球脚落地前用脚背内侧推拨球,使球随身体前进。脚背内侧运球中,由于身体稍侧转,不能采用正常跑动姿势,因而不适用于高速运球。但由于接触部位与支撑位置的特点易于完成向支撑脚一侧的转动,所以多用于向支撑脚一侧的转动变向运球。

2. 脚背正面运球

运球时,身体保持正常跑动姿势,上体稍前倾,步幅不宜过大,运球脚提起,髋关节前送,膝关节稍屈,提踵,脚尖下指,在着地前脚背正面部位触球后中部将球推送前进。由于脚背正面运球时身体持正常跑动姿势,所以可以发挥出较快的速度,因而这种技术多用在运球前方一定距离内无对手阻拦时。

(三)接球技术

1. 脚部接球

以脚内侧接地滚球为例。支撑脚正对来球,膝关节微屈,同侧肩正对来球。接球腿提膝大腿外展,脚尖微跷,脚底基本与地面平行,脚内侧正对来球并前迎,当脚内侧和球接触的一刹那迅速后撤,把球接在脚下(图9-3)。

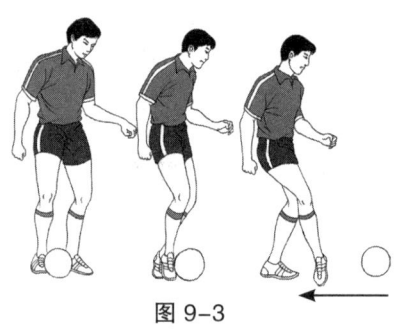

图9-3

2. 腿部接球

以大腿接抛物线较大的高空球为例。面对来球方向,根据球的落点迅速移动到位,接球腿大腿抬起,当球和大腿接触的瞬间大腿下撤将球接到需要的位置上(图9-4)。

图9-4

3. 腹部接球

以腹部接反弹球为例。接球者的身体正对来球方向跑动,判断好球的落点,身体前倾,腹部对准落地反弹的球,腹肌保持紧张,推压着球前进,也可以在触球瞬间身体侧转,将球接向所需要的侧面。

4.胸部接球

胸部接球是接高球的一种好方法。胸部接球包括收胸式、挺胸式两种方法。下面主要对收胸式接球进行说明。收胸式接球多用于接齐胸高的平直球。面对来球,两脚左右或前后开立,两臂自然张开,挺胸迎球,触球瞬间收胸、收腹、臀部后移将球接在体前。若需要将球接在体侧时,则触球瞬间转体将球接在体后相应的一侧。

(四)头顶球技术

1.前额正面头顶球

以前额正面原地头顶球为例。两眼注视运动中的球,身体正对来球方向,两脚左右开立(或前后开立),膝关节微屈,重心置于两脚间的支撑面上(或后脚上),两臂自然张开。当球运行到将垂直于地面的垂线时,迅速向前摆体,两腿用力蹬地,微收下颌,在触球瞬间颈部做爆发式的振摆,用前额正面击球中部,上体随球前摆(图9-5)。

图 9-5

2.前额侧面头顶球

以前额侧面原地头顶球为例。根据来球的运行速度、运行轨迹,及时移动到位。两脚左右或前后开立,出球方向的异侧脚在前,重心逐渐过渡到前脚上,前膝微屈,眼睛注视来球,两臂侧前后自然张开,当球运行至体前上方时用力蹬地,前脚掌并适度旋转,上体随着向出球方向扭摆,同时用力向击球方向甩头,以前额侧面击球的后中部。

(五)射门技术

1.运球射门

运球至最后一步,推球力量稍大,距离稍远,以便于助跑发力。由于运球射门时球是向前滚动的,所以支撑脚着地较球适当靠前,留出一定的提前量。运球射门运用较多的踢球方法是脚背正面和脚背内、外侧踢球。

2. 直接射门

直接射迎面来的地滚球时,主动上前迎球踢球,支撑脚着地较球靠前,留取一定的提前量,可用脚背正面,脚背内、外侧和脚内侧踢球等方法射门。无论是用哪种方法,都要考虑到因为是迎面来球,触球时会有反作用力的因素。所以,射门时身体要稍前倾,摆腿时前摆不要太大,击球的后中部,以保证射出的球的高度不超过球门横梁。

3. 接球射门

接球射门关键在接球与射门两技术之间的衔接,接球要将球接到自己所需要的位置,尽量一次触球就将球接平稳,身体迅速跟上球。原则上,球所接到的位置应远离防守者,即以身体为屏障,以远离防守者的脚射门。若处在防守者比较密集的情况下接球,则将球接在离身体较近的位置,以便能迅速起脚射门。

(六)抢断球技术

1. 正面跨步堵抢

抢球者两脚前后开立,迎着运球者而站,两膝微屈,身体重心下降并置于两脚间,当运球者与抢球者间的距离缩小到一定范围(即抢球者上前跨一大步可能触及球),运球者脚触球后即将落地或刚刚落地时,抢球者后脚用力蹬地并跨步向前,以脚内侧去堵截球,当已堵住球时,另一只脚应迅速上步。若抢球脚堵住球,两位对手也堵住球时,则抢球者应将另一只脚迅速前移做支撑脚,抢球脚在不脱离球的情况下迅速向上提拉,使球从对手脚面滚过,身体重心也迅速跟上并将球控制好。

2. 合理冲撞抢球

当防守者并肩与运球者跑动追球时,防守者重心稍下降,靠近对手一侧的手臂紧贴身体,利用对方同侧脚离地的过程,用肘关节以上部位适当冲撞对手同样部位,使对手身体失去平衡,趁机将球控制住。

(七)守门员技术

1. 接球

以接平空球为例。接球时面对来球,两手掌心向上,两手小指相靠,前迎接球。上体前屈,当手触球时微后撤以缓冲来球力量,将球抱于胸前。

2. 扑球

以倒地侧扑两侧球为例。两眼注视来球,身体重心置于两腿之间,两脚时刻准备蹬地,精力集中。扑球时,异侧脚内侧侧蹬发力,同侧脚屈膝迎球跨出,上体顺势压扑以加速重心的前移倒地,双臂同时迎出接球,腕关节稍内扣,用手掌挡压控球。触球后屈臂收球于胸前,并快速抱球起身。侧倒过程以小腿、大腿、臀部、肩和手臂外侧顺序缓冲着地。

3. 托球

托球多用单臂,以增加触球的距离。托球时,近球侧手臂伸出迎球。触球刹那,手腕后仰,用掌跟部顶推发力,将球向侧或上托出。

4. 发球

以勾手掷球为例。两脚前后开立,身体侧对出球方向,单手持球后引,臂微屈,同时重心移到后脚上。掷球时,后脚用力向后蹬地,同时转体,重心由后脚移向前脚。当持球手臂由后经体侧沿弧线摆至肩上时,手指和手腕用力将球掷向预定的目标。球出手后,掷球手臂继续前摆,上体前倾后脚向前迈出,维持身体平衡。

5. 拳击球

拳击球一般用于出击时的防守,在争抢高球无把握接住球的情况下,可利用单拳或双拳将球击出。击球时要准确判断来球运行路线,及时移动到位,握紧拳,在接近球的刹那迅速出拳击球。拳击球有单、双拳击球,单拳击球动作灵活,摆动幅度大,击球力量大。

二、足球战术教学

(一)进攻战术

1. 个人进攻战术

(1)传球

传球是比赛中运用最多,也是最重要的技战术手段。运动员在接球后,多半是传给同伴,而控球权也是通过传接球激烈争夺所获得的,很多比赛都是因为在传接球时的失误导致了最终失败,所以一个球队传球水平的高低代表了一个球队的实力。

明确传球目的要求运动员具备快速反应和判断场上情况的能力,一般传球目的有两个:一个是传向同伴脚下;另一个是有利于同伴的空当传球。空当传球的威胁性比较大,容易给对方造成可乘之机,但为了调整比赛节奏,更好地发动进攻,同队人员之间也进行一些必要的横传和回传,有机结合两个传球方法,能更好地增加比赛激烈程度。在比赛时还要掌握好传球的时机,跟同伴之间默契配合。并且掌握好恰当的传球力度、落点和旋转度,才能有利于接球人很好地控制球和处理球,达到传球的目的。

(2)射门

射门是一切进攻战术配合的最终目的,也是进攻得分的唯一手段。射门时,队员首先应通过快速地观察做出及时正确的判断,然后根据来球的速度、落点和防守队员及守门员所处位置的情况采用有效的射门方法射门。具体来说,在运用时要有强烈的射门意识和欲望,这是捕捉一切射门的机会进球获胜的前奏。要敢于在激烈对抗中完成射门行动。然后选择最佳射门角度,它直接影响射门的效果。尽量射低平球,射球准确、突然、有力,射低球或地滚球不但球速快,而且随时可能由于某种原因在运行过程中使球改变方向,守门员往往会由于始料不及而造成动作失误。把握射门时机,一旦出现射门机会,应果断地、快速地起脚射门,任何犹豫均会造成动作迟缓而丧失射门良机。

2. 局部进攻战术

局部进攻战术是进攻中两个或两个以上队员之间的配合方法,它是集体配合的基础。

(1)传切二过一配合

在局部进攻中,传切配合是运用最多的方法,它指控球队员将球传给切入的进攻队员的配合方法。传切配合的形式有局部传切和转移长传切入。

①局部传切配合

按传切的线路可分为斜传直切(图9-6)、直传斜切(图9-7)。

以上两种战术配合是只通过一次传球和切入就越过一名防守队员。配合十分简捷和实用。在进行配合时,两名进攻队员要保持适当的距离。控球队员可采用运球或其他动作,诱导防守者上前堵截。

图9-6　　　　　　　　　　　图9-7

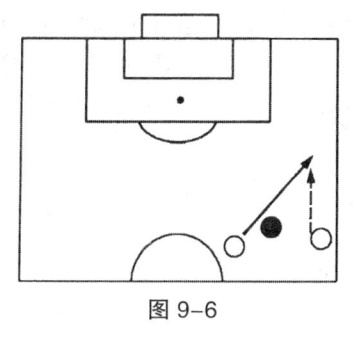

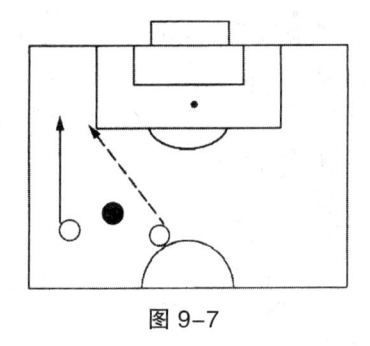

②长传转移切入

一侧进攻受阻,长传转移到另一侧,切入队员得球后展开进攻。

(2)交叉掩护二过一配合

交叉掩护配合是指在局部地区2名进攻队员在运球交叉换位时,以自己的身体掩护同伴越过防守队员的配合方法(图9-8)。

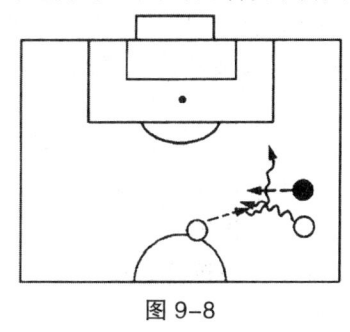

图9-8

3. 集体进攻战术

(1)快攻战术

快攻战术是由守转攻时,乘对方来不及调整防守策略,通过简便快速的传递配合创造射门机会的战术。它是最有效的一种进攻战术。快攻的形式有以下三种。

①守门员获球后,若对方三条线压得比较靠前,守门员就迅速用脚踢给本方埋伏在对方后卫线附近的突击队员,或者用手抛给中场占据有利位置的同伴,创造快速突破的机会。

②在中前场截得对方脚下球迅速发动进攻。

③获得任意球,快速罚球也能形成快攻机会。

(2)阵地进攻战术

阵地进攻是指守方的队员都退回到自己的半场且占据防守位置时对其的进攻。它主要具备守方没有大的空当,攻防人数平衡的特点。在运用阵地进攻战术时，要求进攻者用不断地跑动、穿插、策应来打乱守方的防御体系，在局部地区打破攻守双方人数上的平衡，造成以多打少的局面。阵地进攻的关键是要利用场地长度和宽度进行机动跑位，不断调动防守者的位置。

（二）防守战术

1. 个人防守战术

个人防守战术是为控制对手所采用的个人战术行动。个人战术行动可以体现出整个战术的特征。个人战术行动是整体战术的基础，主要包括选位与盯人、抢球、断球等。

（1）选位与盯人

选位是指防守队员在进行防守选择时占据合理的防守位置。大多数情况下是站在对手与本方球门中心所构成的一条直线上。盯人是在正确选位的基础上，对防守的对手实施监控或严密控制其进攻行动。

（2）抢球

抢球是将对方控制的球抢断下来或者破坏掉。运用此战术之前必须保证集体防守的稳固。抢球是重要的个人技术，还是个人防守能力的重要标志。抢球的要点有以下几个方面。

①正确的站位。抢球首先要选择在持球对手与球门中点之间站位，这是对方运球突破的必由之路，当对方运球向两侧扯动时，即为抢球创造条件。

②合理的距离。通过移动与持球对手保持最适宜的距离。

③准确的时机。在对手接控球没有稳或控、运球两个触球动作之间的时机，将球抢下来或破坏掉。

（3）断球

断球是将对方的传球从途中截下来或破坏掉的战术行为。断球是转守为攻最主动和最有效的战术行动，可以在对方来不及反抢的状态下进快速进行反击。断球的要点有以下几个方面。

①正确的判断。要正确判断持球队员与接应队员的意图，预测传球的时间和路线。

②合理的位置。在正确选位的基础上，偏向有球一侧移动。同时要抓住恰当的时机，对方传出球的瞬间，先于接球队员快速插向传球路线，将球截断下来。

2. 局部防守战术

局部防守战术指两个或两个以上防守队员之间的相互配合方法,是集体防守战术的基础,其基本配合主要的形式有保护、补位与围抢。

（1）保护

保护是指同伴紧逼对手时,自己选择有利的位置来保护同伴,防止对手突破。给逼抢持球队员的同伴心理和行动上的支持,使其没有后顾之忧,全力以赴紧逼对手。一旦被持球队员突破,保护队员能及时补防,堵住进攻路线或夺回控球权。如果逼抢队员夺得控球权,保护队员可以及时接应发动进攻。保护时,选位要求队员间距离适当地斜线站位,它可以避免出现对方突破一点而使己方防守战线崩溃的局面。

（2）补位

补位是指防守队员之间相互协作的防守配合行动,也是防守队员弥补同伴在防守中出现漏洞时所采取的相互协助的战术配合。在比赛中,通过同伴间的相互补位,可以有效地遏制和破坏对方的进攻行动,变被动为主动。补位的形式主要有以下几种。

①队员去补空当,比如边后卫插上助攻时,就有一个同伴暂时补他的位置,以防止插上进攻失误时,对方利用这个空当进行反击。

②当同伴被突破之后,保护队员要及时补位防守,将球夺回来或阻断其进攻路线。被突破的队员要立即后撤选择适当位置转化为保护队员。

③在守门员出击时,后卫队员要及时回撤到球门线附近,弥补守门员的位置,防止守门员出击出现失误,对方突然射空门。

（3）围抢

围抢是指防守时几名队员同时围堵、抢断某局部地区的对方控球队员的默契战术配合。防守队半场的两个底角和中场的边线附近是围抢有利位置。围抢有以下几个要求。

①在围抢的局部地点守方人数占有优势,而且距离比较近,思想统一。

②在对方进攻推进缓慢或者局部配合过多、缺少转移进攻的时候,要迅速组织围抢。

③被围抢的队员尚未控制好球时,其附近又没有接应队员或传球路线时要及时围抢。

④一般要在边、角场区,对方身体方向和观察角度较差时或在守方门前接球、运球、射门时,坚决展开围抢封堵。

3. 集体防守战术

集体防守战术是指全队所采取的防守配合。在集体防守战术中通常的防守类型有人盯人防守、区域盯人防守和混合盯人防守。

（1）人盯人防守

人盯人防守是指每个防守队员盯住一个对手，封锁对方的进攻路线，控制对手的活动和传、控球的配合方法。这种打法突出的主要特点是在全场攻守的每一个时间与空间，两两对垒的情况总是让每一个进攻队员始终处于压力之中。

（2）区域盯人防守

区域盯人防守是根据场上队员位置的分布，每个防守队员防守住一个区域，在对方某个队员跑入本区域时，就进行积极防守，限制对方进行进攻活动的配合方法。区域盯人打法规定每个防守者的明确任务，但同伴间仍需要相互协作，当某一区域盯人防守失败时，邻近队员及时补位，被突破防守队员应及时地与他换位，以求集体防守的有效性。区域盯人防守应特别注意各区域间交界处的防守。因为这些交界处由于防守职责不明确让进攻者有机可乘。

（3）混合盯人防守

混合盯人防守是指人盯人与区域防守相结合的防守配合方法。最主要的特点是可以根据对手的情况，灵活地将盯人防守和区域盯人防守的优点充分利用，以提高全队防守的效益。混合防守队员大多是体能素质高、个人作战能力强的队员以人盯人防守盯住对方的核心球员，其他队员采用区域盯人防守。

第二节　篮球教学

一、篮球技术教学

篮球技术具体分为进攻技术与防守技术，下列各技术中，运球、传接球、持球突破以及投篮属于进攻技术，防无球队员技术、防有球队员技术以及抢篮板球技术属于防守技术。

第九章 校园球类运动实践教学探究

(一)运球技术

1. 高运球

高运球时,微屈两腿,稍向前倾斜上体,两眼注视前方,将肘关节作为弯曲轴,自然伸屈前臂,用手腕与手指在球的后上方按拍,拍按时动作要柔和有力。在运球手臂的同侧脚的外侧控制前方球的落点,这样,球的反弹就会高于胸腹位置。在高运球时,运动员推按球要用力,手脚配合要协调(图9-9)。

图9-9

2. 低运球

运球时,两腿应迅速弯曲,重心下降,上体前倾,球的落点在体侧,用上体和腿保护球,同时,用手腕和手指短促地按拍球的后上方,使球控制在膝关节的高度。在低运球时,运动员应降低重心,目视前方,注意保护球(图9-10)。

图9-10

(二)传接球技术

1. 传球技术

(1)双手胸前传球

双手持球于胸腹间,两肘自然弯曲于体侧,成基本站姿,眼睛要与传球的目标方向平视。传球时,猛蹬后脚发力,前移重心,前伸两臂,旋转两手腕于内侧,用力下压拇指,迅速用食指与中指拨球,快速传球(图9-11)。球出手后身体迅速调整成基本站立姿势。

图 9-11

（2）双手头上传球

双手手指尖朝上,从球侧面持球于头顶,肘部微屈,向传球方向跨步同时手腕后转,球移至脑后,将球向前抛出,手腕下转发力,做好随球动作。

2. 接球技术

（1）单手接球

以右手接球为例。右脚向来球方向迈出,接球时微屈右臂,手掌保持勺形姿势,自然分开手指,向迎球的方向伸出手指,同时左脚迈出一步。当手指与球接触后,顺势后撤手臂,同时收肩,上体微向右后转动。然后用左手帮助将球握于胸前。跳起用单手接高球时,可采用手指尖触球后顺势卷腕的手法,把球引到胸前成双手持球(图9-12)。

图 9-12

（2）双手接球

用双手做接球动作时,眼睛向来球方向注视,自然分开手指,保持两拇指成"八"字形姿势,两手保持半圆形动作。接来球前,伸展双臂主动迎球,放松肩、臂、腕和指。双手接球时,先用指端与球接触,同时随球后引两臂,目的是缓冲来球的力量,准备做下一步的动作(图9-13)。

图9-13

(三)持球突破技术

1.原地持球交叉步突破

以右脚做中枢脚为例。左右两脚分开站立,膝盖稍作弯曲,降低身体重心,在胸腹之间持球。突破时,迅速将左脚前脚掌的内侧蹬地,稍微向右转动上体,向前下压左肩,向右前方移动重心,向右侧前方将左脚蹬地,把球引在身体右侧,蹬地并向前跨出右脚,迅速超越防守。运动员在进行原地持球交叉步突破时,应注意弯曲膝盖,降低重心,迅速将移动脚蹬地,向前跨出右脚。

2.原地持球同侧步突破

以左脚为中枢脚为例。准备姿势和突破前的动作要求同交叉步一样。突破时,向右前方将右脚跨出一步,身体向右转并探肩,前移重心,用右手运球,讯速将左脚前脚掌蹬地,并向右前方跨出左脚,突破防守。运动员在做原地持球同侧步突破时,要注意向前跨步移动脚,转体探肩,前移重心。

(四)投篮技术

1.原地单手投篮

以右手投篮为例来说明原地单手投篮技术。双脚在原地分开站立,右脚稍微向前方迈出,运用两脚中间的力量承担身体重心,肘弯曲,手腕向后方上仰,保持掌心是向上的,自然分开五指,用手将球放在右眼前上方,用左手扶住球的侧面,两膝稍稍弯曲,放松上体并稍微向后倾斜,双眼与篮点对视。投篮时,蹬伸下肢,同时顺势伸展腰腹部,肘部上抬将前臂伸直,前屈手腕,手指在手腕的带动下将球弹拨出去,最后运用食指与中指将球用力投出,球与手相离后,右臂要自然跟进投篮动作。在进行原地单手投篮时,运动员应注意手腕要有力,球的飞行要有弧度。

2. 跳起投篮

跳起投篮又称跳投,可以在不同距离和各种角度情况下运用。跳起单手投篮是跳起投篮的主要表现,跳起单手投篮的出手动作基本与原地单手投篮的出手动作相同,不同的是,跳起单手投篮的动作中有起跳动作,要在空中完成投篮动作。

以右手投篮为例。在胸腹之间用双手持球,两脚前后或左右分开站立,微屈两膝,两脚之间承担身体重心,放松上体,眼睛向篮圈方向注视。起跳时,适当弯曲两膝,然后用脚掌蹬地发力,腹部提起,腰部伸展,迅速向上摆臂举球,同时做起跳动作,在头上或肩上用双手举球,在球的左侧用左手扶球。当身体升至最高点或接近最高点时,左手与球相离,向前上方伸直右臂,同时屈腕、压指,篮球通过指端投出去,注意要用突发性力量投篮。投篮后,身体自然落地,屈膝缓冲起跳力量,做好冲抢篮板球或回防的准备动作。在跳起投篮过程中,运动员应注意身体的稳定性,球出手时腕、指柔和而准确地屈拨用力。

3. 扣篮

扣篮是直接将球由上向下灌入篮内的一种投篮方法。扣篮要求运动员必须具备良好的身体素质,特别是弹跳力和控制球能力。下面以原地双脚起跳双手扣篮为例进行说明。

原地双脚起跳双手扣篮要求运动员双手持球双脚用力蹬地向上跳起,同时将球上举,充分伸展身体,将球举过头顶至最高点并与篮圈构成最佳入射角时,双臂用力前屈,用突发性屈腕、压指的动作,将球扣入篮圈内。球离手后注意控制身体和落地屈膝缓冲。扣篮动作关键:掌握好起跳的时机,身体协调一致并充分伸展,屈腕、压指要有突发性和力度。

(五)防无球队员技术

1. 防接球

在防守技术中,防守无球队员的首要任务是防接球。防接球技术需要注意以下两个方面。

其一,要求防守无球队员具有较强的预测性,在对手试图接触球时,能够积极采取行动阻止或减少对手接触球。

第九章 校园球类运动实践教学探究

其二,当接球队员处于被动情况时,防守队员也要积极跟防、追堵,破坏对手顺利接球。

防守队员在防接球时,应在自己的视线范围内时刻关注对手和球,并做出准确的防守动作,膝盖弯曲,降低身体重心,保证向任何方向都能够随时起动,要特别注意衔接起动与移动步法,并注意控制平衡,在动态中始终保持在对手与球之间偏向对手一侧的断球路线上,同时伸出同侧手臂形成"球—我—他"的钝角三角形的防守选位。

2. 防切入

防切入也是防守无球队员的一种重要方法。防切入是指防守进攻队员试图切入或摆脱进攻队员的切入。在防切入时,要同时防守人与球,在不能兼顾的情况下,主要防人,使球和人始终在自己的视线范围内。当对手企图进攻时,主要可以采取的防守方法有凶狠顶挤、上步堵截、抢前等,阻止对方及时进攻。如果对手的切入方向与迎球方向相同,则主动防守进攻队员的后方,以此来将对手的接球路线切断。

(六)防有球队员技术

1. 防运球

设法将对方的运球速度减慢,使其运球方向做出改变,防止进攻队员将球运向篮下,防止对手持球突破,这是防守队员防对方运球的目的。一般情况下,防守队员要主动紧追进攻队员,而且要在移动中将身体重心降低,与持球队员保持侧对或面对的方向,防守时要保持身体处于平衡状态。防守时不应用交叉步移动,而要用撤步与滑步,需要注意的是,防守队员进行阻堵时,要位于进攻队员的前面一步左右的位置进行,迫使其改变运球方向。当进攻队员利用变速变向、急起急停等方法来摆脱防守时,在其变换动作时防守队员应及时抢前向后移动,占据好有利位置,并控制好身体平衡,迅速地变换步法继续进行阻截。

2. 防传球

防守队员防传球的目的是阻止对手向篮下有攻击威胁的内线区域的传球。防守队员在进攻队员接到球之后,要选择正确合理的防守位置,防守位置与对手的位置之间的距离要保持适当,防守队员要将自己的身体重心调整好,眼注视球,判断对手的传球目的,判断依据是对手的位置、视线与动作,防守队员要通过干扰与封堵进行防守,具体方式是挥动手臂。防守队员要尽量使对手向外传球,阻止其向内线进行传球。

3.防投篮

防止对方投篮成功是防投篮的根本目的。因此,在对手掌控球后,防守队员要时刻保持警惕。斜步防守贴近对手是防守队员主要采取的防投篮手段,挥动手臂对其进行干扰,使其放弃投篮。与此同时,另一手臂要向侧方伸直,对对手的传球造成一定的阻碍作用。防守队员要对对手是否投篮做出正确判断,注意其假动作。

(七)抢篮板球技术

1.抢进攻篮板球

抢进攻篮板球是抢篮板技术的重要内容。处于篮下或内线队员抢进攻篮板球,当同伴或自己投篮时,靠近篮下的队员要及时判断球反弹的方向,并借助假动作绕胯挤到对方的身前,并利用跨步或助跑起跳,跳到最高点进行补篮或直接获取篮板球。

对于处在外线位置的队员抢篮板球,当同伴投篮时,如进攻队员面向球篮,则首先要观察判断球的反弹方向、速度和落点后,突然起动冲向球反弹方向进行补篮或抢获篮板球。以从防守人身后左侧冲抢为例,进攻队员面向球篮时,右脚向右侧跨步,向右侧做假动作,随后以左脚为支撑脚,右脚向左跨出一小步,重心移至左脚,同时右脚立即向前跨步绕前,挤靠防守人,从而跳起抢篮板球或进行补篮。因此,准确判断进攻时间,绕步冲阻,并及时起跳,以补篮或组织第二次进攻是进攻队员需要注意的方面。

2.抢防守篮板球

抢防守篮板球也是抢篮板球技术的一种方法。处于篮下防守,当对手准备投篮时,以对手的投篮位置与移动情况作依据,运用上步、撤步和转身等动作阻截对手,使其位于自己的身后,防守队员还要注意对有利的位置进行积极抢占。在篮下抢位挡人时,一般采用后转身挡人,降低重心,两肘外展,以抢占空间面积,并保持最有利的起跳姿势。

对于处于外围的防守队员抢篮板球,当进攻队员投篮、防守队员面向对手时应观察判断对手,通过采用合理动作利用转身阻止对手向篮下移动,并抢占有利的位置,是进攻队员需要做的几个方面。起跳进行抢球时,向上摆动两臂,同时,将两脚的前脚掌用力蹬地,尽力向球的方向伸展身体和手臂,身体和手臂伸展到最高点时,积极进行抢球。

二、篮球战术教学

（一）篮球进攻战术

1. 基础配合
（1）传切配合
传切配合是指利用传球和切入技术所组成的简单的配合,其内容主要包括传球和空切。

传切配合的目的：通过队员之间利用传球和切入来创造进攻的机会,以达到预定的进攻目的。传切配合的方法如下。

方法一：如图 9-14 所示,⑤摆脱 5 的防守空切篮下,接④的传球上篮。

方法二：如图 9-15 所示,④传球给⑤,然后摆脱 4 的防守,切入接⑤的回传球并运球上篮。

图 9-14　　　　图 9-15

此战术在进攻人盯人防守或扩大联防及篮下拉空时都可以运用,配合过程中切入队员要善于掌握时机,传球要准确到位。

（2）策应配合
策应配合是内线队员背对或侧对球篮接球后,与同伴的空切或饶过相结合,借以摆脱防守,形成里应外合的进攻配合。

进攻队员通过运用策应配合战术,来创造进攻机会,以达到预定的进攻目的。策应配合的方法如图 9-16 所示,④持球突破并传球给上提至罚球线的⑤,④纵切,⑥溜底线,⑤再传球给外围的④或底线的⑥。

在进攻半场人盯人或区域联防时,多在限制区附近运用并获得切入投篮机会,在进攻全场紧逼人盯人时,可在后场掷界外球或在中场运用策应配合接同伴的传球借此摆脱防守。

（3）掩护配合

掩护配合是进攻者用身体挡住同伴防守者的移动路线，使同伴摆脱防守，获得接球和投篮的机会。通过进攻队员之间的配合移动造成对方防守局部负担过重，以达到预期的进攻目标。掩护配合的方法如图9-17所示，根据身体位置和方向的不同，可分为前掩护、侧掩护和后掩护三种。

图9-16　　　　　　　　　图9-17

此战术在遇到进攻紧逼人盯人防守时，观察防守者的位置和行动意图，采用前掩护、侧掩护配合，并及时衔接掩护的第二动作，可获得良好的投篮机会。

2.进攻人盯人防守战术

进攻人盯人防守战术主要包括进攻半场人盯人防守战术和进攻全场紧逼人盯人防守战术，下面主要对进攻全场紧逼人盯人防守战术进行说明。

进攻全场紧逼人盯人防守主要有三人掩护配合、两侧掩护配合、中路运球配合、策应配合等，这里主要阐述三人掩护配合。

三人掩护配合如图9-18所示，在对方全场紧逼掷端线界外球时，⑤、⑥、⑧迅速在罚球线附近面对④站成屏风式的掩护横队，⑦在罚球区的另一侧。采用这种落位阵式时，④必须有较强战术意识，传、运球要准确；⑦的突破速度要快、投篮要准确；⑤和⑥是接应队员，⑧是中锋，要有跟进策应和强攻篮下的意识。配合开始时，⑦首先向端线跑动，当防守队员阻拦接应时，迅速反跑，快下，准备接长传球快攻，⑥和⑤向边线移动接应一传。如果④将球传给⑧，中锋⑧应该迅速沿右侧边线快下，⑤则迅速摆脱防守斜插中路接应，并运球突破，争取与⑧、⑦在前场以多打少。

图 9-18

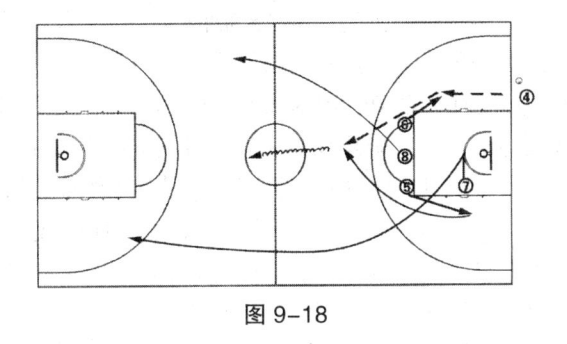

(二)篮球防守战术

1. 基础配合

(1)穿过配合

当进攻队员进行掩护时,防守掩护者的队员主动后撤一步,让同伴(即被掩护的防守队员)能及时从自己和掩护队员中间穿过去,继续防守自己的对手,称穿过配合。采用穿过配合,能有效地遏制和破坏对方的掩护配合。穿过配合的方法:如图 9-19 所示,当④给⑤做掩护时,△上前一步从△和⑤之间穿过继续紧逼防守⑤。

(2)挤过配合

挤过配合是当掩护者临近的一刹那,被掩护者的防守队员主动靠近自己的对手,并随其移动,从两个进攻者之间侧身挤进去,继续防住自己的对手。利用挤过配合,有效地遏制和破坏对手的掩护配合,以达到破坏对手进攻的目的。挤过配合的方法如图 9-20 所示,④给⑤做掩护,当④接近△的一刹那,△抢前横跨一步贴近⑤,并从④和⑤之间主动侧身挤过去继续防守⑤。

图 9-19　　　　　　　　图 9-20

2.人盯人防守战术

从防守范围来讲,人盯人防守可分为半场人盯人和全场紧逼人盯人两种形式,下面以半场人盯人为例进行说明。

(1)半场扩大人盯人防守:当对方外围投篮准确,突破能力及全队的整体进攻配合质量较差时,采用半场扩大人盯人防守战术可有效地扼制对方的习惯打法。有时也用于加强外线防守、切断内外联系,使中锋没有获球的机会,从而达到"制外防内"的防守策略。因此,这是一种防守目的明确,主动性、攻击性很强的防守方法。但由于扩大了防守,队员的体能消耗很大,不利协防,容易出现漏人的现象。

(2)半场缩小人盯人防守:基本控制的防守区域是在半场的1/2区域内,它是以加强内线防守、保护篮下为主要目的的防守战术。这种防守战术多用于对方篮下攻击力较强、外围攻击力较弱的球队,它的防守区域较小,有利于协防,控制内线进攻、抢篮板球后组织快攻反击。半场缩小人盯人防守的基本防守方法如下。

破掩护、交换防守或协防如图9-21所示,进攻队员⑤将球传给⑦后,⑤去给④做掩护,防守队△和△向后移动穿过去破坏对方的掩护;若对方掩护成功,△和△要及时交换防守,或△随之移动,继续去防④,其他防守队员相应向篮下收缩,进行协防。

围守中锋防突破如图9-22所示,当进攻中锋⑥威胁性较大,而其他外围队员⑦、⑤、④中远距离投篮不准,但又善于切入时,特别是⑥接到外围⑧的传球,除△全力防守之外,△、△、△都要相应缩小防区。

图9-21　　　　图9-22

第九章 校园球类运动实践教学探究

第三节 排球教学

一、排球技术教学

(一)发球技术

1. 正面上手发球

准备姿势:以右手发球为例,准备姿势时,左脚在前,便于右臂后引和身体自然右转,同时也便于向左转体挥臂击球。发球前,发球队员应做好充分的准备。发球时,队员要根据自己的发球特点、所发球的性能和要攻击的目标来选择站位。注意观察对方的站位和布局,以选定自己要攻击的目标,破坏对方的接发球和进攻战术。

抛球摆臂:抛球平稳、准确、高度适中,是为了提高击球的准确性。抛球过低,不能充分发挥挥臂的力量;抛球过高,则不易掌握击球时机;抛球过后,则不能充分发挥转体和收腹的力量;抛球过前,容易造成推球,不易过网。在抛球的同时,右臂应抬起、屈肘并后引。这时的肘关节要与肩部平齐,手掌自然张开,呈勺形,上体稍向右侧转动,抬头,挺胸,展腹,身体重心放在左脚上,为击球的发力做好准备。

挥臂击球:挥臂前肘关节后引,可拉长胸腹和手臂的部分肌肉,使其积累一定的弹性势能,同时延长挥臂,有利于加快转体和挥臂速度,从而加大挥臂力量。在发球阶段,击球是其中最为重要的环节,这是因为发球的好坏直接影响到发球的质量。击球时,两脚蹬地、转体和收腹发力,以腰带动肩,肩带动大臂,大臂带动小臂,小臂带动手腕,从而获得最大的击球速度。击球时,手指和手掌要张开与球吻合,手腕要迅速做推压动作,使击出的球呈上旋飞行,不易出界。击球后,随着重心前移,迅速进入场地准备比赛。

2. 正面下手发球

准备姿势:两脚前后开立,左脚在前,右脚在后,身体要面对球网,两膝稍弯曲,上体要前倾,用左手持球将球放在腹前下方。

抛球摆臂:发球时用左手将球平稳抛起,大约在腹前右侧,高度约离手30厘米。在抛球的同时,右臂伸直向后下方摆动。

挥臂击球：击球时，右脚蹬地，右臂伸直后摆，以肩关节为轴，由体后下方向腹前挥臂摆动，同时身体重心随之前移，用全手掌或掌根在体前右侧击球的后下方将球击出。击球后，迅速进入场地准备比赛。

（二）垫球技术

1. 正面双手垫球

以垫轻球为例，垫球队员正对来球，采用半蹲或稍蹲姿势站立，双手成垫球手型，手腕下压，两臂外翻形成一个平面。当球飞到腹前约一臂距离时，两臂夹紧前伸，插入球下，同时配合蹬地、跟腰、提肩、顶肘、压腕、抬臂等全身协调动作迎向来球，身体重心随着击球动作向前上方移动，击球点保持在腹前。在击球瞬间，垫球球员两臂要保持稳定，身体重心继续协调地向抬臂方向送球。垫击动作结束后，立即松开双臂做好下一动作的准备。

2. 侧面双手垫球

侧面双手垫球是在用双手在身体的左侧或右侧垫球的技术动作。这种垫球技术的特点是控制面比较宽，但较难把握垫击的方向、弧度和落点。

以右侧垫球为例。左脚前脚掌内侧蹬地，右脚向右侧跨出一步，身体重心随即移至右脚，并保持右膝弯曲，两臂夹紧向右侧伸出，左右臂高于左臂，左臂向下倾斜，击球时以向左转腰和收腹力量，配合两臂在体侧截击球的中下部。需要注意的是，垫球时不应随球摆臂。左侧垫球时，与右侧垫球相反。

（三）传球技术

1. 正面传球

准备姿势：两脚左右站立，一只脚略在前，大约与肩同宽，后脚跟要略提起，膝关节微屈，使身体重心保持在两脚之间。两手臂自然举起，屈肘，两手的位置约在脸前。两肘自然下垂，手腕稍后仰内收，两手手指张开成半球形。上体稍微向前倾斜或接近直立，但注意身体不能后仰，肩关节要放松，抬头，两眼注视球飞来的方向。

击球手型和击球部位：传球前，手掌略相对，放在额前，手指自然弯曲，手腕稍微后仰内收，用正确的传球手型迎击来球，当传球球员手触球时，十指应自然张开使两手成半球状，手腕稍后仰，以拇指内侧、食指全部、中指的二三指节触球的后下部,无名指和小指在球两侧辅助控制球的方向,两拇指相对成"一"字形或"八"字形。

击球点:传球时的击球点在距离前额正上方约一个球的位置。触球后,肘关节可以继续前伸,这样可以充分发力,使动作自然、协调。

传球动作和用力方法:在击球时,两脚蹬地、伸膝、伸髋,使身体重心上升,然后屈踝、伸肘全身协调用力迎向来球,手腕和手指要有前屈迎球的动作。触球后,各大关节应继续伸展,通过身体和手指手腕的协调用力将球传出。在球传出后,由于手腕用力后会产生惯性动作,所以手腕应随着球的方向适当前屈。

2. 侧向传球

侧向传球是指身体侧对传球目标,向体侧方向传出的球。侧向传球具有较大的隐蔽性。其准备姿势、迎球动作、手型与正面传球相同,击球点应偏向传球目标一侧,上体和手臂向传球方向伸展,传球方向异侧手臂的动作幅度、用力距离和动作速度要大于同侧手臂。

(四)扣球技术

以勾手扣球为例。勾手扣球是指起跳后,左肩对网,通过转体动作,带动右臂向左上方挥动击球的一种方法。助跑的最后一步,两脚要与中线平行,左肩对网完成起跳动作或起跳后在空中使左肩转向球网。起跳后,上体稍后仰或稍向右转,右肩下沉,当右臂随着起跳动作摆至脸前,迅速引至体侧,手臂伸直,掌心向上,五指微张,手成勾形,同时挺胸、展腹。击球时,利用向左转体及收腹动作带动伸直的手臂,由下经体侧向上划弧挥动,在头的前上方最高点,用全手掌击球的后中部。整个动作与勾手大力发球相似。

(五)拦网技术

1. 单人拦网

面对球网,距网 30~40 厘米,两脚左右开立,约与肩同宽,两膝微屈,重心落在两脚之间和两前脚掌上,两臂屈肘置于胸前,原地或移动后起跳,起跳后,两手从额前沿球网向上方伸出,两臂伸直并保持平行,两肩尽量上提。拦网时,两臂应伸过网去接近球。两手自然张开,屈指屈腕成半球状。当手触球时,两手要突然紧张,手腕下压盖在球的前上方。如对方击球点高,不能罩住球时,可采用手腕后仰的方法,堵截扣球路线,将球向上拦起。拦球以后,拦网球员要做含胸动作,以保持身体平衡。手臂要先后摆或上提,从网上收回至本方上空,再屈肘向下收臂,以免触网。与此同时屈膝缓冲,双脚落地,随即转身面向后场,准备接应来球或做下一个动作准备。

2. 集体拦网

以双人拦网为例。双人拦网是指由前排两名队员互相靠近,同时起跳组成的拦网。双人拦网是比赛中最常用的一种拦网形式,主要在对方大力扣球时采用。

二、排球战术教学

(一)进攻战术

1. 进攻阵型

进攻阵型,就是进攻时所采取的基本队形。合理地选择进攻阵型是各进攻战术变化的基础。在现代排球比赛中,进攻战术的运用已不是前排队员的专利,而是形成了高快结合、前后结合的全方位进攻格局。后排队员参与进攻及后排与前排融为一体的进攻体系,在排球比赛中显示出越来越大的威力。

(1)"中一二"进攻阵型

"中一二"进攻战术是最基本、最简单的战术形式。由③号位队员二传,②、④号位队员进攻。其特点是比较容易组织,初学者易掌握,但只能两点进攻,变化少,进攻意图易被对方识破(图9-23)。

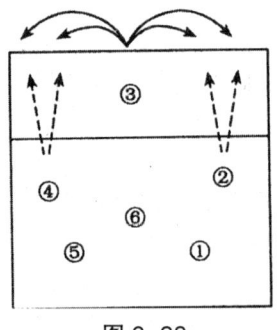

图 9-23

（2）"边一二"进攻阵型

"边一二"进攻战术由②号位队员担任二传,③、④号位队员进攻组织形式。而由④号位队员担任二传,由③、②号位队员进攻,则称为"反边一二"进攻战术。它比"中一二"战术变化多、难度大,战术配合也较复杂。由于两名进攻队员的位置相邻,便于进行互相掩护配合,可以组织更多的战术配合,它的突然性和攻击性程度比"中一二"进攻战术高（图9-24）。

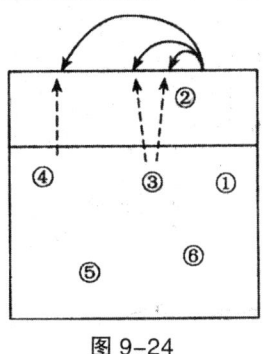

图 9-24

2. 进攻打法

（1）快球进攻

快球进攻是指二传队员将球或快或平传给扣球队员,扣球队员快速挥臂击球的进攻方式。快球进攻是我国的传统打法。快球进攻的特点是速度快、突然性大掩护作用强,有利于争取时间、空间和组织多变的战术。

组织快球战术,主要靠二传队员与扣球队员之间的密切配合。二传队员不仅要了解扣球队员的特点,还要根据当时扣球队员上步情况,主动地配合传球。扣球队员也应根据一传及二传的特点,主动地加以配合。其中重要的一点是要相信二传队员,否则就会犹豫不决,贻误战机。

（2）强攻

强攻是指在无掩护或掩护较小的情况下,主要凭借个人力量、高度和技巧强行突破对方的拦、防,而实现进攻的目的。强攻主要有以下几种方式。

拉开进攻：二传队员将球传到标志杆附近进攻的打法叫拉开进攻。拉开进攻可以扩大攻击面,以避开拦网,有利于线路变化及打手出界。

集中进攻：在④号位或②号位组织比较集中的不拉开的高球进攻,或在③号位扣一般高球。这种打法易掌握,也易被拦,适合初学者和水平较低的队运用。

后排进攻：后排队员在进攻线后起跳扣球,称为后排进攻。由于击球点离网较远,使过网面加宽,给对方的拦网造成较大的困难,比赛中的运用效果是显而易见的。后排进攻已从过去的"被动式"转变为"主动式",现在已被世界各强队普遍采用。

(二)防守战术

1. 个人防守战术

个人防守战术的任务就是指队员在防守的时候,选择最有利的位置,并采用合理的接球动作,按战术要求把球防起。一个优秀的防守队员,不仅要有勇猛顽强的作风,而且还要善于根据对方进攻及本方拦网的情况做出正确的判断,并做出相应的措施。

(1)针对性防守。根据对方进攻队员的特点,采取相应的防守行动。如对方只打不吊,取位要靠后;打吊则取位要灵活;只有斜线则放直防斜。

(2)判断进攻点,合理取位。防守球员要根据二传的方向和落点,及时地作出判断,并迅速取位。例如当球离网较近的时候,本方队员来不及拦网,防守队员的防守取位可靠前,以封堵角度;球离网较远,防守取位可靠后些。

(3)上、下肢并用。充分利用规则,采用上、下肢的协调配合防守。如采用高姿势防守,上肢负责腰部以上的来球,下肢负责腰部以下的来球。

(4)拦、防配合。根据前排拦网队员的情况主动配合、弥补。如采用拦斜防直或反之。

2. 集体防守战术

排球的防守战术是组织进攻或反攻战术的基础,没有严密的防守,进攻就无从组织。而一切防守战术都是从积极为进攻和反攻创造条件的角度进行设计和考虑的。集体防守战术包括接发球战术、接扣球战术、接拦回球战术及接传、垫球战术等。下面主要介绍接发球防守战术的教学。

当对方发球时,本方处于防守地位,也是组织第一次进攻的开始。良好的接发球技术对于防守和进攻有着同样重要的意义。

(1)接发球防守战术的要求

①接发球时,每一个接发球队员应明确接发球防守的范围。划分范围不仅是平面的,还应根据来球的弧度高低进行立体空间划分。接发球队员之间应既有分工,又有配合,注重整体接发球的实效性,接发球好的队员范围可大些,后排队员接球范围可大些,球落在3人之间,看准球先呼喊的队员去接球,其余保护。前排队员接球时不能犹豫,以免影响后排队员接球。

第九章 校园球类运动实践教学探究

②接发球的质量很大程度上取决于能否进行正确的判断。接发球时，队员的注意力要高度集中，充分做好接发球的准备，根据发球球员的发球动作、性能、力量及速度，迅速做出正确的判断，及时移动取位，对准来球线路，并且运用合理的垫球技术将球垫给二传队员。

③一个队员去接球时，其他5个队员都要注意保护，准备接应来球。不明确来球由谁接时，一人应先卡位，并呼喊"我的！"另一人应立即移动至侧后方进行保护。

④在组成接发球阵型时，应以前排靠近边线的队员为基准取位，同列队员之间站位不能重叠，同排队员之间保持适当距离，以免相互影响，取位时不要站在这两个区域内，②、④号位队员的取位距边线1米左右即可。

（2）接发球防守战术的阵型

下面主要说明2人与3人接发球阵型。

①2人接发球阵型

2人接发球阵型是在3人接发球阵型的基础上发展演变而来的。这种接发球阵型可用2名后排队员负责全场接发球，另1名后排队员不接发球，专门准备进行后排进攻（图9-25）。也可采用专人接发球站位阵型，保持2名接发球好的队员接发球，采用"心二传"进攻阵型，①号位队员专门去准备组织前排和后排进攻战术（图9-26）。这种阵型的优点是由一传水平最高的队员接发球，保证一传的到位率，能更好地发挥进攻威力，但对接发球队员的要求更高。这种站位方法被世界高水平的运动队采纳。

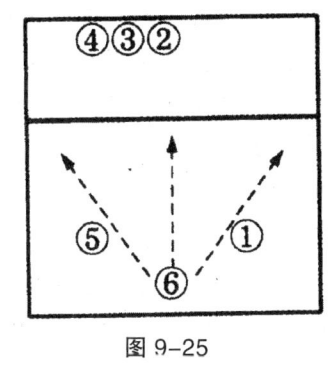

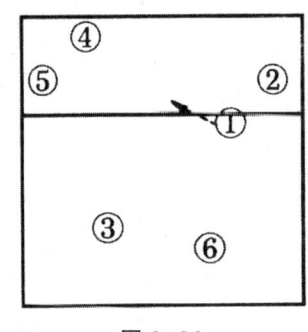

图9-25　　　　图9-26

②3人接发球阵型

3人接发球可采用前排2名队员和1名插上队员不接发球，或前排3名队员都不接发球，而由后排队员担负全场一传任务（图9-27、图9-28）。这种阵型的优点是快攻队员在网前不接发球，便于后排队员插上和快攻队员换位，有利于组成多变的快攻战术。但3人接发球每人负责的区域较大,对判断、移动等能力要求较高。因此,低水平的球队不宜采用。

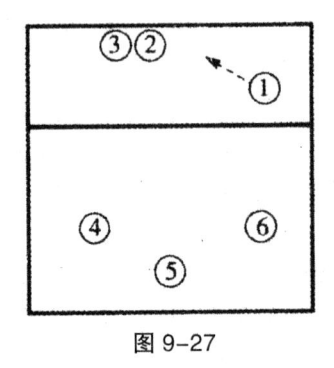

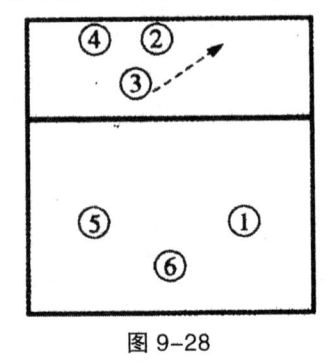

图 9-27

图 9-28

第四节 网球教学

一、网球技术教学

(一)握拍技术

1. 东方式握拍

以东方式正手握拍为例,拍面与地面垂直,手握拍柄好像与人握手一样。准确地说,用握拍手的虎口对正拍柄右上侧棱,手掌根与拍柄右斜面紧贴,拇指垫握住拍柄的左垂直面,食指稍离中指压住拍柄右垂直面,五指握紧拍柄。这种握法能增大正手击球的力量。

2. 大陆式握拍

虎口对准拍柄上面棱面正中间,手掌根抵住拍柄上部的小平面,拇指直伸围住拍柄,食指紧贴拍柄右上斜面,无名指和小指都紧贴拍柄。大陆式握拍法对正、反手击球都无须变换握拍,而始终如一。将球拍侧立,从上而下握拍,犹如手握铁锤柄的姿势。

(二)击球技术

1. 正手击球

以右手握拍为例,左肩对网,左脚与底线约成45°,右脚与底线平

第九章 校园球类运动实践教学探究

行,左臂屈肘前伸,协助保持身体平衡。当右手引拍到两肩在一条直线上的时候,拍头向上略高于手腕,拍面要保持平放,拍头指向身体后面。击球时,应以肩关节为轴,手腕要关闭(不要动),用大臂挥动,带动小臂、手腕及球拍。球拍面在整个击打过程中应保持与地面垂直或者略开一点。球拍从后引开始到向前挥击,应是一个完整动作。当球拍击中球的瞬间,应该是球拍的"甜点"(网球拍的中点)击在球体水平轴的后部。球拍与球撞击后,整个击球动作并没有结束,而应该是继续向前充分随挥,拍子的打势要结束在左肩的后上方。

2. 反手击球

以单手反手击球为例,以右手握拍为例,从准备姿势开始,以左脚为轴,向左转肩转髋,同时右脚跨出一步,使两脚与肩同宽,身体右侧对球网,重心移至左脚上。转肩同时左手转动拍颈使右手成东方式反手握拍,并带动球拍后引与身体平行,击球肘贴近身体,左手轻持拍颈,拍头略低于来球。击球时身体重心移至右脚,左手放开拍颈,以右脚为轴向右转髋转肩,带动右手臂由下向前上挥拍,击球中部偏下,击球点在右脚侧前方。击球后球拍随惯性继续挥至右肩上方,并迅速恢复成准备姿势,随时回击下一次来球。

(三)发球技术

1. 平击发球

侧对球网站立,前脚与端线约成45°,指向右侧网柱,身体重心在左脚上,左手托住球拍的拍颈,手臂放松,稍微弯曲并保持在胸部的高度。双臂同时稍下放,在其最低点抛球手臂与击球手臂分开,但以不同的速度向上摆动;在眼睛的高度将球抛出,击球臂向后、向下、向上引拍,身体重心移至右腿上;在手臂伸展到最高点时,身体重心又移到左腿上,同时,通过髋关节前移,降低身体重心;左腿支撑身体向前、向上运动。击球肩膀转向前面,前臂旋内,充分向前、向上伸展击球臂,在最高点击球,击球瞬间,拍面几乎垂直地面。击球后右前臂继续向外转动,球拍随挥至身体的左侧,左臂在体前的位置作相反运动。击球后随球上网或站在端线附近准备击球。

2. 切削发球

切削发球是一种以左侧旋转(略带下旋)为主的发球法,是由球的右上往左下切削发球。该发球不但球速快,威胁大,而且容易提高发球命中率。在发球时把球抛到右侧斜上方,球拍快速从右侧方至左下方挥动。击球部位在球的中部偏右侧,使球产生右侧旋转。

(四)接发球技术

接发球技术是指还击对方发球的技术。比赛中接发球的好坏将直接影响比赛的局势,特别是随着发球技术的进步,为争取主动,对接发球的技术提出了更高的要求,因此在学练中要加强练习,以求在比赛中争取主动,打破对方发球的优势。

握拍法要根据运动员的习惯来决定。当球一离开对方的球拍,就应该决定是否要转变球拍。向后小拉拍时改换握拍法要做到迅速及时,才能还击好来球。做准备姿势以要能最快的速度还击来球为原则。当对方发球前,可以膝盖弯曲,两腿叉开,拍头保持向上,身体向前弯下,重心放在前脚掌;当对方抛球准备击球时,可以重心升起两脚快速交替跳动,并判断来球迎前回击。通常第一发球和第二发球的接发球位置是不同的。一发接球一般站在底线后稍远的地方,而二发接球则相对比较近一些,可以在场地内。判断清楚来球后,迅速转动完成引拍动作,握紧球拍,手腕固定,主动迎前顶击来球,尽量加长球拍触球的时间,做好随挥动作。对于较弱的发球,应抓住时机,采用攻击性较强的抽击球,以先发制人。不论来球快慢,接发球者眼睛必须盯住来球,击球后应立刻移动到自己场地的中央,准备下一次接球。

(五)截击球技术

1. 正手截击球

截击时站在网前 2~3 米的位置,准备姿势与一般击球基本相同,但球拍要举得高一些,约与眼部同高。截击时后摆动作要小,击球点保持在身体前方,拍触球瞬间手腕固定,用力握紧球拍,略加向前推击的动作。截击较近的球,左脚跨出一小步,截击较远的球要跨出一大步。

2. 反手截击球

准备姿势同正手截击球。击球点要比正手截击球靠前一些,因此要及早跨出右脚,重心也要置于右脚。击球时手腕固定,用力紧握球拍,拍面稍前倾,触球中上部。击球后右臂伸展,向前下方压送。

第九章 校园球类运动实践教学探究

(六)高压球技术

高压球又称猛扣或者扣杀,即将对方挑过来的高球,自上而下扣压到对方场区。高压球打得好不好,取决于能否尽早进入有利的扣球区域。一旦对手在挑高球,应马上侧身向右,抬起头注视高高飞来的球,做跳跃式垫步后退,重心放在前脚掌上。在移动身体的同时,右手应举起球拍,并以左手指向飞来的球,眼睛始终盯住来球。击球时,身体要转过来朝着网的方向,一般双脚不同时离地,以保持身体平衡,同时也利于控制高压球的落点。击球时,手腕用力下压,拍面稍朝下,身体如同一根直立的弹簧片,击球前用力向后弯曲,击球时伸直,击球后向前弯曲,靠右脚的向前跟进来保持身体的平衡。

(七)挑高球技术

1. 防守性挑高球

当跑到离球场很远的地方接一个非常被动的球时,势必要使用防守性挑高球。眼睛要注视着球,在跑向球时要让球拍后摆,直到球拍后摆指向身后的挡网,击球动作与普通的正手相同,使对手不知道你是抽球还是挑高球。击球时,拍面要打得更开些,击球的下部,可以打下旋球,手腕绷紧,球拍与球接触时间要长一些,拍和手向前上方送出,眼睛始终盯住球,尽量往高处和深处打。球拍顺着球飞行路线向上做随挥动作,动作在身体前面高处结束。然后迅速跑回到场地的有利位置上。这时挑高球的目的是为了调整站位,恢复到有利的击球位置,因此,挑高的球要高些,落点要深些。如果以抽球的假动作迷惑对手,则效果更佳。

2. 进攻性挑高球

通过放网前短球,或是让对手误以为要打"穿越球",将对手引诱到网前,或利用对方随球上网,等待球的质量不高的时机,再挑高球的打法。在准备挑高球的时候,要注意隐蔽自己的意图,后摆是应顺着球向后收拍,让击球点靠后。击球前要保持正确的姿势,像打落地球那样击球,同时要注意肩部不要过于用力,以免造成动作变形。基本技术同打落地球相似,区别在于要拍面上仰,击球瞬间迅速向前上方提拉,使球产生强烈的上旋,越过对方至底线或者是对手无法回球的角度上。

(八)放短球技术

1. 正手放短球

放短球时,使用击打落地球的握拍方法,或用大陆式的握法来增加旋转,向后高引拍,比截击球的引拍动作要大一些。当球拍向前挥动时,握拍要放松,拍的底边在前面,直接向前下方挥拍,保持拍头高于手腕。当球拍要接触到球时,打开拍面准备击球,用球拍的底边去切球,使球产生向后的旋转,击球后要保持放松握拍。随着球和拍的渐渐分离,球拍继续前挥,高于球网,拍面对准击球方向,使用不持拍的手帮助保持平衡。

2. 反手放短球

转肩,向后高引拍,使用反手旋转球的方法握拍,眼睛注视来球。用球拍的下边缘摩擦球的下部,然后向前挥拍,保持拍面打开,这样可使球容易过网,向前随挥球拍,在身体的远端触球,击球点向前一些,保持拍面的方向,同时头部稳定,另一侧肩向后,拍头对准击球方向,使用不持拍的手帮助保持平衡。

三、网球战术教学

(一)单打战术

1. 发球战术

以右区发球战术为例,站在右区发球时,应站在靠近中点发球,第一发球一般采用平击大力发球,发向对手右发球区中线附近,迫使对手用反手接发球。如果第一发球失误,则第二发球一般采用侧旋发球,发球速度相对慢一些,避免双误,发向对手右发球区边线附近,利用侧旋迫使对手离开场区接球,使对手只能打出轻软的球,发球上网的选手就很容易上网截击。如图9-29所示,标出了发球落点的位置。图中的甲为发球方,乙为接球方,数字表示了发球落点优先考虑的顺序。第1个落点是对方右区的中线附近。这种发球命中率高,直接得分的可能性很大,至少也会让对手难以在此处回击出角度理想的球。如果对方接球站位离开右角转向中线,则将球发向对方右区边线附近(图中第2个落点),迫使对方离开场区接球。图中第3个落点是第一发球应较少考虑的,该落点的成功率虽高,但是对方也比较容易处理。相对而言,第二发球可以较多地考虑第 3 落点,把成功率作为前提。

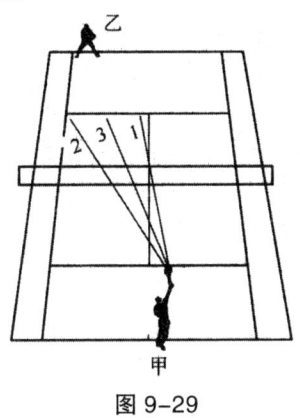

图 9-29

2. 接发球战术

以右区接发球为例,右区接发球站在底线偏右的位置。如果对方发球后仍留在端线处。3 个落点均可采用。第 1 落点为斜线深球,球可从网的最低处越过;第 2 落点击向对方的反手;第 3 落点是一个较短的斜线球,难度较大,但能将对方拉开,给下一次击球造成很大的攻击空当(图 9-30)。

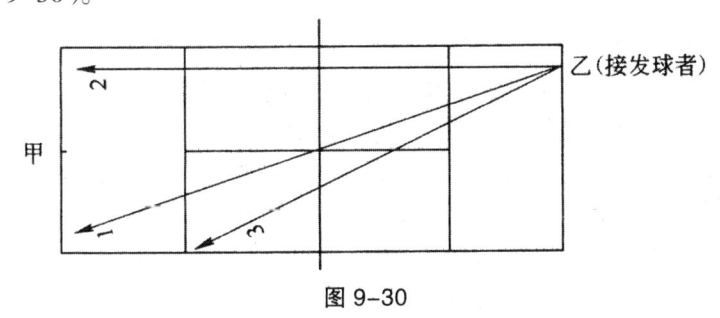

图 9-30

(二)双打战术

1. 发球局战术

以抢网战术为例说明。所谓抢网战术是指网前队员利用同伴发球的有力进攻在网前抢截对方接发球的战术。由于网前队员距网较近,他可以抢截高于网的来球,并打出大角度攻击力极强的截击球,得分率很高,对对方威胁较大,使接发球方不仅要对付发球的攻击,还要承受抢网的巨大压力。抢网战术可分为一般抢网、全换位抢网与特殊站位抢网等。

一般抢网：在判断来球的方向后，抢到球网中央的吊带附近，抢打后仍回原侧准备。此种抢网最常用，网前队员与发球员的默契配合可以抢截许多质量不高的接发球，抢截攻击的落点打向接发球员同伴的脚下，如果他迫于挨打的压力退至底线防守，抢截的攻击点可打出角度或攻击中路（图9-31）。

全换位抢网：网前队员抢网后与发球员交叉换位。原先左区的队员换至右区，右区的队员换到左区。此种抢网需要默契合作、坚决果断，网前的队员多在背后给发球的同伴做手势，让发球员为他的全抢网创造有利的条件。这种全换位抢网虽然有很大的风险，但抢截成功会让对方产生巨大的心理压力，即使抢截失误也会吓对方一跳，达到搅乱对方接发球习惯的目的（图9-32）。

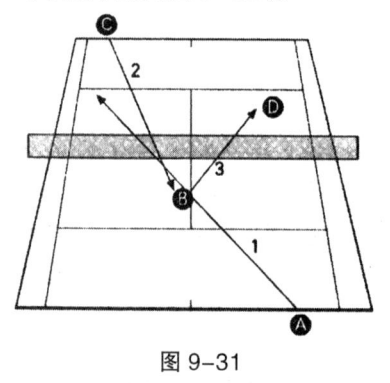

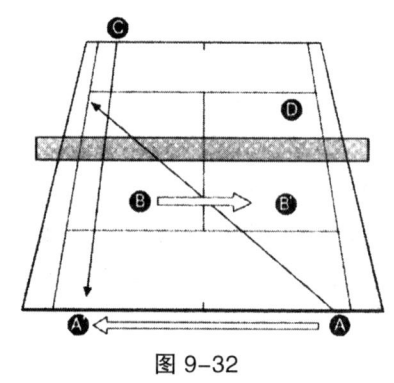

图 9-31

图 9-32

特殊站位抢网：网前队员❸站在发球员❹的前方几乎挡住发球线路，但蹲得很低，由于与发球员有默契熟练的配合并不影响发球，当球发出后，他可以向左前方封抢直线球，攻击对方❸、❹空当，发球员❹仍向右前方上网；另一种换位抢法❸封抢斜线，发球员❹上左侧网前，同样在左区发球也可以与网前同伴有类似的配合（图9-33）。

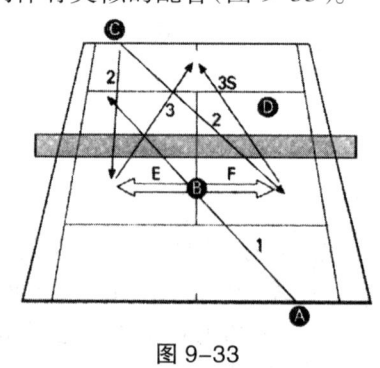

图 9-33

2.接发球局战术

（1）站位

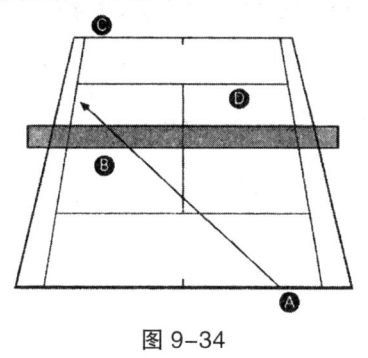

以左右站位为例：双打接发球员的站位在左或右的位置比单打更向外侧，原因是双打的发球员站位一般在底线中点至双打边线之间，比单打发球员的站位靠外，这样的站位增加了发球的角度，更容易发向外角拉开对方，因此接发球员应相应外移，从理论上来讲，应站在对方可能发到的外角与内角落点连线的角分线上。如果观察发现发球员Ⓐ没有能力发出大角度的侧旋球，接发球员Ⓒ可以放弃大角度的外角往里站，可以均衡有效地在身体两侧用正反拍接发球；左区接发球员Ⓓ的站位也是同样的原理，只是右手持拍的发球员走向外角，很难发出大角度的侧旋转，如果发球员是左手持拍就可能发出向外侧旋转的球，迫使你跑出场外回击，此时你应向外站，有所准备（图9-34）。

图9-34

（2）配合

①双底线的站位

接发球员Ⓒ接球时同伴Ⓓ在另一侧准备（图9-35），此种站位多在以下几种情况时使用：对方的第一发球攻击力很强，接发球员接球被动时，同伴退下来配合防守；发球方的发球与抢网配合默契，屡屡得手时，同伴退下来共同防守；对方采用同侧站位或特殊站位，接发球员不很适应时，同伴还是先退下来较好，以便鼓励接发球员大胆还击，往往奏效（图9-36）。

② 一后一前的站位

接发球员在底线附近接球，同伴站在另一侧发球线附近准备，这种站位在态势上是积极而灵活的，使发球方有压力，一旦接发球得手，站在发球线的同伴即刻冲上去抢网反攻，这是当前接发球局最常见最积极的站位，即使接发球员被动挑起高球，同伴也来得及后退，使用此种站位的情况有：接对方较弱的发球（多是第二发球）；准备抢攻（包括接发球配合抢网进攻);关键分(包括局点、盘点或赛点)有意给发球方制造压力,在反攻的气势上压倒对方。

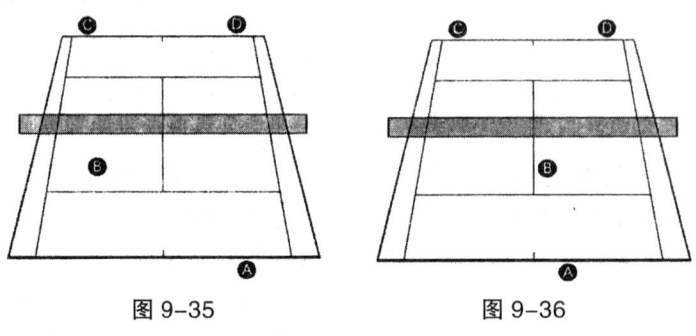

图 9-35　　　　　图 9-36

第五节　羽毛球教学

一、羽毛球技术教学

(一)握拍技术

1. 正手握拍

先用左手握住球拍的中杆,使拍框与地面垂直。张开右手,使虎口对准拍柄斜棱上的第二条棱线(此时眼睛从左至右可同时看见4条棱线),然后用近似握手的方法握住拍柄,拇指和食指贴在拍柄两侧的宽面上,其余的三指自然握住拍柄,五指与拍柄呈斜形。

2. 反手握拍

在正手握拍的基础上,将球拍柄稍向外旋,拇指稍向上提,拇指内侧顶贴在拍柄第一斜棱旁的宽面上,也可将大拇指放在第一、二斜棱之间的小窄面上,食指稍向下靠,下三指放松。反手握拍击球时,靠食指以后的三指紧握拍柄,同时拇指前顶发力击球。

(二)发球技术

1. 正手发球技术

以正手发网前球为例,正手发网前球是用正手握拍,以正拍面击球,使球轻轻擦网而过,落在对方前发球线附近的一种发球。由于它的飞行弧度低,距离短,可以有效地限制对方直接接发球反攻或接发球后有目的地抢网或突击扣杀,是单、双打中较常见的一种发球。准备动作、引拍动作和随前动作与正手发后场高远球相同。击球时握拍要松,前臂只是前摆,不做内旋动作,靠手指控制力量,手腕收腕发力,用斜拍面往前推送击球,使球轻轻擦网而过,落在对方前发球区内。击球时,要控制拍面和力量,避免球过网偏高。特别是在双打中,由于双方场上的移动范围较单打要小,对发网前球的质量要求更高。

2. 反手发球技术

以反手发网前球为例,发网前球能减少对方把球往下压的机会,发球后立即进入抢攻。把球发到前发球线内角,球飞行的路线较短,容易封住对方攻击自己后场的角度。发球到前发球线外角位能起到调动对方离开中心的作用。特别是在右场区发前发球线外角位,能使对方反手区出现大片空当。但对方也能以直线推平球攻击发球者的后场反手。如果预先提防,可用头顶球还击。发网前球也可以发对方的追身球,造成对方被动。站位接近前发球线,右脚在前,重心在右脚,左脚跟提起,右手采用反手握拍法持拍于腹前,肘关节屈,手腕前屈,左手捏住球的羽毛斜放在球拍前面。将球拍稍往后摆动至一定距离。前臂向前上方推送,同时,带动手腕由屈到微伸而向前摆动,利用拇指的顶力用反拍拍面、以斜拍面向前轻轻推送切击球托,使球尽可能低地沿网上方飞过。推击球托的左斜侧面。随前动作:击球后,前臂继续往上摆到一定高度后回收至胸前。

(三)接发球技术

1. 前场正手接发球技术

动作开始首先用正手前场接发球步法向来球方向移动,同时前臂微屈,外旋半弧形引拍,准备接发球。结合身体向前跨步的冲力,用斜拍面与地面夹角大于120°的仰角拍面,向前摩擦推送击球。接发球搓网前小球的击球力量比网前搓小球要稍大一些,应控制适度的力量,击球用力过大,球不会出现旋转;击球用力过小,接发球搓球不过网。

2. 前场反手接发球技术

接发反手前场球步法向来球方向移动,反手握拍向来球方向伸出,同时前臂微屈做内旋半弧形引拍动作,准备击球。反手接发球搓小球击球动作:结合身体向前跨步的冲力,食指、拇指内旋捻动球拍,用与地面夹角大于120°的斜拍面,向前摩擦推送搓球。

(四)击球技术

1. 前场击球技术

以前场正手放网前球为例,侧身对右边网前,上体稍前倾,右手握拍于体前。右脚向右侧前方大跨一步成弓步。正手握拍,球拍向右前上方斜举。击球时,右臂自然后伸,手腕稍后伸,小臂稍外旋,手腕由后伸至稍内收转动,右手轻松握拍,食指和拇指夹住球拍,在手腕和手指的控制下,轻击球托底部将球轻送过网。击球过程中左手要向后平举以协调动作。击球后,还原成下次击球前的准备姿势。

2. 中场击球技术分析

以中场正手平抽球为例,移动到位,最后一步右脚向右侧跨出,侧身对网,上体向右侧倾,重心在右脚上,右臂侧上摆,前臂稍外旋,击球时主要靠前臂带动腕部由下往右侧平地抽压,抖动挥拍。击球后,右脚蹬地,身体重心置于两脚之间。

3. 后场击球技术

以后场击高远球为例,后场高远球是将对方击至本方后场端线附近的球回击得又高又远,落至对方端线附近的一种球。它包括后场正手和反手两种击法。

（1）正手击高远球

在进行正手击高远球时,首先要准确地判断出来球的方向和落点,迅速移动到位,使下落的球处于右肩的前上方,同时,侧身左肩对网,重心在右脚上,右臂屈肘自然举拍于右肩上方,左手自然高举,眼睛看球,待球下落到合理的击球高度时,右脚蹬地转髋,同时右臂以肩关节为轴,向前转动成肘关节朝前并高于肩部,拍头向下。球拍贴背与地面垂直,放松握拍。然后在蹬地、转体收腹的协调用力下,大臂带动小臂向前上方甩腕,在手臂伸直的最高点上击球,击球时重心向上。击球后,手臂顺惯性将球拍挥至腋下并收拍至体前,同时重心顺势向前,右脚自然向前跨出成准备姿势。

（2）反手击高远球

当球飞向左场区的底线附近时,击球者用正手击球无法移动到位时则采用反手击高远球。首先要判断来球的方向和落点,迅速移动到位,右脚前交叉跨到左侧底线附近,背对网,重心移至右脚上,使球处于右肩的前上方。肘部上抬略高于肩,拍面朝上。击球时,以肘关节为支点,前臂带动手腕,通过手腕的抖动和拇指的侧压,自下而上甩臂将球击出。同时左脚支撑右脚蹬跨回收,使整个击球动作协调自然。击球后,顺势转体面向球网,迅速返回中心位置,准备还击。

二、羽毛球战术教学

(一)单打战术

1. 发球抢攻战术

发球抢攻战术是根据对方的站位、反击能力、回击球的路线和当时的思想状态等因素有意识地通过多变的发球,争取从第一拍开始就掌握场上的主动,为自己创造进攻的机会。下面主要对发高远球及发平高球战术进行说明。

(1)发高远球

这种发球主要用于单打中,要求把球发到对方接发球区的端线或两底角处,给对方后退进攻击球造成难度。发高远球弧线高,飞行时间长,距离网远,球从高处垂直下落,使后退步法慢,进攻技术差的对手较难下压进攻。特别是左场区的底线外角位是对方的反手区,更是主要的攻击目标。但在发右场区的底线外角时要提防对方以直线平高球攻击自己的后场反手区。如把球发到对方接发球区的左、右半区的内角位,能避免对方以快速的直线攻击自己的两边。

(2)发平高球

发平高球,球的飞行弧线较低,但对方仍然必须退到后场才能还击。由于球的飞行速度快,对方没有充裕时间考虑对策,回球质量会受到一定影响。对于球的飞行弧线的控制,应视对方站位的前后和人的高矮及弹跳能力而定,以恰好不给对方半途拦截机会为宜。落点的选择基本与发高远球相同。

2. 接发球抢攻战术

接发球抢攻战术是最容易得分,也是最有威胁的一种进攻战术。运用此战术的前提条件是对方在发球时所发的球质量不高,如发后场高球时球不到位,发网前球时球过网太高,发平射球时速度不快、角度不好或发平高球时节奏、落点、弧度不佳等,都能形成接发球抢攻的机会,一旦离开了这一前提条件而盲目地进行抢攻,其效果不一定好,成功率就低。要想获得接发球抢攻战术的成功,必须根据自己的身体条件和技术特点,结合对手的技术特点,在适当的时机果断、合理地进行抢攻。比如,对方发出一个满足上述提及的形成接发球抢攻机会的球的时候,我们就应该马上运用自己最擅长的技术,抓住对手的弱点,积极地进行接发球抢攻。但是,在实施接发球抢攻战术的时候,首先不要急于求成,一般都要由两三拍抢攻球路的组织才能奏效,一旦发动抢攻就要加快速度,扩大控制面,抓住对方的弱点或习惯路线一攻到底,给对方以致命的打击。

3. 攻前击后战术

此战术是先以吊球、放网前球、搓球吸引对方到网前,然后用推球、平高球或杀球突击对方的后场底线。它一般用于对付上网步法较慢或网前球技术较差的对手。采用此战术,要求运动员首先具有较好的网前击球技术。

4. 攻后场战术

此战术是通过采用快速、准确的高远球、平高球重复压对方底线两角,造成对方被动,然后寻找机会进攻,当对方回击半场高球时,就可以扣杀进攻。在使用平高球压底线时,如配合劈吊和劈杀战术效果更好。用它来对付后场还击能力较差或后退步子较慢,以及急于上网的对手很有效。

(二)双打战术

1. 发球抢攻战术

发球时以发网前1号位或2号位区域为主,在发近网球时,要针对对方接发球的习惯或薄弱区域,结合发一些平快球或平高球,以求在发球方式上进行变化。在规则允许范围内,利用发球时间的变化进行发球,做到快、慢结合,使对方摸不清准确的击球时间,以我为主,争取主动。发球后根据自己的比赛经验,对对方的接发球做出准确的判断,然后迅速地移动到最有利的位置进行抢攻。值得注意的是,在实施发球和发球抢攻战术的时候,一定要提高发球的质量,因为发球质量的好坏直接影响到战术行动的主动与被动,高质量的发球,有利于控制场上的主动权,为发球后的抢攻创造条件,对获得回合的胜利有着重要的意义。

2. 接发球战术

接发球战术是接发球员根据自己在左场区或右场区的接发球优势或特长来处理接发球的行动。在运用接发球战术的时候,首先要很快地判断对方发出何种球,然后运用自己擅长的技术采取行动。如果对方发的是近网小球,那就应果断地快速上网进行扑杀;如果上网不及时、不能扑杀的话,就要争取向网的两侧进行搓球,迫使对方挑球;如果不能进行挑球的话,就对准对方的身体进行快速推球,或往后场两侧底线挑球,迫使对方来不及移动或被动接球。在运用接发球战术的时候,一是要贯彻快字当头,以稳为主的指导思想;二是要根据对方发球质量的高低来合理运用接发球战术。如果对方发球质量较高,就应该采用过渡的技术去处理接发球,然后通过封住对方的回球路线以争取主动;如果对方发球质量不高,就应该抓住这一有利时机采用快速扑两边、扑中路、轻拨两边半场、扑中路半场的办法争取主动或直接得分。

3. 攻人战术

集中攻击对方中有明显弱点的人,并伺机攻击另一人因疏忽而露出的空当,或对此人偷袭。双打比赛中的配对选手的技术,一般总有一人好,另一人稍差些,即便两人水平相差不多,但若能集中力量攻击其中一人,也可给其造成很大的心理压力,从而使其出现失误。

第六节 乒乓球教学

一、乒乓球技术教学

(一)握拍技术

1. 直握法

以直拍快攻握拍法为例,运用直拍快攻握拍法时,食指自然弯曲,食指的第二指节和拇指的第一指节分别压住球拍两肩,食指与拇指间的距离要适中。其他3指自然弯曲叠放,中指的第一指节侧面顶在球拍背面约1/3处。直拍快攻握拍法的手腕比较灵活,也便于利用手指来变化拍形角度,敏锐地调节用力方向和用力方法。

2. 横握法

横握时中指、无名指和小指自然地握住拍柄,拇指在球拍的正面轻贴于中指旁边,食指自然伸直斜放于球拍反面,虎口轻贴于拍,但虎口不宜太紧地贴在球拍上，否则会影响手腕的灵活性。正手攻球时，食指压拍，以拇指第一指节作为支点，与中指协调控制拍形并传递击球的力量，甚至可将食指略向球拍中部移动，以使其压拍的用力点与球拍正面的击球点更为接近，利用食指制造弧线并辅助发力。反手进攻时，则是以食指根部关节为支点，拇指压拍控制拍形并传递击球力量，同样，也可令拇指略向上移去接近正面的触球点，靠拇指控制拍形、发力和制造弧线。注意避免中指、无名指、小指和手掌将拍柄握得过紧。

（二）发球技术

1. 平击发球

以正手平击发球为例，发正手平击球时，运动员身体离球台约40厘米，两脚开立，略宽于肩。抛球时向后上方引拍，球拍拍面略前倾。在球的下降期击球的中上部并向前方发力，使球的第一落点在球的球台的中段附近。需要注意的是，抛球和引拍的时机要准确，挥拍击球是有一个略微向前下方压球的动作。

2. 反手发急下旋球

反手发急下旋球时球速快、弧线低、前冲大，迫使对方后退接球，有利于抢攻，常与发急下旋球配合使用。拍面稍后仰，手腕配合前臂向前下方弹击，触球瞬间手腕稍作转动，已增加球的下旋力。注意手腕的抖动发力，第一落点在本方台区的端线附近。

（三）接发球技术

1. 接下旋球

接下旋球时，运动员应用拉球回接，击球时间为下降前期，多向上用些力，增加摩擦球的动作，若来球下旋强烈，拍形还可稍后仰。用推挡回接，拍形稍后仰，下降前期击球，触球瞬间有一向上摩擦球的小转腕动作。也可用搓球回接，视来球下旋强度，调整拍形和用力方向。下旋强烈时，拍形后仰，多向前用些力，反之则减少拍形后仰度，稍增加向下用力。

2. 接侧旋球

接侧旋球最重要的是调节拍形和用力方向。如对方发左侧旋，拍形应偏向对方右角，并稍向对方右角用力。对方发右侧旋，拍形应偏向对方左角，触球时稍向对方左边用力。至于拍形偏多少、用力方向和用力大小

第九章　校园球类运动实践教学探究

的掌握,皆应因球而宜。

(四)推挡球技术

1. 挡球

以右手为例,挡球时,两脚要平行或左脚稍前,身体离球台大约50厘米。击球之前,前臂与台面应平行伸向来球。拍触球时,前臂和手腕要稍向前移动,主要是借助对方来球的反弹力把球挡回。在上升期,击球的中部,拍形与台面接近垂直。击球之后,快速收回球拍,快速还原成击球前的准备姿势。

2. 快推

左脚要稍前,或两脚要平行,自然开立,身体离台大约50厘米。持拍手上臂和肘关节内收,前臂略向外旋。击球时,前臂开始要向前推击,同时手腕外旋,食指压拍,拇指放松让拍形前倾。在上升期,击球中上部,将球快推回去。击球后,手臂继续前送,手腕要配合外旋使球拍能下压。

3. 推下旋

回球要下旋,弧线较低,球下沉快。在推中使用可以减弱对方推压的力量,或让对方回接时出现困难。运用该技术应在准备击球时,手腕不要外转,拇指要压拍,拍面保持一定后仰,在上升期后段击球中下部。推击时要适当增大向前和稍向下的力量,来压低回球弧线。

(五)攻球技术

1. 正手攻球

以正手快攻为例,站在近台位置,左脚稍前,离台约40厘米。击球前,持拍手向身体右侧引拍,身体略右转,重心也右移,上臂与躯干的夹角为30°～40°。手腕与前臂几乎成直线并与地面平行,前臂发力为主,拍形稍前倾,在上升期击球的中上部,并向左前上方挥拍。触球时,拇指压拍,食指放松,前臂内旋,击球后,球拍顺势挥至左额附近,重心随击球动作由右脚移至左脚。球击出后,迅速还原,手臂放松,准备下一板击球。

2. 反手攻球

以反手快攻为例,两脚自然开立,站位中近台。击球前,上体左转,引拍至左腹前,上臂贴近身体,前臂与台面略平行。击球时,以前臂发力为主,食指压拍控制拍面角度(直握拍者),前臂外旋,在来球上升期击球中上部,前臂和手腕由左向右前上方挥动。击球后重心由左脚移至右脚,然后迅速还原,准备下一板击球。

(六)弧圈球技术

1. 正手弧线球

以正手高吊弧圈球为例,准备击球前,两脚开立,右脚稍后,身体略向右转,两膝微屈,重心放在右脚上。准备击球时,持拍手臂自然下垂,并向后下方引拍,右肩略低于左肩,拇指压拍使拍形略为前倾,呈半横立状,并使拍形固定。当来球从台面弹起时,手臂向前上方挥动,前臂在上臂带动下爆发性用力做快收动作。将要触球时,手腕向前上方加力,在球下降期用拍摩擦球的中部或中上部。球拍擦击球时,要注意配合腰部向左上方转动和右腿蹬地的力量。击球后,重心移至左脚。

2. 反手弧圈球

两脚平行或左脚稍后站立,两膝微屈,重心较低。击球前,将球拍引至腹部下方,腹部略内收,肘部略向前,手腕下垂,拍形前倾。当球从球台弹起时,以肘关节为轴,前臂迅速向上挥动,结合手腕向上转动的力量,在下降期用拍擦击球的中部或中上部。在击球过程中,两腿向上蹬伸,重心上提。击球后,手臂顺势向前上方送过头部,并迅速还原。

(七)搓球技术

1. 慢搓

搓球时,正手慢搓的站位是右脚稍前,身体离球台约50厘米,持拍手臂向右上引拍。击球时,前臂和手腕向前上方用力,同时配合外旋转腕的动作,拍形后仰,在下降后期搓击球中下部。击球后,前臂保持不动。

2. 快搓

搓球时,右脚稍前,身体靠近球台。来球在身体左侧时,可运用反手搓球。击球时,上臂迅速前伸,前臂跟随向前,拍形稍后仰,利用上臂前送力量,在上升期击球中下部。来球在身体右侧,可以运用正手搓球。搓球时,身体稍向右转,手臂向右前上引拍,然后前臂和手腕向前下方用力,在上升期击球中下部。

第九章　校园球类运动实践教学探究

（八）削球技术

1. 远削

以正手远削为例，正手远削时，运动员站在中台站位，左脚稍前，上体稍向右转，重心落于右脚，持拍手臂自然弯曲于腹前。顺来球方向向右上方引拍与肩同高，拍面后仰。当球从台上弹起时，持拍手上臂带动前臂由右上向左前下方加速切削，手腕向下转动用力，在右侧离身体40厘米处击准下降期球的中下部，并顺势前送。

2. 近削

以正手近削为例，正手近削时，左脚稍前，身体离球台50厘米左右，上体稍向右转。击球时，手臂弯曲，把球拍引至与肩同高，拍形稍后仰。触球时，前臂用力向左前下方挥动，手腕配合下压，在上升后期或高点期，击球中部或中下部。

二、乒乓球战术教学

（一）单打战术

1. 发球抢攻战术

发球抢攻是让各类打法能力争主动、先发制人的一项主要战术，是比赛的重要得分手段。发球抢攻战术运用得恰当，常常能打乱对方整个战略的部署，造成对方的紧张和慌乱。尤其是在关键时刻，其威力更为突出。各种打法常用的发球抢攻战术主要有以下几种。

（1）正手发转与不转球后抢攻

通常是以发至对方中路或右方短球为主，配合左方长球。这套战术开始先发短的下旋球为好，以控制对方不能抢攻或抢拉，然后再发不转球抢攻。不转球，通常也先发短的，或发至对方攻势较弱的一面，伺机进行抢攻。

（2）正手发高、低抛左侧上、下旋球后抢攻

正手发高、低抛左侧上、下旋球后抢攻战术可发至对方中左短、左大角、中左长、中右（向侧拐弯飞行正好至对方怀中）和右短，配合一个直线奔球，如果出现抢攻和发球落点方向相反的落点则威胁就更大。左手执拍的运动员采用此种发球抢攻的战术，威胁会更大，一般多用侧身发高

抛至对方右近网并拐出边线,等待对方轻拉起来,可用反手狠压一板直线,还可以侧身用正手反拉,或直接获得分数,或为下板球的连续进攻制造机会。

(3)下蹲发球后抢攻

可将左侧上、下旋与右侧上、下旋球相互结合运用,落点可有长短变化。对于经常使用搓球接发球的运动员,应以发上旋为主。抢攻的落点应灵活变化,来攻击对方的弱点。

2. 接发球战术

(1)接发球抢攻

接发球抢攻是最积极主动的接发球方法,在无遮挡发球规则下,世界各国的优秀运动员越来越重视接发球抢攻战术的重要性。在运用此战术时,需注意:对于对方发球的旋转要判断清楚,步法移动要迅速,以保证用最佳的击球点和击球时间击球。

(2)稳健控制法

利用拉、推、拱、搓、削等技术接发球,主要注重接发球的命中率,以稳为主,但也需加强手法、落点的变化和对弧线的控制,以防对方抢攻。一般为攻对削、削对攻或削对削时采用。

(3)拉攻战术

拉攻是利用球的旋转和落点的变化创造机会,进行突击(扣杀和抢冲),从而达到控制对方,争取主动的一种重要手段。拉攻战术是对付削球类打法的主要战术。

拉左杀右或拉右杀左:拉左杀右或拉右杀左战术是拉对方一边杀另一边。一般先拉削球旋转变化不强或攻势较弱的一边,出现机会后杀另一边。

拉中路杀两角或拉两角杀中路:拉中路杀两角,是从中路寻找机会,然后杀两角得分;拉两角杀中路,是先从两角找机会,然后突击中路得分。

(二)双打战术

1. 弧圈型打法对快攻型打法的主要战术

以发球抢攻战术为例,发球者以发下旋、侧下旋近网短球为主,配合急侧下旋球以牵扯对方的注意力,使对方在近网短球上只能以搓球回接,充分发挥弧圈球的威力,这需要两名运动员在场上的默契配合,要求拉弧圈球运动员在旋转、落点等方面质量要高,为同伴创造更多连续冲或扣杀的机会。

2.弧圈型打法对弧圈型打法的主要战术

以发球抢攻战术为例,发球者多以中路近网侧上、下旋或转与不转球为主,适当配合有速度的中路长球,这种突出"中路"的特点主要是为了限制对方回大角度球,为同伴创造机会。最新技术是,当对方快拉、挑、点球时,同伴应利用反削或反撕技术至其空当,使对方措手不及。

3.以攻为主型打法对以削为主型打法的主要战术

以发球抢攻和接发球抢攻的战术为例,利用发球抢攻与接发球抢攻打乱对方的战术意图,在发球后或接发球时,看准旋转,尤其是对底线加转下旋球,充分利用弧圈球或突击到对方的中间偏右处,再伺机扣杀或爆冲另一方的近身或两大角。接发球寻找机会突然起板,造成对方措手不及判断失误,打乱对方战术部署,为全局的胜利奠定基础。

第十章　校园民族传统体育运动实践教学探究

民族传统体育具有健身、健心、社会、文化等价值,深受广大群众的喜爱。在 21 世纪,将民族传统体育引入学校,开展民族传统体育教学,对继承与弘扬民族传统体育文化、丰富学校体育教学内容、推动校园体育文化建设具有举足轻重的作用。本章主要就校园民族传统体育运动实践教学进行探究,主要包括武术教学、搏击教学及地区民族传统体育项目教学。

第一节　武术教学

一、武术基本功教学

传统武术的基本功是指更好地为了掌握武术技术,从事武术运动所必备的体能、技能和心理品质。它包括一系列综合性训练人体内、外各部位功能的方法和手段,突出了武术运动的专项要求。在武术基本功教学中,要在发展学生身体各部位力量、柔韧等素质的同时,注重提高人体内脏功能及心态活动,基本功训练具有明显的内外兼修的特点。

(一)肩功

肩功,主要是增进肩关节韧带的柔韧性,加大肩关节的活动范围,发展臂部力量,提高上肢运动的灵敏、松长、转环等能力。主要练习方法有以下几种。

1. 压肩

面对肋木或一定高度的物体站立,双脚分开与肩同宽或略宽,两手抓握肋木,上体前俯下振压肩(图 10-1);也可以两人面对面站立,互相扶按肩部,做体前屈振动压肩动作;也可由他人协助做扳压肩部的练习

（图 10-2）。

图 10-1　　　　　图 10-2

2. 转肩

两脚开步站立，两手于体前握棍，手间距与肩同宽，将棍上举绕至体后，再从体后向上绕至体前，往复一周。转肩时，两臂要始终伸直。可根据自身情况调节两手握棍的距离，由宽到窄变化（图 10-3）。

图 10-3

3. 臂绕环

以单臂绕环为例。左弓步姿势，左手按于左大腿上（也可两脚开立，左手叉腰），右臂上举，由上向后、向下、向前绕环一周为后绕环。右臂由上向前、向下、向后绕环一周为前绕环（图 10-4）。

图 10-4

(二)腰功

腰功主要发展脊椎和腰部各肌肉群的柔韧性与弹性,加大腰部的活动范围。腰是四肢运动的枢纽,武谚云:"练拳不活腰,终究艺不高。"武术技法中主张"以腰为轴"。因此在武术基本功教学中,腰功的教学至关重要。

1. 俯腰

(1)前俯腰

两脚并步站立,两手交叉,直臂上举,手心朝上,上体前俯,膝关节挺立,两掌心尽量贴地(图10-5);也可以两手松开,分别抱住两腿跟腱处,胸部尽量贴近腿部,持续一定时间后再站立(图10-6)。两腿挺膝伸直,挺胸、塌腰、收髋、前折体。

图10-5 　　　图10-6

(2)侧俯腰

并步站立,两手手指交叉,直臂上举,掌心朝上。上体左转向左侧下屈,两手掌心触地。持续一定时间后,再起身在另一侧重复。注意挺膝伸直,两脚不能移动,上体尽量下屈(图10-7和图10-8)。

图10-7 　　　图10-8

2. 下腰

两脚开立与肩同宽,两臂直上举。腰向后弯,抬头、挺腰向上顶,两手撑地成桥形。也可两手扶墙做下腰动作练习。弯腰后要挺膝、挺髋,腰向上顶,脚跟不离地(图10-9)。

图 10-9

3. 甩腰

开步站立,两臂上举,以腰、髋关节为轴,上体做前后屈动作,两臂也随着摆动。要快速、紧凑、富有弹性地完成动作(图10-10和图10-11)。

图 10-10 　　　　　图 10-11

4. 涮腰

开步站立,以髋关节为轴,上体前俯,两臂向前下方伸出。然后以臂带腰做向前、向左、向后、向右翻转绕环。以腰为轴,两脚固定不动,借助上体的前俯、后仰,两臂尽量向远端伸出,以增大绕环幅度(图10-12~图10-14)。

图 10-12　　　　　　　图 10-13

图 10-14

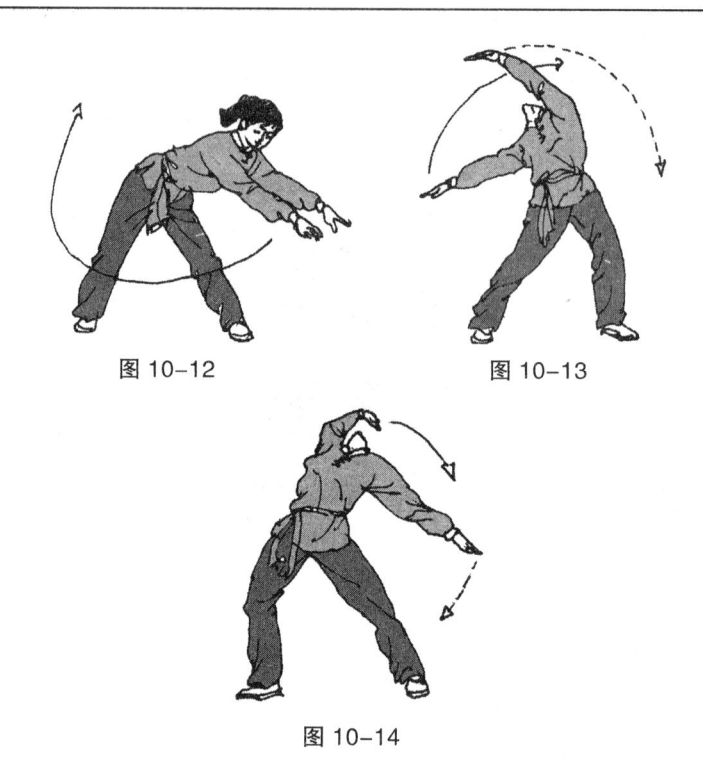

(三)腿功

1. 压腿

以正压腿为例。

面对肋木或一定高度的物体时,并步站立。左腿抬起,脚跟放在肋木上,脚尖勾紧,两手扶按膝上(图 10-15)。两腿伸直,立腰,收髋,上体前屈,向前下做振压运动(图 10-16)。

图 10-15 　　　　　　　图 10-16

2. 扳腿

以正扳腿为例。

右腿直立,左腿屈膝上提,右手握住左脚外侧,左手抱膝(图 10-17),然后右手握住左脚上扳,同时左腿挺膝向前上方举起,左手压住左腿膝关节(图 10-18),也可由同伴托住脚跟上扳(图 10-19)。

图 10-17　　　　图 10-18　　　　图 10-19

3. 控腿

以前控腿为例。

右手扶肋木或一定高度的物体,侧向肋木并步站立,左手叉腰或侧平举。左腿屈膝前提,脚尖绷直或勾紧,慢慢向前上伸出,停留片刻再还原。左右交替进行(图 10-20)。

图 10-20

4. 劈叉

以竖叉为例。

两臂侧平举或扶地;两腿前后分开成直线,左腿后侧着地,脚尖朝上,右腿内侧或前侧着地。练习时挺胸、立腰、沉髋、挺膝,两腿成一条直线(图 10-21)。

图 10-21

二、武术基本动作教学

(一)手型

1. 拳

四指并拢卷握,拇指紧扣食指和中指的第二指节处(图 10-22)。

2. 掌

四指并拢伸直,拇指弯曲紧扣于虎口处(图 10-23)。

3. 勾

五指第一指节捏拢在一起,屈腕(图 10-24)。

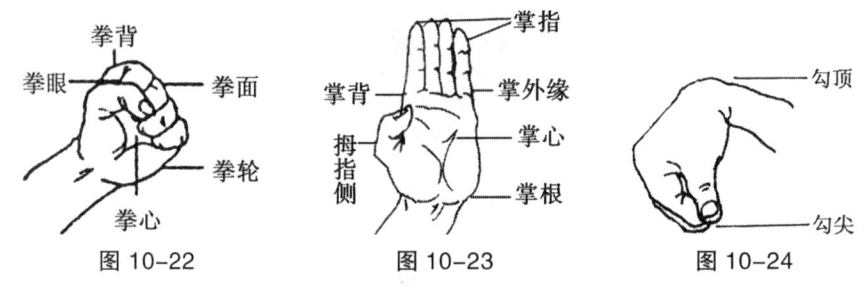

图 10-22 图 10-23 图 10-24

(二)步型

1. 仆步

两脚左右开立,右腿屈膝全蹲,大腿和小腿靠紧,臀部接近小腿,右脚全脚掌着地,脚尖和膝关节外展;左腿挺直平仆,脚尖里扣,全脚掌着地,两手抱拳于腰间,眼睛向左平视(图 10-25)。仆左腿为左仆步;仆右腿为右仆步。左右交替练习。

2. 丁步

并步站立,两腿屈膝半蹲,右脚全脚掌着地;左脚脚跟提起,脚尖里扣并虚点地面,脚面绷直,贴于右脚脚弓处,重心落于右腿上,两手抱拳于腰间,眼向左平视(图10-26)。

图 10-25 　　　　　　图 10-26

3. 马步

两脚左右开立约为脚长的三倍,脚尖正对前方,屈膝半蹲,大腿成水平,眼睛注视前方,两手抱拳于腰间(图10-27)。

4. 弓步

前脚微内扣,全脚掌着地,屈膝半蹲,大腿成水平,膝部约与脚面垂直;另一腿挺膝伸直,脚尖里扣斜向前方,脚掌着地,上体正对前方,两手抱拳于腰间(图10-28)。

图 10-27 　　　　　　图 10-28

5. 虚步

后脚尖斜向前,屈膝半蹲,大腿接近水平,全脚掌着地;前腿微屈,脚面绷紧,脚尖虚点地面(图10-29)。

6. 歇步

两腿交叉靠拢全蹲,左脚全脚掌着地,脚尖外展;右腿前脚掌着地,膝部贴近左膝外侧,臀部坐于右腿接近脚跟处,两手抱拳于腰间,眼向左前方平视(图10-30)。左脚在前为左歇步,右脚在前为右歇步。左右交替练习。

图10-29 　　　图10-30

(三)手法

1. 冲拳

两脚左右开立,两手握拳分别抱于腰侧,拳心向上,肘尖向后,目视前方(图10-31)。右拳从腰间旋臂向前快速冲出,力达拳面,臂伸直高与肩平;同时左肘向后牵拉。目视前方(图10-32)。左右交替练习。

2. 推掌

预备姿势同冲拳。右拳变掌,由腰间旋臂向前立掌推出,速度要快,臂伸直,力达掌外沿,目视前方(图10-33)。左右交替练习。

图10-31 　　　图10-32 　　　图10-33

3. 亮掌

预备姿势同冲拳。右拳变掌,由腰间向右、向上划弧至头右上方,肘微屈,抖腕翻掌。目视左方(图10-34)。

· 258 ·

图 10-34

(四)步法

1. 击步

两脚前后开立同肩宽,两手叉腰(图 10-35)。上体前倾,后脚离地提起,前脚随即蹬地前纵。在空中时,后脚向前碰击前脚。落地时,后脚先落,前脚后落。眼睛向前平视(图 10-36 和图 10-37)。

图 10-35 　　　　图 10-36 　　　　图 10-37

2. 垫步

预备姿势同击步(图 10-38)。后脚离地提起,脚掌向前脚处落步,前脚立即以脚掌蹬地向前上跳起,将位置让与后脚,然后再屈膝提腿向前落步。眼向前平视(图 10-39)。

3. 弧形步

预备姿势同击步。两腿略屈,两脚迅速连续向侧前方行步。每步大小略比肩宽,走弧形路线。向前平视(图 10-40 和图 10-41)。

图 10-38　　　　　　图 10-39

图 10-40　　　　　　图 10-41

(五)腿法

1. 弹腿

两腿并立,两手叉腰。右腿屈膝提起,大腿与腰平,右脚脚面绷直(图 10-42)。提膝接近水平时,迅速猛力挺膝,向前平踢(弹击),力达脚尖,大腿与小腿成一直线,高与腰平,左腿伸直或微屈支撑;两眼平视(图 10-43)。

图 10-42　　　　　　图 10-43

2. 正踢腿

两脚并立；两手成立掌或握拳，两臂侧平举（图 10-44）。左脚向前上半步，左腿支撑，右脚脚尖勾起向额前方猛踢；两眼向前平视（图 10-45）。左右腿交替练习。

图 10-44 　　　　图 10-45

3. 侧踢腿

预备姿势同正踢腿。右脚向前上半步，脚尖外展，左脚脚跟稍提起，上体右转 90°；左臂前伸，右臂后举（图 10-46）。随即用左脚脚尖勾紧向左耳侧踢起；同时右臂屈肘上举亮掌，左臂屈肘立掌于右肩前或垂于裆前；向前平视（图 10-47）。踢左腿为左侧踢，踢右腿为右侧踢，左右交替练习。

图 10-46 　　　　图 10-47

第二节 搏击教学

一、跆拳道教学

（一）跆拳道基本技术教学

1. 基本姿势

（1）标准姿势

左脚在前称为左势，右脚在前称为右势（以下以左势为例）。两脚前后开立与肩同宽，前脚尖45°斜向右前方，后脚跟抬起，膝关节微屈，重心落在两脚中间；上身自然直立，45°斜向右前方，双手握拳、拳心相对，两臂弯曲置于胸前；头部直立向前，目视前方。

（2）侧向姿势

身体完全侧向，前后脚在一条直线上。其他部位姿势与标准姿势相同。

2. 基本站位

（1）闭式站位

闭式站位指和对方的体前侧不相对应的站位，即自己的体前对应对方的体后。包括左势对左势和右势对右势两种形式。

（2）开式站位

开式站位指和对方体前相对应的站位，即自己的身体前面相对对方的身体前面。包括左势对右势和右势对左势两种形式。

3. 基本步法

（1）上步

右架准备姿势站立，右脚向前上一步，成为左架准备姿势。反之左架亦然。

（2）原地换步

右架站立，两脚原地前后交换，由右架换成左架。反之左架亦然。

（3）后撤步

右架站立，左脚向后撤一步，成为左架准备姿势。反之左架亦然。

（4）前跃步

右架站立,两脚同时向前跃进一步,保持右架准备姿势。反之左架亦然。

（5）后跃步

右架站立,两脚同时向后回撤一步,保持右架准备姿势。反之左架亦然。

4. 基本手法

（1）拳法

正拳：除拇指外的手指并拢并握紧,拳面要平,拇指压贴于食指和中指的第二指节上。使用正拳时,用拳的正面的食指和中指部分击打。

勾拳：握法同正拳。使用时用食指和中指关节根部的突出部分击打。

平拳：向前平冲拳,然后把手指的第二指节弯曲,指尖贴紧手掌,拇指弯曲紧贴食指尖,用第二指尖击打。

（2）掌法

手刀：四指伸直,拇指弯曲靠近食指,用小指侧的掌外沿攻击对方。只局限于在品势中使用。

背刀：用食指侧攻击对方,只局限于在品势中使用。

贯手：手型与手刀基本相同,微屈中指,主要用四指指尖戳击对方的要害部位。

5. 基本腿法

（1）蹬腿

左正蹬：左脚在前,实战步,右腿直立或稍屈,左腿提膝抬起,大腿尽量靠近胸腹部位,脚尖勾起,脚底向前蹬出,同时上体稍后仰,力达前脚掌。

右正蹬：身体重心前移,左腿直立或稍屈,身体稍左转,右腿屈膝前抬,勾脚,以脚跟领先向前蹬出,力达脚跟；也送髋,脚掌下压,力达前脚掌。

（2）踹腿

左踹腿：左脚在前,实战步。右腿直立或稍屈支撑；左腿屈膝抬起,小腿外摆,脚尖勾起,脚掌正对攻击目标,展髋,挺膝向前踹出,力达脚掌,上体可侧倾。

右踹腿：左腿直立或稍屈支撑,身体向左转180°,同时右腿屈膝前抬,小腿外摆,脚尖勾起,脚掌正对攻击目标,用力向前踹出,力达脚掌,上体可侧倾。

（3）鞭腿

左鞭腿：左腿在前，实战步。右腿直立或稍屈支撑，上体稍向右侧倾；同时左腿屈膝向左侧摆起，扣膝，绷脚背，随即挺膝向前弹踢小腿，力达脚背至小腿下端。

右鞭腿：左腿直立或稍屈支撑，上体左转180°，稍向左侧倾；同时右腿屈膝前摆，扣膝，绷脚背，随即挺膝向前弹踢小腿，力达脚背至小腿下端。

6. 防守

（1）躲闪

①仰身躲闪法

对方向头部或胸部攻击时，身体稍后仰，拉开距离，避开攻击。躲闪时，眼睛应该注视对方的变化，还要配合步法移动。

②俯身躲闪法

当对方向头部攻击时，身体向下俯倾，避开攻击。俯身时不能偏离重心垂直线，尽可能保持身体的自由反击能力。

③侧身躲闪法

对方攻击时，左或右稍稍转体，避开攻击。侧身转动前要冷静，待对方的拳脚将接触身体时转动。

（2）格挡

①双手格挡

两拳同时向上，在肩膀处分开格挡。以左前屈立为例：当对方向两手夹击，双手握拳，屈肘由下往上分别格挡。

②上段格挡

屈肘向头上方横挡，左右均可防守。以左前屈立的右上段防守为例：当对方右拳向头部打击，用左手握拳，屈肘向上方格挡。

③下段格挡

屈肘由上向下截挡，左右手均可防守。以左前屈立为例：当对方腹部前踢腿，用左手握拳，屈肘向下方格挡，截挡对方的右足攻击。

④中段格挡

小臂屈肘由外向内或由内向外格挡。以左前屈立为例：当对方右拳打来，用左手握拳，屈肘向内、向外格挡。

⑤手刀格挡

用手掌劈打对方的攻击。劈挡的同时可以进攻对方。

⑥十字格挡

双拳交叉，向头上方或向腹部下方格挡。

(二)跆拳道基本战术教学

1. 横踢战术

(1)在对方原地换位的一刹那进攻横踢

双方准备姿势不断变化,目的在于有利自己进攻,让对方的优势腿无法发挥作用。在对抗中利用对方换位的瞬间进攻横踢,方法是:甲、乙双方穿护具右架闭式站立(双方同是右架或同是左架站立则称为闭式站立,一方是左架,另一方是右架,则为开式站立,下同),乙方原地换位的瞬间,甲方立即使用后腿横踢。

(2)在对方上步时使用横踢战术

甲、乙双方穿护具开式站立。乙方双脚向前跳一步,准备进攻时,甲方立即使用后腿横踢。

(3)用身体晃动调动对方,在对方后撤一步时使用横踢

甲、乙双方穿护具右架闭式站立,甲用身体晃动的假动作调动乙,使乙以为甲要进攻向后撤一步。甲立即进攻横踢。

(4)在对方劈腿时反击横踢

甲、乙双方穿护具开式站立,乙方用前腿使用劈腿,甲方向一侧跳的同时使用横踢反击。

(5)连续两个横踢

甲使用左腿(后腿)横踢进攻乙,乙后撤,甲继续用右腿横踢击中乙。

(6)用横踢反击横踢

甲右架,双方穿护具开式站立,乙用右腿横踢进攻甲,甲换位后撤一步的同时使用右腿横踢反击乙。

2. 后踢战术

(1)在对方横踢时用后踢反击

甲、乙右架闭式站立,乙方使用横踢进攻甲,甲立即转身使用后踢反击乙。

(2)在对方使用前横踢时用后踢反击

甲、乙双方右架闭式站立,乙方使用前横踢进攻甲,甲立即快速转身使用后踢反击乙。

(3)先用假横踢调动对方,趁对方进攻横踢时使用后踢反击

甲、乙双方右架闭式站立。甲使用后腿横踢假进攻乙,乙后撤一步然后用横踢进攻甲时,甲趁势使用后踢反击乙。

（4）在对方使用双飞踢时用后踢反击

甲、乙右架闭式站立,乙方使用双飞踢进攻甲,甲立即转身使用后踢反击乙。

3. 侧踢战术

（1）乙用横踢时,甲用侧踢阻击。

（2）甲先用横踢进攻对方,对方后撤后反击,自己则立即用前腿侧踢阻击。

（3）甲先用前横踢击打对方,对方后撤后反击,自己则立即用前腿侧踢阻击。

（4）甲用劈腿进攻对方,对方后撤后反击,自己则立即用前腿侧踢阻击。

4. 双飞踢战术

（1）甲、乙双方右架闭式站立,甲先用假劈腿迫使乙后撤,甲再用双飞踢进攻。

（2）甲、乙双方右架闭式站立,甲先用假横踢迫使乙后撤,甲再用双飞踢进攻。

（3）甲、乙双方右架闭式站立,乙方原地换位的瞬间,甲方立即使用双飞踢。

5. 鞭踢战术

（1）甲、乙双方右架闭式站立,乙用前横踢进攻,甲使用前腿的鞭踢反击对方面部。

（2）甲、乙双方开式站立,甲先用侧踢迫使乙后撤,乙后撤后立即使用横踢进攻,甲则使用鞭踢反击。

6. 下劈战术

（1）对方横踢时用劈腿反击

甲、乙双方右架闭式,乙用横踢进攻甲,甲立即使用劈腿反击乙头部。

（2）在分开时使用劈腿

双方在一个回合交战后贴在了一起,在即要分开的瞬间用劈腿技术攻击对方。

（3）用横踢调动对方,再用劈腿攻击

甲、乙右架闭式站立,甲方先使用横踢假进攻先调动乙,乙后撤步使用横踢反击甲,甲则立即用劈腿攻击乙的头部。

二、散打教学

（一）散打基本技术教学

1. 基本姿势

散打基本姿势即实战前的准备姿势，又称"起势"或"格斗势"。合理的基本姿势要求对进攻和防守、对防守反击和步法的灵活移动有利。散打的基本姿势分为下肢姿势、躯干姿势、上肢姿势和头部姿势四个部分。左脚在前的叫左势，右脚在前的叫右势，以下以左势为例进行分析。

（1）下肢姿势

双脚前后开立，略宽于肩，两脚左右间隔 10～15 厘米，左脚尖稍内扣，斜朝前方，脚前掌用力担负支撑，右足跟抬起约 2 厘米，前脚掌着地斜向前方，两膝微屈，右膝稍内扣，下肢肌肉保持一定紧张度即可，不要过分僵硬，以免造成过分紧张。

（2）头部姿势

下颌内收，眼睛注视对方面部，并用余光兼顾对方全身的活动，牙齿合拢，用口鼻协同呼吸。

（3）上肢姿势

左手握拳抬起，屈肘 90°～120°，拳高与左肩平，左肘下沉，拳心斜向下，右拳轻握置于下颌右侧，屈肘 80°～90°，右肘轻贴身体。

（4）躯干姿势

头颈部正对前方，含胸、收腹、收臀，肩部放松，气沉于丹田，人体重心位于两脚中间。

2. 拳法

（1）冲拳

左冲拳：左脚在前，实战步。前脚掌蹬地，身体稍左转，重心稍前移，左拳向前击出，右拳放于下颌外侧待发，随即拳顺原路收回成实战步。

右冲拳：右冲拳略同左冲拳，唯有发拳时身体向左侧倾斜，为了击得远，后脚跟可提起向体外转动。出拳路线要直，出冲拳速度要快，攻击对方中、上盘。

（2）掼拳（又称摆拳）

左掼拳：左脚在前，实战步。上体微向右转，同时左拳向外、向前、向里横掼，臂微屈，拳心朝下，力达拳面或偏于拳眼侧，右拳护于右腮，目视前方。

右掼拳：由预备势开始，右脚微蹬地并向内扣转，合胯并向左转腰，同时右拳向外（约 45°）、向前、向里横掼，力达拳面或偏于拳眼侧；左拳回收至左腮前。

（3）抄拳（又称勾拳）

左抄拳：左脚在前，实战步。身体右转，重心略下沉，同时左脚掌蹬地，脚跟外转，向右上挺髋，左拳借此力向右上出击，肘弯曲 90°～110°，拳心朝里，力达拳面，目视前方。

右抄拳：打右抄拳略同左抄拳，右脚蹬地，扣膝合胯，微向左转腰的同时，右拳由下向前、向上抄起，上臂与前臂保持 90°～110° 的夹角，拳心朝里，力达拳面；左拳回收至右肩内侧。

3. 步法

（1）滑步

以前滑步为例。

由基本姿势开始，右脚掌蹬地，同时左脚借右脚蹬地之力向前移动半步，左脚着地，右脚随即跟进半步，基本姿势保持不变。

（2）垫步

垫步有向前和向后两种，技术原则与滑步相反，欲向哪一方向移动，就需先动相反方向的那只脚，另一只脚迅速跟进，保持基本姿势不变。如前垫步，由基本姿势开始，右脚掌蹬离地面向前移动一步，左脚在右脚着地后向前移动一步，保持基本姿势不变。后垫步则相反。

（3）环绕步

环绕步的技术要求是从基本姿势开始，右脚前脚掌蹬地，同时左脚借右脚蹬地之力向左滑动一小步，右脚随即向左滑动一大步，保持基本姿势不变，右脚向左滑动时不能超过左脚。

（4）弹跳步

双脚前掌发力弹离地面，保持基本姿势向任何方向跳动，双脚可同时落地，也可稍前后落地。弹跳步要轻快，不能跳得过高。

4. 腿法

（1）蹬腿

左正蹬：左脚在前，实战步，右腿直立或稍屈，左腿提膝抬起，大腿尽量靠近胸腹部位，脚尖勾起，脚底向前蹬出，同时上体稍后仰，力达脚前掌。

右正蹬：身体重心前移，左腿直立或稍屈，身体稍左转，右腿屈膝前抬,勾脚,以脚跟领先向前蹬出,力达脚跟;也送髋,脚掌下压,力达脚前掌。

(2)踹腿

左踹腿:左脚在前,实战步。右腿直立或稍屈支撑;左腿屈膝抬起,小腿外摆,脚尖勾起,脚掌正对攻击目标,展髋,挺膝向前踹出,力达脚掌,上体可侧倾。

右踹腿:左腿直立或稍屈支撑,身体向左转180°,同时右腿屈膝前抬,小腿外摆,脚尖勾起,脚掌正对攻击目标,用力向前踹出,力达脚掌,上体可侧倾。

(3)鞭腿

左鞭腿:左腿在前,实战步。右腿直立或稍屈支撑,上体稍向右侧倾;同时左腿屈膝向左侧摆起,扣膝,绷脚背,随即挺膝向前弹踢小腿,力达脚背至小腿下端。

右鞭腿:左腿直立或稍屈支撑,上体左转180°,稍向左侧倾;同时右腿屈膝前摆,扣膝,绷脚背,随即挺膝向前弹踢小腿,力达脚背至小腿下端。

(二)散打基本战术教学

1.主动进攻战术

主动进攻战术是指主动向对手发动进攻的战术形式。使用主动进攻战术可有效获取战斗的主动权。在以下条件下通常均可使用主动进攻战术。

(1)当我方的反应速度、动作速度、位移速度快于对手时,可直接进攻。

(2)当我方的身体素质较好,但技术、经验不如对方时,可强行进攻。

(3)当对方的心理素质比较差时,我方可主动进攻。

(4)当对方的防守姿势出现空隙时,如当对手前手位过高,肋部出现防守空隙时,我方可趁机用右横打腿进攻对手肋部。

(5)当与对方的距离能有效地使用进攻动作时,如当我方与对手之间在有效距离之内,我方可主动运用技术进攻对手,获得主动权。

(6)当对手的进攻动作不够熟练或是动作预兆较大时,如对手的横打腿技术不规范,动作预兆大,击打的弧线过长,进攻时出现明显空当,这时我方在对手动作未完成前,主动用拳法或腿法进行迎击。

(7)当对方的近战能力比较差时,可主动进攻,如对方擅长腿法,但是其拳法的进攻与防守能力差,我方可主动贴近对手,用拳法进攻。

（8）当对方的防腿能力比较差时,我方可与对手保持距离,用腿法进攻对手。

2. 反击战术

反击战术是待对方发出进攻动作后,在防守的过程中反击对方。攻守对抗历来讲究"以静带动""后发先至"。主动进攻需改变预备姿势,身体的某一部位必定会产生防守空隙和薄弱环节,如能在防守的同时进行反击,就能避免上述弱点,取得战机的主动。防守者"以静带动",有思想准备,也比较容易进行反击。

当对手性情急躁、缺乏比赛经验、喜欢猛冲猛打时,可以采用反击战术,以主动进攻为辅。通过主动进攻掩盖自己反击战术的意图,刺激对方,使其更加急躁,为反击战术创造条件。

（1）闪躲反击

闪躲反击是指通过运用不接触式防守技术,躲避对方的进攻,再进行反击的战术,如当对手用拳法进攻我方头部时,我方随即下潜闪躲,随之双手抱其双腿,挺身将对方向后摔出。

（2）防守反击

防守反击是指通过运用接触式防守技术,防守对方的进攻,再进行反击的战术,如当对方用左掼拳击打我方头部时,我方快速用右手挂挡,继而用左掼拳反击对方头部。

3. 佯攻战术

佯攻战术是指在直接进攻不易实施时,有目的地采用假动作迷惑对手,造成对方的错觉,做出错误的反应,从而实现真实进攻。

佯攻战术一般通过以下假动作的运用来实现。

（1）步法假动作

步法假动作是利用步法的突然改变,破坏对手的距离感或诱使其做出错误反应。

突然交换步：如双方对峙时,我方突然原地交换步,变成反架,迷惑对手或使其做出错误反应,为我方创造进攻时机。

突然滑步：如双方对峙时,我方突然向前滑步,诱使对方进攻,随即突然向后滑步,破坏其距离感,使之进攻失败,我方则利用其防守漏洞或时间差进行反击。

（2）肢体假动作

肢体假动作是指利用四肢或躯干的虚实变换来诱导对手做出错误判断的假动作。

拳法虚引：如双方对峙时，我方用左拳在对方面前摆荡、虚引，诱使对手把注意力集中在对拳法的防守上，我方趁机用腿法进攻对方。

身型虚引：身体向左右闪引或突然降低重心，使对方产生错觉，为进攻创造有利时机。

腿法虚引：如双方对峙时，我方用左腿虚踢对方下盘，诱使对手防守，我方趁机用腿法进攻对方头部。

提膝虚引：如双方对峙时，我方单次或反复提左膝虚引，使对方错认为我方要以蹬腿进攻，我方趁势向前用拳法进攻对方。

（3）眼神假动作

通过视力的变化，诱使对方注意力转移，为我方进攻创造有利时机，如双方对峙时，我方眼睛盯住其腿部，诱使对方注意力下移，忽视对头部的防守。

第三节　地区民族传统体育项目教学

在我国东北地区、西北地区、西南地区及中东南地区都有少数民族聚居，如东北地区分布着满族、朝鲜族、蒙古族、赫哲族等少数民族；西南地区分布着彝族、藏族、门巴族、珞巴族、哈尼族、佤族、拉祜族等少数民族；中东南地区分布着壮族、土家族、满族、彝族等少数民族；西北地区分布着回族、藏族、维吾尔族、哈萨克族、保安族等少数民族。受不同地区地理环境和历史因素的影响，各地区形成了多姿多彩且各具特色的民族传统体育项目，这些项目反映了在不同地区生存的少数民族人民的生产生活方式、风俗习惯以及体育爱好。在学校进行少数民族传统体育教学，有利于更好地传承与推广我国丰富灿烂的少数民族文化。本节主要就东北地区和西北地区典型的民族传统体育项目教学实务进行分析与探究。

一、东北地区民族传统体育教学

东北地区的少数民族传统体育项目主要包括蒙古族的搏克、打布鲁、赛骆驼；满族的珍珠球、马术、赛马、骑射、赶石弹、射箭、跳马、跳骆驼、打瓦、冰嬉；朝鲜族的跳板、秋千、铁连极、拔河、顶水罐走、转瓢等。下面主要就搏克、秋千及赛骆驼教学进行分析。

（一）搏克

1. 搏克运动概述

蒙语"搏克"是蒙古式摔跤的意思。在蒙古族，"搏克"这项运动世代相传，发展历史悠久。那达慕大会是蒙古族的著名盛会，而"搏克"就是这项盛会中的主要内容。蒙古族男子必须熟练掌握的三项技艺中包括"搏克"（其余为赛马、射箭）。近年来，我国很多专家、学者都积极挖掘"搏克"运动的文化内涵，并不断整理与研究这项运动，同时有关部门还制定了相关的竞赛规则，目的就是更好地传承这项运动。

搏克运动不仅是蒙古族人民非常喜爱的一项民族传统运动，也是各民族都普遍喜欢的健身活动，通过参与这项运动，能够增强人的内脏器官功能、中枢神经系统及各分析器的反应能力，同时有利于提高人防身与自卫的能力。可见，开展搏克教学对学生的发展来说具有重要的实际意义。

2. 搏克技术教学

（1）跤架

跤架可分为两种情况，即左架（左手、左脚在前）和右架（右手、右脚在前）。不管是哪种形式，基本姿势都是两脚分开同肩宽，两臂稍微弯曲，前臂在胸前平举，两手成半握拳姿势，一前一后置于胸前，双眼正视前方，身体放松。

（2）里刀勾

以右架为例，左手将对方右手袖子抓住，并向左下方拉，同时左脚上步，左膝稍屈，左脚支撑体重，右手将对方左胸襟抓住，右小腿内绕，右膝弯曲，将对方右小腿勾住，并用力后撤，右手同时用力推对方上身。

（3）抓袖、领得合

左手将对方右手袖子抓住，往右后上方拉，右手将对方左边的衣领抓住，往下方拉，同时左脚上步，右腿伸直前插，然后向右后方将对方左小腿勾住，蹬直左腿，向前倾身体同时右转，双手用力推对方上身。

（4）抓袖胸襟外勾腿

左手将对方右手袖子抓住，右手将对方右胸襟抓住，双手同时向前上方拉，同时左脚上步，左膝弯曲，右腿将对方右膝勾住，右小腿用力向左下方勾，右肘撑在对方左胸处，双手用力向右后方推对方的上身。

（5）抓袖偏门拧

左手将对方右手袖子抓住，右手将对方右肩抓住，双手同时向右前方推，双脚向前滑步，在对方反抗的同时，借助对方的力量向左后下方

第十章 校园民族传统体育运动实践教学探究

拉对方。

（6）抓袖、肩别

左手将对方右手袖子抓住，右手将对方左肩抓住，双手将对方向右后方提拉，同时左脚后交叉，左膝弯曲，右腿前摆，且小腿用力别抓住对方的右膝，双手将对方向左前方拉。

（7）抓袖、插闪

左手将对方右手袖子抓住，右手将对方左手腕抓住并向后方拉，左脚上步，左膝弯曲，右臂向前插入，右手撑在对方左肩上，上体右转，右手用力别住对方左肩，使其没有力气反抗，左手将对方右肩向右上方推。

（二）秋千

1. 秋千运动概述

秋千运动在朝鲜族非常盛行，朝鲜族每年春季都会举行秋千比赛，主要是女子参加。关于秋千运动的起源，至今没有统一的观点，但常见的起源说有两种，一是起源于西域；二是起源于汉武帝时代的宫廷娱乐。秋千运动至产生后不断流传，到了唐代，这项运动极为盛行。

通过秋千运动教学，可以有效增强学生的腿力、臂力和握力，并提高人体的整体协调性。此外，秋千运动对于培养学生勇敢顽强的意志品质也有非常重要的作用。

2. 秋千技术教学

（1）站位

单腿站立，前脚踏在脚踏板上，后脚前脚掌支撑在起荡台上，稍微弯曲两臂和两膝。

（2）手握绳

双手拇指将食指和中指压住，将秋千绳牢牢握在手中，手握绳的高度通常在胸以下、髋关节以上。

（3）起荡

双手向后上方用力拉绳，后脚尽可能快地用力蹬离起荡台，同时向后上方提前脚，身体重心在起荡瞬间要保持一定的高度。后脚蹬离后上抬靠近前脚，屈腿保持半蹲姿势，两腿向前下方用力蹬，身体同时向下运动，以获得一定的初速度。

（4）前摆

双腿快速地向前下方蹬踏脚踏板，身体重心同时下移，下坠秋千绳，完成第一次蹬伸，接着做第二次蹬伸动作。在空中时，两臂保持侧下举直立姿势。

（5）后摆

前摆至最高点后，两臂将秋千绳向前上方推，同时双腿向前上方蹬脚踏板，下坠秋千绳，保持悬垂举腿姿势。随秋千绳后摆，双手用力拉绳，双腿向后"吸板"。

（6）触铃

以单人高度的触铃技术为例，感觉下一次前摆的高度可触到铃时，再后摆到最高点时，快速下蹲、站起，铃杆靠近时，及时挺髋，重心上抬，两臂回收拉绳，重心置于踏板时，进一步上移，单手或双手触铃。

（7）停摆

双手抓稳秋千绳，当秋千绳以小于30°的幅度摆动时，随秋千的摆动惯性从板上跳下。

（三）赛骆驼

1. 赛骆驼概述

赛骆驼这项传统竞技项目在蒙古族非常流行。据文献记载，当骆驼开始被用作交通工具时，就出现赛骆驼运动了。赛骆驼有骑骆驼赛跑和射击等。骑手不分男女，穿着蒙古服装，骑在驼背上，骆驼飞跑起来如离弦之箭，先到终点者为胜。获胜者常被人们抬起，并唱歌跳舞，以示敬佩。由于此项活动牧区生活气息浓厚，趣味十足，又能提高骑术，所以深受牧民欢迎。

近年来，赛骆驼的比赛方法和手段都在不断规范，表现出了技术性和竞技性特征，所以逐渐成为蒙古族那达慕大会中的正式比赛项目。

2. 赛骆驼技术教学

骆驼比赛主要比的是骑乘技术，所以下面重点分析这项技术。

（1）慢步

骆驼慢步时，双腿分别以两节拍的韵律向前移动。这时骑手在骆驼鞍上坐稳，通过腰背、大小腿的力量用力推骆驼迈进。脖子、肩膀与手臂处于放松状态。

（2）减却与半减却

减却的就是减慢骆驼的行进速度，乃至使骆驼停下来。骑手应流畅地使骆驼的行进步速逐渐减慢而至完全停止。骆驼停止行进后，以双腿平均分配承载力以承载骑手的重量，此时骆驼需平整站立，不可一腿在前一腿在后站立。这就需要骑手在减却过程中将腰背、腿的力量协调好，并

第十章 校园民族传统体育运动实践教学探究

合理运用缰绳。

半减却是骑手经由骑坐及脚同时协调动作,缰绳瞬间固定,目的是集中骆驼的注意力,进一步提高四肢负重能力,并使骆驼保持平衡状态,准备下一个变换动作。

(3)移行

移行就是指挥骆驼从静止到前进再到静止的过程,或让骆驼的行进步伐(慢步、快步)不断变化。在骑乘时,切忌让骆驼用同一个步伐不断绕圈子。这时骆驼会漫无目的地一直走或跑,不会按照骑手的指挥来行进,最后会完全不由骑手控制。

(4)内方姿势

单纯拉内方缰绳并不能让骆驼转弯,而是要有正确的内方姿势。骑手的外方缰绳保持与骆驼口衔的接触,外方脚往后,内方脚用力将骆驼压向外方,内方缰绳顺势牵引,这样骆驼就会转弯了。实施内方姿势时,骆驼的头、颈、肩部呈略弯曲的状态,骑手在骆驼上如果能看到骆驼的内方眼角及鼻孔,这说明弯曲度比较合理。

(5)跑步

骆驼跑步时,分左跑与右跑两个方向,而且都是两节拍,在第一节拍时,骆驼以外方两腿为支持点;在第二节拍时,内方双腿同时踏向前方。

二、西北地区民族传统体育教学

西北地区少数民族经济以畜牧业生产为主,由于长期经受草原游牧文化的影响,该地区逐渐形成了具有民族特色的民族体育活动,如赛马、赛牦牛、射箭、刁羊、马上角力、姑娘追、飞马拾银、押加等。这里主要就押加、射箭这两个项目的教学实务进行探讨。

(一)押加

1. 押加概述

"押加"又被称作是"藏式拔河""大象拔河"。这项运动在西藏已有很多年发展历史。押在藏语中是"拉"的意思,加在藏语中是"脖子"的意思,"押加"就是"用脖子拔河"的意思。西藏自然环境特殊,生产和生活方式也与其他民族有一定的区别,在此基础上,押加作为独特的运动形式逐渐形成并世代相传,受到了广大藏族人民的欢迎与喜爱。

押加比赛在藏区开展得非常普遍,其对场地器材没有特殊的要求,而且技术、比赛规则也比较简单,男女老少都可以参与,因此吸引了大量的群众。这项运动有助于发展人体各器官机能,增强体质,促进健康,锻炼人的身体素质,同时还能够培养人勇敢顽强、不畏困难、团结协作的精神与优良品质。

2. 押加技术教学

（1）站立式

①单人站立式

参赛者面对面站立,互相在对方的脖子上套好打好结的绳环,同时拉直绳子,绳中间的标志物与中界垂直,参赛者双腿站立的姿势比较自由。裁判发出开始口令,参赛者用力向后拉扯,主要是运用颈部和腰腹部的力量,最先将绳上中间的标志物拉过河界的一方获胜。

②单人腰力比赛

参赛者面向或背向站立,互相在双方的腰部套好绳环,绳中间的标志物与中界垂直,参赛者手和下肢的位置是比较自由的。裁判发出开始口令,参赛者用力拖拉,主要是运用腰部和下肢的力量,最先将绳上中间的标志物拉过河界的一方获胜。

面对面比赛时,参赛者不可用手抓绳。

（2）跪卧式

以单人跪卧式为例,比赛双方在脖子上套好打好结的绳环,两人相背,将绳子经过胸腹部从裆下穿过,然后趴下,双手、双膝及双脚的前脚掌着地,模拟大象的动作,将赛绳拉直,绳子中间标志物与中界垂直。游戏者听到预备令后,两膝抬离地面,身体前倾准备拉绳;听到开始口令后,用力向前爬拉,主要是运用颈部、肩部、腰部、腿部及手臂的力量。最先将绳上中间的标志物拉过河界的一方获胜。

（二）射箭

1. 射箭概述

射箭在藏族的节日和祭祀活动中是最为常见的一项活动。每年端午节前后,藏族都要举行射箭比赛。此外,藏历四月十日至二十八日,是后藏江孜人民传统的节日达玛节,藏语意为跑马射箭,必然要举行射箭比赛。

射箭有两种形式,分别是步射与骑射。步射又分射远与射准两种方法。射远一般不射靶,主要是射手之间展开弓力的较量。以不同的弓力为依据可以将射远比赛分长距离比赛、中距离比赛和短距离比赛。射准会设立固定靶位,射手们相互较量射箭技艺。

2. 射箭技术教学

下面主要以左手持弓、右手撒放为例来解析射箭技术。

完整的射箭技术包括以下八个环节。

(1)站立

射手在起射线上站好,左肩与目标靶位相对,左手持弓,双脚开立同肩宽,重心均匀地放在双脚上,身体稍稍向前倾斜。

(2)搭箭

在箭台上搭好箭,使单色主羽毛朝向自己,在弓弦箭扣上扣好箭尾槽。

(3)推弓

左臂内旋前撑,手腕伸直,尽可能使手与弓的接触面积小一些,要集中施力。

(4)勾弦

三指勾弦时,中指力量大些,在食指和中指缝间夹箭,手指用力勾弦,小臂手腕放松且平伸,大小拇指自然弯曲,不需要发力。

(5)举弓、开弓、靠弦

弓与地面垂直,持弓臂伸直,躯干正直,弯曲勾弦臂,拉弦时手与下颌相靠,注意紧背,胸肩平、箭平、推拉平。

(6)瞄准

用视力好的一只眼瞄准,头部正对目标方向,眼睛通过弓弦的一侧,使准星和靶上的黄心相吻合,形成三点一线,应在弓的平面来瞄准。

(7)撒放

满弓后要善于把握好撒放时机,继续加力。深勾弦手指用滑藏方式撒开。撒放时勾弦手和拉弓臂保持不动,只是使弦离开三指。

(8)暂留与收势

撒放后保持两秒左右,收弓还原准备姿势。

第十一章 校园休闲体育运动实践教学探究

休闲体育是指人们利用闲暇时间所进行的以增进健康、丰富和创造生活情趣、完善自我作为目标的身体锻炼活动。校园休闲体育作为休闲体育的重要组成部分,它对学生的闲暇生活进行了丰富,并且在促使学生身心发展的同时,也使学生更好地享受参与体育运动的乐趣。本章就校园休闲体育运动实践教学进行探究。

第一节 健身健美休闲运动项目教学

一、健身球操教学

(一)健身球操基本动作教学

1. 适应性动作

在进行健身球操的练习之前,要进行一些动作练习,来逐渐与健身球操的力度和方式相适应,具体来说,适应性的练习主要包括坐球、躺球以及跪球三个动作。

(1)坐球

坐球是对健身球加以熟悉的第一步。

先把球置于靠近墙的位置,双腿尽量分开坐在球的正上方,保持耳、肩、臀在一条线上,做到上述要求以后,可以再让球远离墙壁坐球。

(2)躺球

躺球这个动作是许多胸部及臀部练习的重要组成部分,这个动作本身可以有效地锻炼人的臀部、腿部及后背部。

双腿尽量分开坐在球的正上方。慢慢把腿前移,慢慢把球移至肩部,

第十一章 校园休闲体育运动实践教学探究

让臀部抬起与地面平行,颈部与头部在球上舒服地休息,感觉身体平放于平面上。

(3)跪球

跪球这个动作是高级平衡的开始阶段,自信并有效地完成这个动作是发展高级平衡能力的前提。

双腿分开站在球前,轻轻地将双膝置于球上并把双手放在球的上方,把球慢慢前移直到脚离开地面,可以在上面保持足够长的时间。

2.稳定性动作

稳定性动作主要包括屈伸肩带、伸展肩带肌、背肌练习、背部伸展、大腿根与臀部的抬伸练习、单腿稳定蹲坐、稳定蹲坐。

(1)屈伸肩带

像做俯撑一样把膝放在球上,双手扶地、夹臀、头与脊柱保持水平,让肩胛尽量展开再收缩。

(2)伸展肩带肌

膝在球上,手在地面,动作有点像俯撑,臀部不要下垂;让头部与脊柱平行,让肩带骨尽量往远处伸。

(3)背肌练习

腹前部置于球上,手与脚分别在前后置于地面,让脚离地并控制平衡。

(4)背部伸展

俯卧于球上,腿尖触地并尽量分开双腿,双手置于体侧,抬起胸部使其离开球并将手翻转使手掌心朝上,尽量让肩胛骨靠拢。

(5)大腿根与臀的抬伸练习

躺在地上,双脚放在球上,双手置于体侧,手心向下,抬起臀部,让脚、骨盆、肩在一条直线上。

(6)单腿稳定蹲坐

在离墙1~2米远处站立,把球放在下背部与墙之间,提起一条腿并让大小腿的夹角成90°,慢慢下蹲,另一条腿直到大腿与地面平行,双手侧平举。

(7)稳定蹲坐

站在离墙1~2米远处,然后转身把球放在下背部与墙之间,往下蹲直到大腿与地面平行,膝盖对准脚尖方向,保持这个姿势,手不要放在大腿上,而是伸展在体前。

（二）健身球操组合动作教学

本组合共有 32 个 8 拍的动作。

预备动作：侧立，两手抱球于体前，面朝 7 点。

1. 组合动作一（4×8 拍）

（1）第一八拍

① 1～2 拍左右脚依次原地踏步，一拍一动，同时两臂抱球前平举。

② 3～4 拍脚同上，右转 90°，手还原。

③ 5～8 拍脚同上，同时两臂上举，还原。

（2）第二八拍

① 1～4 拍左右脚依次原地踏步，同时两臂抱球依次自左侧平举，之后还原，向右侧平举，之后还原，一拍一动。

② 5～8 拍左右脚依次原地踏步，同时两臂抱球从左侧开始绕环一周。

（3）第三八拍

① 1～4 拍左脚向侧点地，还原，同时两臂抱球自右斜上方举，还原，二拍一动。

② 5～8 拍左脚向侧并步跳，同时两臂抱球从右侧开始绕还一周。

③ 7～8 拍右脚并左脚。

（4）第四八拍

同第三八拍，方向相反。

2. 组合动作二（8×8 拍）

（1）第一八拍

① 1～2 拍两手持球放于地上。

② 3～4 拍左手拨球滚至身后，球贴近身体。

③ 5～8 拍左脚向侧迈一步呈马步，坐于球上，二拍一动。

（2）第二八拍

1～8 拍左右手臂依次从体侧至上举，之后还原，二拍一动。

（3）第三八拍

① 1～4 拍左脚伸直侧点地，左臂上举，右手扶腿，向右稍侧举，还原。

② 5～8 拍同 1～4 拍，方向相反。

（4）第四八拍

1～8 拍左右脚依次提踵，同时左右肩依次提肩，二拍一动。

（5）第五八拍

1~8拍两脚同时提踵,双肩同时向上提肩,二拍一动。

（6）第六八拍

1~8拍含胸时两臂胸前交叉,展胸时两手臂向后振臂,手心向上。

（7）第七八拍

①1~4拍向左右依次撅臀,同时带动球滚动,两臂侧平举。

②5~8拍臀部从右往左绕还一周,同时带动球滚动,两臂从前开始往后绕还。

（8）第八八拍

同第七八拍,方向相反。

3. 组合动作三（5×8拍）

（1）第一八拍

1~8拍坐于球上,向左慢慢移动身体。面向7点。

（2）第二八拍

①1~2拍两臂于体后侧触球。

②3~4拍伸直两腿。

③5~8拍两手于体侧撑地,同时身体后倒,躺于球上,控制平衡。

（3）第三八拍

1~8拍左腿慢慢地向上抬起,之后还原,四拍一动。

（4）第四八拍

同第二八拍,方向相反。

（5）第五八拍

①1~4拍两腿屈膝半蹲,带动球往前移动,球贴于后背,同时两手臂胸前竖屈。

②5~8拍两腿伸直,带动球往后移动,躺于球上,同时两手臂侧平举。

4. 组合动作四（5×8拍）

（1）第一八拍

①1~2拍两手于体侧扶球。

②3~4拍两腿收回呈马步,同时身体慢慢抬起。

③5~6拍身体立直。

④7~8拍坐于球上。

（2）第二八拍

①1~4拍左腿前抬,同时右臂前平举,还原,二拍一动。

②5~8拍同1~4拍,方向相反。

(3)第三八拍

①1~4拍左腿侧抬,还原。

②5~8拍同1~4拍,方向相反。

(4)第四八拍

1~8拍坐于球上慢慢向右移动身体,右转90°。面向1点。

(5)第五八拍

①1~2拍直立。

②3~4拍左脚并右脚,左手扶球。

③5~6拍半蹲,用左手拨球滚至体前。

④7~8拍两臂抱球,立直。

5. 组合动作五(8×8拍)

(1)第一八拍

①1~4拍向前走4步同时慢慢降低身体重心,同时两手臂抱球从腹前慢慢上举。

②5~6拍同1~4拍,方向相反。

(2)第二八拍

1~8拍左、右脚依次向侧迈出一步,呈马步,两手臂抱球侧举,二拍一动。

(3)第三、四八拍

同第一、二八拍。

(4)第五八拍

①1~4拍左脚向侧迈出一步同时向后顶髋,右脚并左脚,同时两手抱球左侧前举,之后收回于体侧,一拍一动。

②5~8拍左右脚依次原地做登山步,同时两手臂抱球依次左右侧斜下举。

③1~4拍面向7点,5~8拍面向1点。

(5)第六八拍

同第五八拍,方向相反。

(6)第七八拍

①1~4拍右脚向左斜45°方向行进间侧摆腿跳2次,同时,两手臂抱球于侧上举,还原,一拍一动。

②5~8拍左、右脚依次原地登山步,同时两手臂抱球依次左右侧斜下举,二拍一动。

③1~4拍面向8点,5~8拍面向1点。

（7）第八八拍

同第七八拍,方向相反。

6.组合动作六(2×8拍)

（1）第一八拍

①1~2拍左脚向后侧一步成右弓步,同时,两手臂抱球前上举。

②3~4拍左脚并右脚,同时两手臂抱球于腹前。

③5~8拍并腿半蹲,两手臂持球头上举,之后收回。

④1~2拍面向3点,3~4拍面向1点。

（2）第二八拍

同第一八拍,方向相反。

二、瑜伽教学

（一）瑜伽的基本动作教学

1.头部动作

（1）跪坐,身体向前弯曲,把前额贴在地面上,两手放于腿的两侧,呼气,臀部慢慢抬起,大腿要与地面垂直。头部和颈部要支撑住身体的一部分重量,正常呼吸,保持这个姿势20~30秒。慢慢吸气,臀部坐在脚跟上,重复2~3次(图11-1)。

图11-1

（2）平仰卧,双手平放于身体的两侧。吸气收腹,双腿伸直上抬,双手托起腰部,两肘关节抵住地面,以肘部和背部支撑住身体的重量,使双腿向上伸,慢慢伸直躯干,保持1分钟左右,慢慢吸气放下背、腰、腿,身体躺平,重复2~3次(图11-2)。

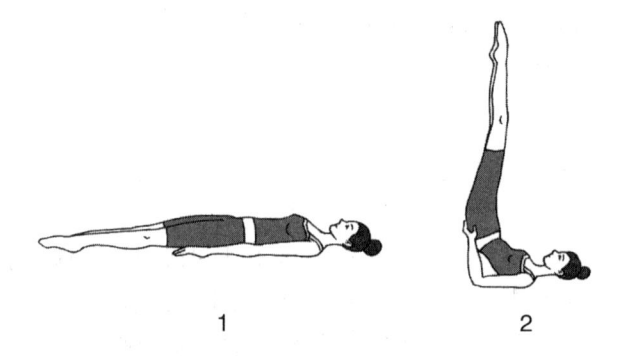

图 11-2

2. 肩部动作

（1）正直站立，两指尖轻轻点肩上，两肘要向前绕圈，由小圈过渡到大圈，绕 12 圈；两肘要向后绕圈，由小圈过渡到大圈，绕 12 圈（图 11-3）。动作要准确、和缓。

图 11-3

（2）两腿开立半蹲，两臂体前绕环 12 圈，两臂要向后绕环 12 圈，呼吸配合手臂（图 11-4）。动作要舒展，尽量延伸到身体的最远端。

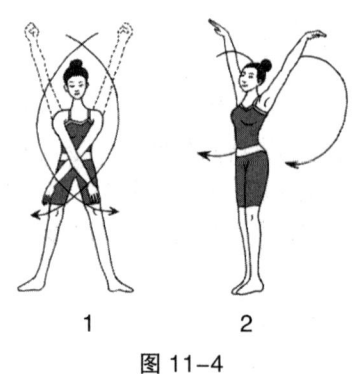

图 11-4

第十一章 校园休闲体育运动实践教学探究

3.腰背动作

（1）趴在地面上，两臂紧贴身体两侧，吸气头抬起，慢慢使身体上抬，依次按照头、肩、胸的顺序离开地面，正常呼吸，保持这一姿势30～40秒，重复4～5次（图11-5）。

图 11-5

（2）两腿开立，吸气双手头上伸十指相交，呼气身体前屈，两眼要注视手背。吸气身体向右转动，呼气身体要转向左侧，重复4～6次（图11-6）。身体要尽量伸展，动作要准确、和缓。

图 11-6

4.腿部动作

（1）坐在地面上，伸直双腿，上体正直，吸气双手相对上举，呼气身体要下压，手抓住小腿，身体放松，正常呼吸，保持这一姿势20～30秒，吸气的同时要抬身，重复2～3次（图11-7）。

图 11-7

（2）跪撑,吸气臀部上抬,呼气肩下压,腿伸直,脚跟要向地面沉,身体呈倒"V"字形,正常呼吸,保持这一姿势20～30秒,吸气,慢慢还原至开始姿势,重复3～4次(图11-8)。

图 11-8

(二)瑜伽的基本姿势教学

1. 侧三角式

上体正直,两膝伸直,将右脚向右转90°。呼气,双臂伸直,将上身躯干转向右方,让左手在右脚外缘碰触地板,右臂尽量向上伸展,并与左臂成一条直线。保持姿势,双眼注视右手指尖,伸展双臂及肩胛骨(图11-9)。恢复常态时吸气,缓慢将双手、躯干转至常态。可以左右方向交替进行练习。

图 11-9

2. 单腿交换伸展式

双腿向前伸直坐着,慢慢吸气,两手上伸高过头部,两臂向前伸,身躯略向后靠。慢慢呼气,向前弯上身,两手尽量抓住左脚,将躯干拉近腿部,两肘向外弯曲。放松颈部,让头部下垂,可尽量使头靠近或触碰到腿部(图11-10)。保持这个姿势10秒钟或更长久之后,换另一条腿按照上述方法做练习。

图 11-10

3. 骆驼式

两大腿与双脚略分开跪在地上,脚面平贴于地面,脚趾指向后方。吸气,两手放在髋部,将脊柱向后弯曲,然后在呼气的同时,把双掌放在脚底两侧,伸直双臂撑住上体,保持两大腿垂直于地面,头向后仰。一边保持这个姿势,一边将颈向后方伸展,收缩臀部的肌肉,伸展下脊柱区域(图 11-11)。保持 30 秒之后,按照上述的方法反过来做,两手放回髋部,慢慢恢复预备姿势。

图 11-11

4. 蛇击式

双手双膝着地,做动物爬行状,一边保持两手按住地面,一边把臀部放在两脚跟上,并把头贴在地板上,埋于两臂之间,做叩首式(图 11-12)。胸膛与地面保持一定的距离,一边吸气一边将胸膛向前移动,伸直双臂,撑住上体,放低腹部直到大腿接触地面,胸部向上挺起。背部呈凹拱形,眼睛向上注视,正常地呼吸(图 11-13)。保持这个姿势 10～20 秒之后,再慢慢按上述方法反过来做,恢复到最初的叩首式。重复 10 次。

图 11-12　　图 11-13

5. 鹤式

上体保持正直,放松坐着,弯曲双膝,左膝向外,左脚紧靠右大腿内侧。右脚朝天,双手把住右脚踝,使右脚尽量靠近身体(图 11-14)。保持这个姿势尽量长久的时间之后,换另一只脚按同样的方法进行练习。

图 11-14

第二节　时尚休闲运动项目教学

一、自由式轮滑教学

(一)自由式轮滑辅助技术教学

1. 静态的辅助技术

静态的辅助练习可以帮助练习者拉伸韧带,完成度可以层层递进,进阶完成则为整个动作。

(1)内蟹/内蟹步

两脚尖相对,左右脚轮滑鞋的第一个轮子相互靠近,打开踝关节,打开角度越大越好。这个动作是自由式轮滑最基础的动作,对韧带的柔韧性和力量都有要求。

(2)蟹步/外蟹步

两脚后跟相对,左右脚轮滑鞋的最后一个轮子相互靠近,打开踝关节,角度越大越好。

(3)蟹剪

两脚跟相对,左右脚高低位,打开踝关节,角度越大越好。

(4)鱼形向前

双脚并拢,腰部带动双脚同时沿着桩向前滑动。

(5)鱼形向后

双脚并拢,腰部带动双脚同时沿着桩向后滑动。

2.刹车技术

（1）"A"字形刹车

适用于在速度较慢的情况下，由双脚向内扣做葫芦步，使两脚成内蟹步，通过轮子与地面的摩擦力，降低速度从而刹车。

（2）转身刹车

适用于在中等速度的情况下，双脚外展做外蟹步，同时转身转弯将力分解，从而降低速度。转身刹车对身体的掌控要求比较高，不建议初学者立刻采用。

（3）"T"字形刹车

这是自由式轮滑里最常见的一种刹车。上身保持直立，右脚在前保持正前方，左脚紧跟右脚的脚后跟，并且和右脚的全脚掌保持90°，两脚形成一个"T"字形，通过左脚的轮子与地面的摩擦从而降低速度。反之，左脚在前右脚在后也同样适用。

（二）自由式轮滑常用技术教学

1.横向平行上下坡

横向平行上下坡是指利用基本的横向平行踏步技术横向跨步上下坡，是初学者常用的上下坡技术，用于较陡或是带波纹横条的不利于滑行的坡面。在上坡时，在坡上的脚先跨；下坡时，在坡下的脚先跨。

（1）双脚平行站立侧对坡面。

（2）左脚往坡上跨步并落地。

（3）重心移到左脚。

（4）右脚收回，重复上述动作。

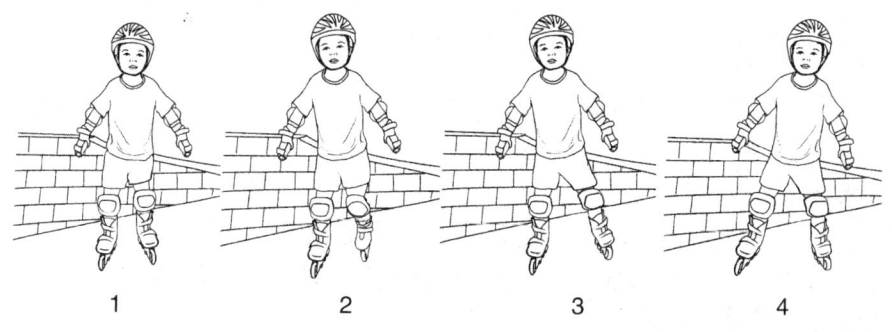

图 11-15

2."A"字形下斜坡

"A"字形下斜坡是指利用双脚站立成内"八"字形与地面产生的摩擦力缓慢下滑。"A"字形下斜坡要求对"A"字形刹停技术掌握较熟练，并且斜坡不是很长很陡，还要求滑行者在下坡过程中能随时做出"A"字形制动。

（1）目视前下方，双手平行抬起。

（2）双手五指分开，掌心朝前。

（3）重心前倾，略微屈膝。

（4）保持"A"字形站立，滑行下坡。

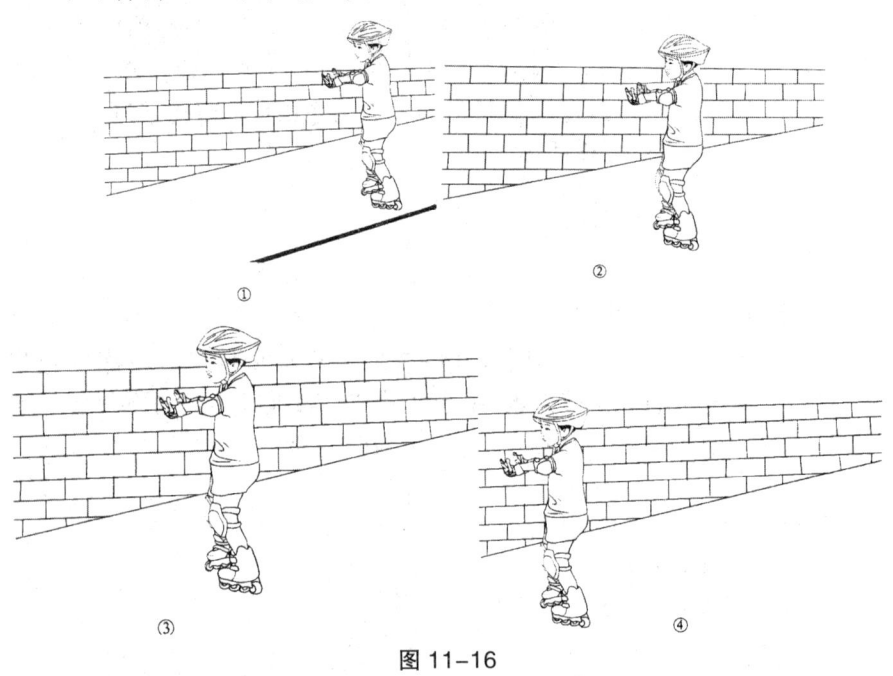

图 11-16

3.滑行通过松软地面

当遇到不同于平坦硬质地面的松软地面（图 11-17）时，滑行者需要减速，注意安全。

（1）双手五指分开，掌心朝前平抬于胸前，做好自我保护。

（2）在快到松软地面时，应主动屈膝下蹲降低重心，以确保滑行平稳，避免因轮子陷入而摔倒。

（3）刚进入松软地面时，先不要急于蹬收滑行，应保持平行滑行，确定平稳后再做动作。

（4）重心逐渐上提，有利于减轻轮子滑过松软地面时造成的压力，从

第十一章 校园休闲体育运动实践教学探究

而轻松滑过。

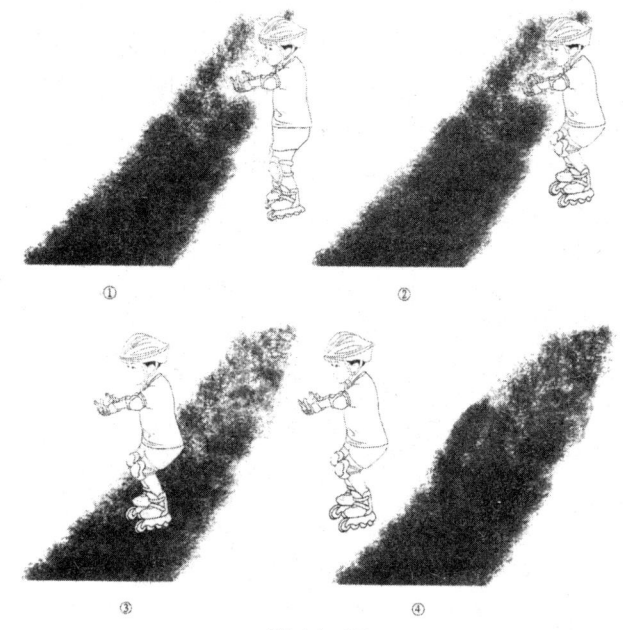

图 11-17

4. 跳跃式通过不能滑行的地面

跳跃式障碍技术对于大部分障碍物都适用（图 11-18）。不过，也要视障碍物的高度和自身能力来决定是否采用。平常可以在草地上或松软的地面进行原地上下跳跃的练习，一点点增加高度，再借助双臂上提的力量，使得跳跃的高度增加。

（1）快到障碍时，主动屈膝下蹲。

（2）至障碍物前，双脚同时往下蹬地，身体主动往上提起。

（3）双脚离地，然后再往上屈腿收膝，腾空通过障碍地面。

（4）落地时主动屈膝缓冲。

图 11-18

5. 侧向平行制动

侧向平行制动（图11-19）是一种急停技术，它是由"A"字形刹停技术转化而来，滑行者能在直线滑行中，直接横转刹停，快速制动。

（1）平行滑行时屈膝下蹲，双膝内扣。

（2）重心移到左脚，并主动向左侧转身。

（3）身体侧对前方，右脚主动以后脚掌向前下方用力蹬出。

（4）直体成侧内"八"字形站立。

图 11-19

6. 直道加速起动技术

直道加速起动技术（图11-20）是指在滑行过程中两只脚以"八"字形分别向侧后方用力蹬地，奋力往前跑，加速滑行。

（1）以前后外"八"字形屈膝蹲立，主动向前快速摆臂。

（2）以外"八"字形蹬跑。

（3）起跑加速，双脚分别蹬地。

图 11-20

第十一章　校园休闲体育运动实践教学探究

二、滑板教学

（一）滑行

滑行是滑板运动的基本技术之一，包括滑行姿势和上下滑板、惯性滑行、障碍滑、下坡滑等各种滑行技术。

1. 滑行姿势

一般来说，滑板者都是横行的。初学者在启动的时候，不要让身体与滑板成横行状态，否则很容易摔倒。如果你喜欢左脚在前面，那叫作Regular Foot；如果你喜欢右脚在前，那就是Goofy Foot。这两种站法没有对错之分，你可以随意选择你喜欢的站姿，当你习惯于那种姿势之后，与之相反的姿势就叫作Switched。Switched动作非常不好做，很多高手两种姿势都可以做出动作。倒滑的姿势就叫作Fakie，这比通常的动作要难，但是没有Switched难。Fakie姿势动作基本和本来的一样，只是滑板运动方向相反。

2. 上下滑板

在学习滑板的过程中，上下滑板是最基本的技术。在滑板上可采用两种站法，即正向站法和反向站法。正向站法是左脚在前，脚尖向右；反向站法是右脚在前，脚尖向左。练习者可根据自己的习惯采用任意一种站法。

（1）上滑板

双脚站立，将滑板平放于脚前的地上；先把一只脚放在滑板的前端，另一只脚仍踩在地上；身体重心移到已上板的脚上，上体略前倾，膝弯曲，手臂伸展，保持平衡；踩地脚轻轻蹬地，然后收到滑板上，放在滑板的后部，整个身体和滑板开始向前滑动。

（2）下滑板

身体前倾，将重心放在前脚上，然后像起落架一样将后脚放在地上；后脚落地后，重心随即转移到后脚，然后抬起前脚，两脚都落在滑板的一侧。

3. 惯性滑行

将左脚踏在滑板的中前部靠左，右脚踩在地上，重心集中在左脚；用右脚蹬地，使滑板向前滑动，然后把右脚收上来踩在滑板尾部，保持站立的平衡；滑行一段，再用右脚蹬地，重复动作；如此反复练习，在掌握好之后便可以做较长距离的滑行；一般开始是10米、20米，然后增加到50米、100米，反复练习到可以轻松熟练地加速滑行为止。

4. 障碍滑

障碍滑即在滑行中遇到障碍时进行急转、急停或通过改变速度进行跨越。

从坡上滑下时速度比较快，要学会运用双脚保持在滑板上，转动滑板横向刹车的急停法。

主要通过两种方式改变滑板速度：一是用后脚控制好重心，尽量使身体前倾来带动滑板前进；二是双脚使劲在滑板面上蹦，利用滑板面的弹性向前滑行。

5. 下坡滑

练习下坡滑时，尽量选一条较长的滑道，最好是既有快速下滑段、中速下滑段，又有延伸较远的缓冲段。下坡滑技术的重点在于控制，即要先学会稳滑。

将双脚放在滑板的两端，遇到转弯或需要做跨越动作时，要将双脚移至滑板中央；面部和身体朝向正前方，身体蹲伏下来，大腿靠近前胸，两手伸出。

(二)翘

翘是滑板运动中的常用技术动作，包括最基本的翘板技术和180°翘停等。

1. 翘板技术

推动滑板到滑行速度；左脚踏板尾，右脚踏板前端，以便控制，或踏前轮后侧，以便翘板；将重心移到左脚，身体前倾，使板端在空中停留时间尽可能延长；让板尾间或轻轻刮地，以保持平衡。

2. 180°翘停

滑行时将板端翘起，直到板端刮地，同时整个身体逆时针方向旋转180°；翘板和旋转要合拍，支撑脚要足够稳固，使滑板旋转180°后停下来。

第十一章 校园休闲体育运动实践教学探究

(三)下坎与上坎

下坎与上坎技术是滑板运动的基本技术,常用来跨越台阶。

1. 下坎

下坎也叫作下台阶,靠近台阶时,将重心移到后脚;在板端越过台阶边沿时,将前轮抬起;保持这一姿势,略向下蹲,准备着地。

2. 上坎

上坎也叫作上台阶,靠近台阶时,将重心移到后脚;在到达台阶边沿时,抬起板端跳过;在空中迅速将重心从后脚移到前脚;将滑板前端按到台阶上,板尾随即落到台阶上。

(四)旋转

旋转是滑板运动中非常重要的一个技术,可用于急停和躲避障碍,基本的旋转技术包括反转、转圈、360°旋转、单轮旋转和板上旋转等。

1. 反转

向前滑行,达到适当速度时,将两脚尽量张开,跨滑板两端。将重心放在前脚,使板尾翘起,同时顺时针方向旋转180°。动作完成后,滑板倒转过来,右脚成为支撑脚。

2. 转圈

将滑板向前推,然后站上去,两脚跨立,左脚可以灵活移动。将重量压于板尾,使板端抬起3-5厘米;当板端在空中时,身体向顺时针方向转动;前轮着地时,滑板向右偏转;将这一系列动作连贯起来,不断练习。

3. 360°旋转

在滑行中通过轻微的推转来保持平衡,尽量使滑板保持水平;准备好后,逆时针方向摆动手臂,同时保持平衡,还可向左做最后一次推转;重心落在右脚,向右摆动手臂,并带动整个身体旋转;转动时以后轮为轴,尽量使后轮保持水平,不要将板前端抬得过高;无须注意滑板的前端,只需将重心放在板尾,并加大旋转,前端自然会抬起,且高度刚好。

4. 单轮旋转

滑行到适当的速度,翘起滑板前端,用后轮做360°旋转;保持好身体平衡,尽量使滑板在空中停得久些;用手抓住滑板前端,保持住平衡的支点,使人和滑板一起旋转;然后后脚踩滑板的一边,使后轮的一个轮子离地,起码要转两圈以上。

5. 板上旋转

先滑动滑板,移动左脚,使脚跟压住板端,重心落于大脚趾处;移动右脚到另一板端,将重心移到右脚,使其成为旋转轴;左脚绕右脚顺时针方向旋转,同时右脚也随之旋转,最后与左脚保持平行。

(五)跳

滑板运动中有多种跳的技术,主要包括旋转跳、跨越跳、人与板分开上跳和人带板上跳等。

1. 旋转跳

滑行时滑板保持水平,略向下蹲;向上跳起,旋转180°,两腿略收拢;落下时两脚距离约30厘米,不用担心落下的准确位置,只需将双脚落在滑板两端即可。

2. 跨越跳

起跳时动作要稳,只有从容不迫才能控制动作;跨越的长度要根据具体情况而定;落下时重心落于两腿之间,左脚在前,右脚在后。

3. 人与板分开上跳

向前滑行,在前进过程中双脚相互靠近,两脚置于滑板前半部分,但应在前轮之后;在接近横杆时垂直跳起;目视滑板,尽量落在滑板中间,位置大致和起跳时相同;落下时力量要均匀,腿部略弯曲,以抵消落在滑板上的冲击力。

4. 人带板上跳

向前滑行,靠近障碍物时双膝略屈,手臂预摆,后脚用力使滑板前端翘起,利用速度惯性带着滑板一起越过障碍;落地时注意双腿的缓冲动作,重心始终在两脚之间,腿部略弯曲。

(六)脚上技巧

只有熟练地运用脚上技巧,才能让滑板运动显得既"酷"又"炫",常用的脚上技巧包括脚跟悬空和带板摩擦等。

第十一章　校园休闲体育运动实践教学探究

1. 脚跟悬空

使滑板保持适当速度,旋转前脚使脚尖对着板尾,脚跟与板端交叠;将重心放在左脚大脚趾,慢慢将另一只脚移到滑板前端;当双脚后跟悬空时,膝盖弯曲,以保持平衡。

2. 带板摩擦

在向前滑行靠近障碍物时,双膝略弯,两臂预摆,后脚用力,使滑板随身体腾空;目视滑板,注意在障碍物的边缘处掌握好平衡;落下时重心落于两腿之间,落地时注意双腿的缓冲动作。

第三节　极限户外休闲运动项目教学

一、蹦极运动教学

(一)蹦极运动装备

1. 弹跳绳

一般蹦极地点都有专业弹跳绳,旧式弹跳绳没有安全绳的后备系统。新式弹跳绳采用"双保险",为防意外,弹跳绳的设计皆按人体下降速度及反弹高度精确地分为轻绳及重绳,安全系数较高。

2. 扣环

扣环的作用在于连接弹跳绳与弹跳者的重要环节,一般采用的扣环为纯钢制品,每个安全钢扣环承受能力都可达 10 500 磅的重量,约 4 772 千克。

3. 绑膝装备

进行前跳式蹦极或后跃式蹦极时采用的装备,可将蹦极者腰部固定于弹跳绳一端。

4. 绑脚装备

自由式蹦极的必备,用于捆绑脚踝。

5. 绑背装备

进行往前跳及花式跳法时使用的工具,功用在于保护背部和平衡身体。

6. 抱枕

抱枕的作用就是为了保证运动者在其过程中保持身体平衡,消除紧张感。

(二)蹦极运动技术

1. 绑腰后跃式

此跳法为绑腰站于跳台上采用后跃的方式跳下,为弹跳初学者的第一个规定基本动作,弹跳时仿佛掉入无底洞,整个心脏皆跳出,约3秒时突然往上反弹,反弹持续4~5次,当定神观看时,自己已安全悬挂于半空中,整个过程约5秒,真是紧张又刺激。

2. 绑腰前扑式

绑腰前扑式跳法为绑腰站于跳台上向前扑的方式跃下,为弹跳初学者之第一个基本动作做的另一种尝试跳法。此种跳法近似于绑腰后跃式,但弹跳者面朝下,真正感受到恐怖与无助,当弹跳绳停止反弹时能真正享受重生的欣喜。

3. 绑脚高空跳水式

此跳法为弹跳者表现英姿最酷的跳法,将装备绑于脚踝上,弹跳者站于跳台上面朝下,如奥运选手跳水时的神情,弹跳者倒数五个数后即展开双臂,向下俯冲,仿佛雄鹰展翅,气度非凡。

4. 绑脚后空翻式

绑脚后空翻式跳法是弹跳跳法中难度最高但也最神气的跳法。将装备绑于脚踝上,弹跳者站于跳台上背朝后,展开双臂向后空翻,此种跳法需要强壮的腰力及十足的勇气,若你认为自己的胆识超人,不妨在体验过绑腰、绑脚高空跳后,向自己的勇气挑战。

5. 绑背弹跳式

绑背弹跳式跳法被弹跳教练喻为最接近死亡的感受。弹跳者将装备绑于背上,双手抱胸双脚往下悬空一踩,仿佛由高空坠落,顿时感觉大地悬转,地面事物由小变大,整个过程仿佛与死神打交道,真是刺激过瘾到极点。

6. 双人跳

双人跳法是给予恋人向你宣誓爱的证言的最高境界。双人于空中反弹时,弹跳绳将两人紧紧扣在一起,此时是你许下诺言的最佳时刻。当然,我们要求其中一方必须要有弹跳经验才能进行此项甜蜜又惊险的双人跳。

二、热气球运动教学

(一)起飞技术

一个热气球的起飞至少需要四个人的共同作业。首先,在地上把球囊铺展开;其次,将它与放在一边的吊篮连接在一起,用一个小的鼓风机,将风吹入球囊;最后,将火点燃加热在气球球囊内的空气,热空气使气球升到垂直于吊篮的位置,气球立起来就可以起飞了。

(二)驾驶技术

热气球是随风而行的,并非真的被"驾驶"。由于风在不同的高度有不同的方向和速度,驾驶员可以根据飞行需要的方向选择适当的高度。

(三)速度控制

热气球飘飞速度的快与慢,是由风速的快慢决定的,因为热气球本身并没有动力系统,飞行速度完全取决于风速。热气球最大下降速度6米/秒,最大上升速度5米/秒。

(四)飞行时间

在一天当中,太阳刚刚升起时或太阳下山前1~2小时,风很平静,气流也很稳定,是热气球飞行的最佳时间。

如果携带足够的石油液化气或丙烷,一只热气球通常能持续飞行2小时,但热气球飞行的持续时间也受其他因素的影响,例如气温、风速、吊篮重量(包括乘客)和起飞的具体时间等。

(五)复原

热气球恢复原状需要地勤人员的帮助,地勤人员驾驶卡车或小货车跟随飘飞的气球,预先到达降落点。

参考文献

[1] 纪超香. 校园体育文化构建与课程设置 [M]. 北京：中国纺织出版社, 2017.

[2] 任莉英. 校园体育文化理论及管理策略探析 [M]. 中国原子能出版社, 2016.

[3] 徐长川. 校园体育文化环境概论 [M]. 沈阳：白山出版社, 2015.

[4] 陈岩. 校园体育文化与体质健康构建 大学生体育与健康教程 [M]. 北京：人民体育出版社, 2015.

[5] 仝媚媚, 闫严, 丁雨. 当代大学校园体育文化研究 [M]. 北京：光明日报出版社, 2014.

[6] 张海平. 校园体育文化建设研究 [M]. 长春：吉林科学技术出版社, 2013.

[7] 章罗庚. 校园体育文化 [M]. 长沙：湖南大学出版社, 2009.

[8] 姜志明. 大学校园体育文化研究 [M]. 北京：中国林业出版社, 2010.

[9] 王传友. 网络时代高校校园体育文化建设的思考 [J]. 体育科技文献通报, 2016（24）.

[10] 任洪飞. 长春市普通高校校园健身文化现状研究 [J]. 劳动保障世界（理论版）, 2013（12）.

[11] 范洪玲. 高校校园健身文化的培育与发展研究 [J]. 井冈山大学学报（自然科学版）, 2013（34）.

[12] 张罗克, 高朝阳. 校园健身文化与阳光体育运动 [J]. 体育世界（学术版）, 2011（10）.

[13] 王凯珍, 李相如. 社区体育指导 [M]. 桂林：广西师范大学出版社, 2005.

[14] 杨剑桥, 孙健, 党波. 校园球类运动文化培养与实用教学指导 [M]. 北京：中国书籍出版社, 2016.

[15] 孟国正, 赵俊华, 刘东起. 大众休闲体育理论与实践指导 [M]. 北京：中国水利水电出版社, 2016.

[16] 张先松. 健身健美运动 [M]. 武汉：华中科技大学出版社，2009.

[17] 健身健美运动教程编写组编. 健身健美运动教程 [M]. 北京：北京体育大学出版社，2016.

[18] 朱福军. 时尚健身健美运动大众化发展的路径构建 [M]. 北京：光明日报出版社，2015.

[19] 苏宝明，史春波. 健身与健美运动 [M]. 天津：天津教育出版社，2014.

[20] 毛伟民. 健身健美运动理论与方法解析 [M]. 北京：中国原子能出版社，2014.

[21] 曲红军. 现代健身健美运动理论与实践指导 [M]. 北京：中国书籍出版社，2014.

[22] 刘琦，马良. 轮滑 [M]. 北京：北京体育大学出版社，2009.

[23] 周建林，胡玉芹，张耀光. 轮滑 [M]. 福州：福建科学技术出版社，2008.

[24] 高菘，陈兆陨. 轮滑 [M]. 长春：吉林出版集团有限责任公司，2010.

[25] 苏雄. 建设文化强国背景下的我国高校校园体育文化传播研究 [J]. 吉林体育学院学报，2013（3）.

[26] 宋继新. 竞技教育学 [M]. 北京：人民体育出版社，2003.

[27] 张志华. 我国高校竞技体育人才培养的理论与实践研究 [M]. 北京：化学工业出版社，2015.

[28] 吴振杰. 江西省部分高校竞技体育与校园体育文化互动发展的现状及对策研究 [D]. 华东交通大学，2012.

[29] 邱建钢. 普通高校体育艺术类课程体系构建与实施——基于四川省的实证调研 [D]. 西南交通大学，2009.

[30] 陶干臣等. 大学校园体育文化的艺术元素融合理论研究 [J]. 运动，2013（14）.

[31] 李卫东等. 高校体育艺术教育与校园文化互动关系的研究 [J]. 湖北体育科技，2012（1）.

[32] 刘端文. 学校体育教学艺术 [M]. 北京：中国人民大学出版社，2013.

[33] 张先锋. 田径运动训练理论与实践 [M]. 长春：东北师范大学出版社，2012.

[34] 李宏图. 普通高校田径运动的教学发展研究 [J]. 当代体育科技，2014（35）.

[35] 李鸿江.田径(第3版)[M].北京:高等教育出版社,2014.

[36] 陈晓梅.民族传统体育文化的弘扬与典型项目教学指导[M].北京:中国水利水电出版社,2016.

[37] 舒云久.大学体育民族传统体育类[M].北京:高等教育出版社,2016.

[38] 刘世海.民族传统体育教学与推广研究[M].北京:光明日报出版社,2015.